高职交通运输与土建类专业系列教材 · 城市轨道交通类

U0649690

城市轨道交通安全管理

第 3 版

李慧玲　主　编
赵　娟　副主编
郭华军　主　审

人民交通出版社股份有限公司

北京

内 容 提 要

　　本书为高职交通运输大类城市轨道交通类专业系列教材之一。全书分为五个项目,即城市轨道交通运营安全管理认知、城市轨道交通运营安全管理、城市轨道交通运营事件预防与应对、运营突发事件应急管理、城市轨道交通运营企业安全运作。本书基于城市轨道交通运营各个岗位作业标准,在全面分析了各岗位作业安全技能的基础上,结合运营安全有关法律法规、运营企业的安全管理规章制度编写而成。每个项目设有典型任务,每个任务下设有子任务,每个任务以案例及案例分析为引领,突出重点,侧重分析,循序渐进。任务后配有技能训练,以提高学生分析、解决问题的能力。

　　本书适于高职高专、中职院校城市轨道交通类各专业教学使用,亦可作为城市轨道交通企业安全培训教材和城市轨道交通企业一线工作人员学习参考教材。

图书在版编目(CIP)数据

　　城市轨道交通安全管理 / 李慧玲主编. — 3 版. —
北京 : 人民交通出版社股份有限公司, 2022.12(2025.2 重印)
　　ISBN 978-7-114-18401-7

　　Ⅰ.①城… Ⅱ.①李… Ⅲ.①城市铁路—交通运输安全—交通运输管理 Ⅳ.①U239.5

　　中国版本图书馆 CIP 数据核字(2022)第 252222 号

Chengshi Guidao Jiaotong Anquan Guanli

书　　名:	**城市轨道交通安全管理**(第 3 版)
著 作 者:	李慧玲
责任编辑:	李　娜
责任校对:	赵媛媛　魏佳宁
责任印制:	张　凯
出版发行:	人民交通出版社股份有限公司
地　　址:	(100011)北京市朝阳区安定门外外馆斜街 3 号
网　　址:	http://www.ccpcl.com.cn
销售电话:	(010)85285857
总 经 销:	人民交通出版社股份有限公司发行部
经　　销:	各地新华书店
印　　刷:	北京市密东印刷有限公司
开　　本:	787 × 1092　1/16
印　　张:	16.75
字　　数:	392 千
版　　次:	2011 年 8 月　第 1 版
	2017 年 12 月　第 2 版
	2022 年 12 月　第 3 版
印　　次:	2025 年 2 月　第 3 版　第 2 次印刷
书　　号:	ISBN 978-7-114-18401-7
定　　价:	48.00 元

(有印刷、装订质量问题的图书由本公司负责调换)

第三版前言 | Introduction

随着城市轨道交通体系建设的逐渐普及,我国城市轨道交通网路愈加复杂,接入站点、旅客运输量等不断提高,为城市轨道交通的运行带来了一定的压力。随着信息技术的飞速发展以及"互联网+轨道"时代的到来,我国的城市轨道交通建设开始向智能化、智慧化方向发展,智慧乘客服务、智能运输组织、智能能源系统、智能列车运行、智能技术装备、智能基础设施、智能运维安全和智慧网络已经成为"智慧城轨"的新方向,我国多个城市已经打造了智慧车站、智慧调度、智慧运维等城轨管理新模式。"智慧城轨"具有跨专业、跨系统、跨功能、整合联动的特点,对运营管理人才培养提出了新的要求。

教育、科技、人才是全面建设社会主义现代化国家的基础性、战略性支撑。发展数字交通、智能交通,就是要把实用和解决现实问题摆在第一位。本书从高等职业教育技术技能型人才的职业需要出发,以提高学生的职业技术能力和职业素养为核心,将知识、技能和素质综合运用于实践,重点培养学生的创新精神和实践能力,培养更多高素质技术技能人才、能工巧匠、大国工匠。

本教材第一版于2011年8月出版,2017年12月再版,十多年来被各开设相关专业院校师生选用,反馈良好。围绕智慧铁路领域,加快推进交通新基建,掌握未来交通创新发展主动权。本次修订再版不仅更新了相关数据、调整了部分内容,重构课程内容,设置子任务,融入了课程思政内容、"1+X"城市轨道交通站务职业技能等级证书(中级)知识点和技能点,增加了案例,使学生从案例学习中能更深入地理解岗位职业要求。全书构建了以就业为导向,以职业岗位要求为课程目标,以职业标准要求为课程内容,以学生创新职业能力培养为课程核心,以校外真实实习条件和校内高仿真的实践教学环境为课程保障的一体化教学平台。

为便于教学,此书配备教学资源包(含典型任务工作单、综合测试题及答案、课程标准、教案等),读者可扫描右侧二维码下载使用(如有问题可联系 E-mail:lina@ccpress.com.cn,电话:010-85285817)。

教学资源包

全书由李慧玲主编,赵娟副主编。具体编写分工如下:天津铁道职业技术学院赵娟编写项目一及项目二的任务一;天津铁道职业技术学院李慧玲编写项目二的任务二~任务五;天津铁道职业技术学院霍建维编写项目三及项目五的任务一;湖南铁道职业技术学院徐静编写项目四;天津轨道交通运营集团有限公司魏秋实编写项目五的任务二、任务三。全书由天津地下铁道有限责任公司郭华军主审。

本书的第一版、第二版及第三版编写过程中参阅了大量的国内外著作，再次谨向本书直接引用和间接引用研究成果的作者表示深切的谢意！

鉴于编写人员水平有限，恳请读者提出宝贵意见以修正。

编　者

2022 年 11 月

第二版前言 | Introduction

　　《城市轨道交通安全管理》是高等职业教育城市轨道交通机电技术专业系列规划教材之一。本教材是以企业运营安全运行为基本依据,按照城市轨道交通运营企业运营组织、指挥岗位要求,参照国家职业资格标准和城市轨道交通运营部门安全管理人员职业水平标准,以提高学生的职业技术能力和职业素养为中心,由职业院校教师和城市轨道交通运营企业运营技术人员共同编写的行业特点鲜明的高职层次教材。

　　本教材第一版于 2011 年 8 月出版,几年来得到各开设相关专业院校师生选用,反馈良好。本次修订再版是在对《国家中长期教育改革和发展规划纲要(2010—2020 年)》和《高等职业教育创新发展行动计划(2015—2018 年)》的解读基础上修改完善的。

　　通过与天津地铁、天津轻轨、无锡地铁、青岛地铁、石家庄地铁等城市轨道交通企业合作,本教材在编写上结合企业运营安全“守护者”人才培养模式的实践经验,总结归纳了学生从入学直至进入企业,成为一名合格的“守护者”的完整阶段所需具备的知识、能力与素质,填补了依据城市轨道交通运营专业所需的“守护者”人才培养模式编写的教材空白。

　　通过“守护者”对企业运营安全运行条件进行“自检、互检、分析”,构建“守护者”所需要的理论知识,并根据运营状态特征完成准确的组织方法。为学生构建开放的学习环境,提供教学内容与课程整体优化所需的完整知识、技能和素质,并将学到的知识、技能和素质加以综合运用于实践的机会,重在培养学生的安全意识、安全素质和实践能力,成为一名合格的运营安全“守护者”。

　　本书通过对车站值班员、行车调度员等岗位进行职业能力分析,确定了由易到难的四个学习项目。为突出“能力培养”这条职业技术教育的主线,每一项目的能力目标、知识目标和安全管理职责与实务均围绕由职业岗位要求确定的典型工作任务支撑所应达到的岗位职业能力要求。

　　本次再版不仅更新了相关数据、调整了部分内容,而且增加了案例分析和整改措施,使学生从案例学习中能更深入地理解岗位职业要求。全书构建了以就业为导向,以职业岗位要求为课程目标,以职业标准要求为课程内容,以学生创新职业能力培养为课程核心,以校外真实实习条件和校内高仿真的实践教学环境为课程保障的一体化教学平台。

　　为便于教学,此书配备教学资源包(含典型任务工作单、综合测试题及答案、电子教案等),读者可扫描右侧二维码下载使用(如有问题可联系 E-mail:lina@ccpress.com.cn,电话:010-85285817)。

1

全书由李慧玲、郭华军主编,魏秋实、杨松尧副主编,蒋玉琨主审。具体编写分工如下:天津滨海快速交通发展有限公司魏秋实编写学习项目1;天津铁道职业技术学院李慧玲编写学习项目2;辽宁铁道职业技术学院杨松尧、北京交通职业技术学院朱爱华编写学习项目3;大连交通大学轨道交通学院矫洪伟编写学习项目4的学习任务1、学习任务2;天津地下铁道有限责任公司郭华军编写学习项目4的学习任务3、学习任务4和项目案例。

鉴于编写人员水平有限,恳请读者提出宝贵意见以修证。

编　者

2017 年 9 月

教学资源包

第一版前言 | Introduction

中国城市现代化发展进程越来越快,交通拥堵越来越严重,而城市轨道交通的安全、快捷、环保等优越性也越来越明显,轨道交通已经成为一些一线城市主要交通工具。随着我国若干城市投入运营和正在规划建设中的轨道交通里程越来越长,城市轨道交通企业的用人需求也更加迫切。城市轨道交通企业尤其需要具有专业职业素养,掌握职业岗位所需要的理论知识和操作技能的高素质技能型人才。

我国高等职业教育为了适应企业对职业人才的需求,倡导项目导向、任务驱动的职业教育理念;在教、学、做一体的教学方式下,使学生在学习中体会岗位要求、理解岗位所需知识和技能,缩短与现场岗位的差距。

城市轨道交通运营管理专业的培养目标就是培养能够适应城市轨道交通运营生产、管理一线,具有良好职业道德和敬业精神,从事城市轨道交通列车形成、运行、组织、指挥的高素质技能型人才。城市轨道交通运营安全管理是此专业的重要课程之一,旨在培养在城市轨道交通运营、管理过程中,具有实现列车安全运行的高素质人才。

本书基于此课程培养目标并结合教学改革要求,采用以项目导向、任务驱动的职业教育理念形式,通过岗位职业能力分析,提出每一项目的能力目标和知识目标;以案例分析导入学习任务,使学生在学习之前就能够清楚岗位的职业要求,提高学习的兴趣。全书主要从城市轨道交通运营安全管理认知、城市轨道交通运营安全保障措施、城市轨道交通运营事件预防与应对、城市轨道交通运营企业安全运作四个项目进行论述。

本教材由李慧玲、刘冰任主编,郭华军、杨松尧任副主编。具体编写人员分工如下:天津地下铁道有限责任公司刘冰、郭华军编写项目一;天津铁道职业技术学院李慧玲、天津滨海快速交通发展有限公司苏哲编写项目二;辽宁铁道职业技术学院杨松尧、北京交通职业技术学院朱爱华编写项目三;大连交通大学轨道交通学院矫洪伟编写项目四的学习任务一、学习任务二;天津地下铁道有限责任公司郭华军编写项目四的学习任务三、学习任务四。

北京地铁设计研究所蒋玉琨教授级高工为本书做了审阅工作,提出了中肯的修改意见和建议,在此表示深深感谢。

鉴于编写人员水平有限,恳请读者提出宝贵意见。

编　者
2011 年 7 月

目录 | Contents

项目一 城市轨道交通运营安全管理认知

【项目导入】

城市轨道交通建设是我国城市建设和发展的重要环节,随着改革开放政策的深入,国民经济和社会发展第十四个五年规划目标的实施,国民经济得到持续、快速发展,城市机动车数量增速加快,流动人口大为增加,居民出行更为频繁,城市交通供需矛盾也就越来越突出。同时,随着工作节奏越来越快,人们的时间观念越来越强。因此,以准时、安全、快捷为特色优势的轨道交通成为解决人们出行难题的重要手段。

与此同时,作为大型建设项目、公众出行主要依赖的交通工具,其安全性也受到人们的广泛关注。城市轨道交通运营安全除了具有安全问题的普遍性外,还有其明显的特殊性。

【知识目标】

1. 了解城市轨道交通运营安全管理的意义。

2. 了解城市轨道交通发展情况和安全状态。

3. 熟悉城市轨道交通运营安全特性。

4. 熟悉运营安全管理基本概念、管理理论和方法。

5. 了解安全生产法律体系。

【能力目标】

1. 能培养学生树立安全意识。

2. 提高学生对安全生产的基本概念、管理理论和方法的理解。

3. 提高学生对城市轨道交通运营安全管理的学习兴趣。

4. 提高初步运用法律、法规解决实际工作问题的能力。

【素质目标】

1. 增强我国"始终把人民群众生命安全放在第一位"的认同感,加强"为人民服务",为构建社会主义和谐社会而努力的使命感。

2. 加强对城市轨道交通企业重视安全生产建设的认同感与迫切感。

3. 培养学生遵守法律、法规,自觉增强法治意识,树立法治思维,重视生命安全。

4. 培养学生运用法律、法规维护正当权益的能力。

5. 培养学生辩证看待问题的思维,提高分析问题、解决问题的能力。

6. 培养学生爱国爱岗精神,提高学生的责任意识、大局意识、担当意识。

任务一　城市轨道交通安全地位认知

千丈之堤，以蝼蚁之穴溃；百尺之室，以突隙之烟焚。

——《韩非子·喻老》

【案例1-1】　屏蔽门伤人事件

事件经过：2014年11月6日晚高峰，在北京地铁5号线惠新西街南口站（图1-1）人流十分拥挤，驶往天通苑北方向的列车停靠站台，屏蔽门和车门打开，上下车乘客很多，非常拥挤，潘女士随人流挤上车，但是就在屏蔽门和车门关闭的那一刹那，潘女士被车上拥挤的人流挤下车。此刻，潘女士面前的车门紧紧关闭了，身后的屏蔽门也关上了，她被困于闭合的安全门和紧关车门夹缝间，列车启动了，伴随着几声巨响，列车开行一段距离后才停下来，最终潘女士被搓捻致死。

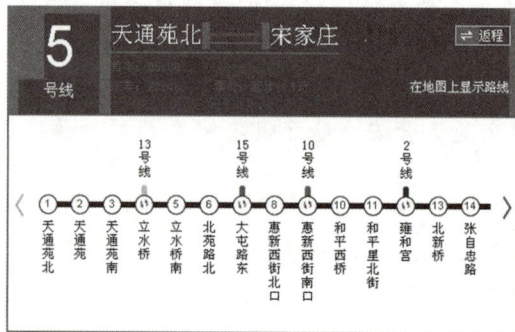

图1-1　2014年北京地铁5号线线路图

原因分析：

（1）失效的防夹挡板。目前在车门与屏蔽门存在较大间距的前提下，北京似乎只选择了安装挡板，据了解，这些挡板安装于2011年底。它们被固定在屏蔽门内侧下方，高约60cm、宽15cm，如果有人停留在屏蔽门与车门之间，那么当屏蔽门关合时，挡板的行进轨迹会刚好被乘客的腿部抵住，从而无法关闭，只要车门关不上，列车就不会开动，危险就能避免。然而，如果屏蔽门已先行关闭，乘客再从车内被挤出来，这一功能可能就会失效。

（2）不该启动的列车。按照北京地铁的站台标准化作业流程，站务人员在发车前要检查车门和屏蔽门状态，在确认安全后，会打出允许列车出站的手势，而驾驶员会在门口以手势回应，确认安全再返回驾驶室启动列车。如果有人被夹在两门之间，而站务人员能够及时发现，则可以提示驾驶员，从而避免事故发生。但根据目击者的回忆，事发当天，"边上一个工作人员都没有，也没有引导员。"上述站长则分析称，"有可能是因为客流量太大，排队的队伍完全遮挡了站务员和司机的视线，而屏蔽门和车门都正常关好了，站务员看不到有人被夹。"他认为，"要不就是没有完成安全确认程序，要不就是站务员认为安全，放行了车辆。"

（3）监控与管理盲点。如果站务人员没能与驾驶员形成互动，那么驾驶员或监控人员能否通过观察实时监控视频来确认安全呢？在北京地铁惠新西街南口站，这个答案是否定的。列车共有24个车门。事故应该发生于正中间的第12个车门，在车头和车尾两个监控中，都是视野最远的地方。据介绍，五号线每个车身仅有头尾两个监控，而且都是平行于车身,角度不佳,列车侧面没有监控摄像头,而仅有的这些监控摄像头都是07年的老摄像头,成像不清晰。因此,上述工作人员认为:"事故究竟是怎么发生的,所有的监控都看不清。"

整改措施:

(1)加强车站运营人员的安全教育,严格执行标准化作业流程。

(2)车站在客流高峰时段,加强站台、扶梯等关键部位巡视。

(3)加强乘客安全意识和自我安全防护教育与宣传。

(4)从本质安全的角度出发,更新设备,完善监控手段。

【学生分析与决策】

1.案例1-1中造成乘客死伤的因素有哪些?

2.你对城市轨道交通运营安全是怎么理解的?

3.通过案例分析,你对城市轨道交通运营安全重要性有何认识?

【知识研修】

一 城市轨道交通运营特性

1.城市轨道交通与其他交通的区别

(1)城市轨道交通有别于城市道路交通的特点:容量大、运行准时、速达、安全、利于环境保护、节省土地资源等。

(2)城市轨道交通有别于铁路交通的特点:运营范围小、运行速度低、服务对象单一、线路设备简单、车站道岔少、车辆段功能全、多为电力动车、均为电气化铁路、通信信号设备和机电设备自动化程度高、运营管理简单。

2.城市轨道交通企业的运营方式与一般企业的区别

(1)城市轨道交通系统联动的特性

城市轨道交通运营目的、优势就是为广大市民提供快捷、安全、舒适、准点、高效、便捷的运营服务,使乘客能够便捷地进站购票、安全而舒适地乘车、快速而准确地到达目的地。

城市轨道交通运营需要工务、电力、车辆、信号、通信、机电、安全、运营管理等30余个不同专业形成岗位群,在调度的统一指挥下各个岗位协调联动,确保不同设备、设施每天24h正常地协调运转,才能保证城市轨道交通系统正常运行,满足广大市民乘车出行的需要。

各种专业设备设施的运行均有各自的特点,动态的车辆,看似静态的供电、通信、信号、线路等,静态的桥隧、车站等,这些设备设施都有各自的运行规律。各设备之间在生产运行时具有相互依托的关系,这些关系的存在要求设备设施之间有严格的技术配合流程。例如,列车与线路、列车与供电网、列车与信号、通信与信号、通信与自动售检票、通信与司乘等。城市轨道交通列车运行过程中,系统各个设备之间相互联系、相互依托,共同保证在线列车正常、良好的运行。任何一项设备系统的一个环节出现故障,都会不同程度地使列车的正常运行受到影响,严重的甚至造成列车停运或是人财物受到损失。

(2)城市轨道交通时空安排的特性

高速度、高密度的列车运行,形成了城市轨道交通运营企业和一般的企业明显不同的时间和空间的概念。城市轨道交通运营过程中,一旦某一设备故障影响到列车正常运行,就必须立即处理,尽快恢复正常。而检修、维护作业要安排在停运后,其相互之间,如列车调试与线路巡视、维护等,就必须从时间、空间上进行协调安排。

(3)城市轨道交通运营高度集中、统一指挥的特性

调度中心(控制中心 OCC)是为行车工作的高度集中、统一指挥而设置的,它是城市轨道交通系统的中枢系统。运营决策机构和控制中心需要有机结合,才能形成城市轨道交通运营单位的高度集中、统一指挥的中枢系统。

3. 城市轨道交通网络化运营的特点

(1)与其他公共交通限界需求的多重性。如与未来常规铁路、高速铁路、城际轨道交通、机场、高速公路等对外交通的衔接配合等,尤其是与地面公交系统的配合、联络显得更为重要。

(2)运营管理主体多形式、多元化。现阶段城市轨道交通运营管理主体存在独家经营、多家经营、与国铁合作等多种形式,同时存在不同线路多个单位经营的多元化管理。如成都地铁是国铁控股、上海申通地铁由多个运营单位整合而成、北京地铁 4 号线由京港地铁有限公司运营等。

(3)城市轨道交通形式、功能和制式多样化。南京、武汉、重庆、成都、西安、郑州、哈尔滨、沈阳、宁波、厦门、无锡等 18 个城市已有市域线,天津有市域线、市郊线,香港、北京、上海、广州等多个城市已经实现了市域线、市郊线的联网运行,上海开通了至昆山的地铁线路,实现了跨省市运营。

(4)网络化运营结构复杂。北京、上海、广州、深圳等城市轨道交通网络已经形成了网络化运营,一站多线换乘,天津站 2012 年也实现了一站市域线两线换乘、市郊线换乘、国铁换乘等复杂的网络化结构运营。

(5)列车运行方式的多样化。列车共线运行方式、外部铁路联络线、大小交路方式、分段交路方式,甚至复杂交路等。

(6)客运需求的高增长和波动性。北京、上海、广州等一线城市、旅游城市的城市轨道交通客流量近年来持续增长,同时大型活动(大型体育赛事、博览会、展览会、音乐会、旅游节等)的举办,更容易导致突发性客流的增长和阶段性客流的波动等。

二 城市轨道交通运营安全特性

城市轨道交通运营安全除了具有一般企业安全管理问题的普遍性外,还具有其自身的特性,主要表现在:

1. 城市轨道交通运营安全影响重大

由于城市轨道交通行业的快速发展,其在城市公共交通中占有的比重也越来越大,城市轨道运营系统一旦发生事故,就会影响整条线路乃至整个线网,导致运营中断,必然会对整个城市的地面交通造成巨大压力,直接影响到社会生产、人民生活和社会安定。

例如 2015 年 8 月 12 日 23 点,天津市滨海新区天津港的瑞海公司危险品仓库发生火灾爆炸事故,造成 100 多人死亡,700 多人受伤,还造成天津轻轨九号线东海路站被毁

（图 1-2），调度中心受爆炸冲击设备损害无法使用，2015 年 12 月恢复运行到钢管公司站，给广大市民的出行带来极大的影响。

2. 城市轨道交通运营安全涉及面广

城市轨道交通运营系统由车辆、供电、通信、信号、线路、机电设备、内部人员、乘客、周边环境等众多因素组成，犹如一架庞大复杂的联动机，其中任何一个环节出现问题，都可能危及运营安全。同时城市轨道交通又是城市交通系统的重要组成部分，道路交通出现拥堵等现象，也会波及轨道交通系统；而轨道交通一旦出现停运，道路交通将不堪重负。

例如，2013 年 9 月 16 日上午 7 时 35 分，因信号故障，北京地铁 4 号线、地铁 10 号线角门西站西北换乘口封闭；7 时 44 分地铁 10 号线海淀黄庄站西南、东南换乘口封闭；7 时 55 分地铁 2 号线宣武门站，9 号线国家图书馆站换乘口封闭（图 1-3）。正赶周一上班早高峰，部分乘客被困地铁站超 1h。地铁工作人员请乘客改乘地面交通工具，由于换乘地面交通工具的乘客较多，造成海淀黄庄北公交站大量乘客滞留。

图 1-2　事故现场

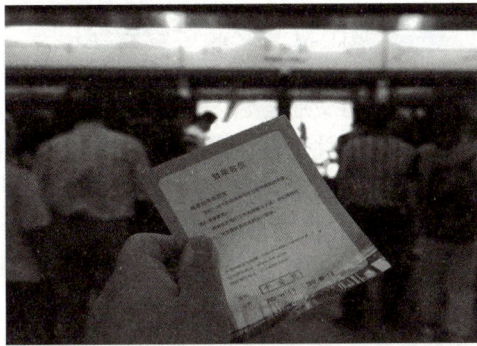

图 1-3　车站通知

3. 城市轨道交通运营安全受外界环境影响较大

城市轨道交通系统站点多、分布广，社会治安状况、公众对轨道交通安全知识的了解程度等直接影响运营安全；轨道交通一年四季、每天 24h 不停地运转，雨雪、风暴、地震等特殊天气都影响到城市轨道交通地面、高架线路的运行安全。

例如，2016 年 7 月初，武汉遇到特大暴雨自然灾害，武汉地铁 2 号线、4 号线多个出入口突然进水（图 1-4），部分车站采取临时封闭措施，以防灾害进一步扩大。这次暴雨不仅造成市民无法乘坐地铁出行，还造成许多车站设备被水浸泡，为今后正常运营带来安全隐患。

4. 城市轨道交通运营安全风险大

城市轨道交通系统设备先进、结构复杂，加上行车密度较大、客流量较大，行车安全的风险随之增大。

例如，2011 年 9 月 27 日下午 2 时 51 分，上海地铁 10 号线豫园至老西门下行区间两列车发生追尾（图 1-5）。造成 284 人受伤，无危重伤员。事发后，由上海市安全生产监督局牵头成立事故调查组，展开调查分析。认为这起事故起因于当天设备失电，致使运营信号中断，地铁 10 号线行车作业人员随即采取人工调度行车方式，但是有关人员未能严格执行相关管理规定，导致事故发生。

图1-4　受灾车站

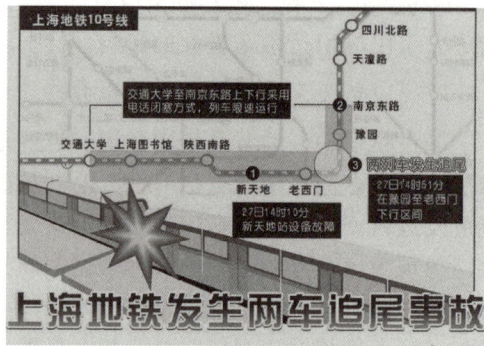

图1-5　事故示意图

此外,城市轨道交通运营安全还具有动态性、失控后的严重性、问题的反复性、对管理的强依赖性、安全问题的复杂性等特点。

三 城市轨道交通运营安全的意义

城市轨道交通运营安全为社会、为市民所承担的一种责任。自然界的各种自然灾害以及各种软硬件设备故障都会引发城市轨道交通安全事故,各种社会政治经济矛盾、恐怖袭击和个别人的不健康心理也为城市轨道交通带来了不安全因素。而城市轨道交通运输组织专业性强、技术设备复杂、客流量大、日周期性强、高峰低谷落差显著、时效性强,其建设一般又采取地下或高架形式,因此提高安全管理有效性和事故救援的难度均较大。此外,安全事故会降低轨道交通的可信赖度,形成社会疑惧心理,在一个长时间段内影响经济发展和居民生活。

(一)安全是城市轨道交通运营适应经济和社会发展的先决条件

城市轨道交通作为一种新型的公共交通方式,在城市的交通系统中起到了重要的作用。它更好地解决了城市传统交通方式——道路交通所存在的土地受限、道路拥堵、尾气污染、噪声污染等一系列问题,为城市居民的出行带来了极大的便利,也越来越多地被市民所接受,为城市发展带来了更大的潜力,已经成为一座城市的名片和城市文化的象征。在很多城市,往往是地铁建到哪里,城市的繁荣就扩展到哪里,经济社会的各种要素就汇聚到哪里。从这种意义上讲,地铁堪称一座城市加速发展的动力机。

城市轨道交通运营生产的根本任务就是把乘客安全及时地运送到目的地,因此城市轨道交通运营生产的作用、性质和特性,决定了城市轨道交通运营必须把安全摆在各项工作的首要位置。

城市轨道交通运营是一个复杂联动系统的统一运作,所涉及的专业多,自动化程度高,运营安全可靠度要求高,要想实现安全可靠运营,提供快捷、舒适、正点、大客运量服务,安全是基础和保证。

(二)安全是城市轨道交通运营服务最重要的质量保证

城市轨道交通运营安全是运营生产系统运行秩序正常化、乘客生命财产平安无险、运营设备完好无损的综合表现。城市轨道交通运营生产的意义就在于有计划、有目的、有成效地实现乘客空间位置的移动,其产品质量特性包括安全、准点、高效、便捷和文明服务,其中安全最为重要。如发生在线列车重大伤亡事故,其后果不堪设想。

质量包含安全工作质量,安全概念内也包含着质量,交互作用,互为因果。安全第一,质量第一,两者并不矛盾。安全第一是从保护生产因素的角度提出的,而质量第一则是从关心产品成果的角度而强调的。安全为质量服务,质量需要安全的保证,生产过程丢掉哪一头,都要陷于失控状态。安全不好,永无宁日,安全是城市轨道交通运营的生命线。

(三) 安全是城市轨道交通运营各项工作质量的综合反映

城市轨道交通线路复杂、车站较多、分布密集。运营生产系统是由车辆、车务、工务、供电、机电等专业部门组成,犹如规模庞大的联动机昼夜不停地运转着,作业环境复杂、项目繁多、情况多变。安全工作贯穿于运营生产全过程,涉及每个作业环节和人员。只要有一段路基、一根钢轨、一辆客车的某一关键部件故障,一架信号机发生损坏,一个与运营生产直接有关人员的瞬间疏忽、违章作业、操作失误,就会造成运营事故或人员伤亡。在运营生产过程中,安全是城市轨道交通运营各项工作质量的综合反映。

(四) 安全是城市轨道交通事业又好又快地发展的重要保证

保证城市轨道交通运营事业又好又快地发展,必须要有一个稳定的运营安全局面。安全形势不稳,不断发生事故,势必打乱运营秩序,扰乱总体部署,分散工作精力,社会舆论也会反映强烈,城市轨道交通事业就会处于被动状态,发展就失去了重要前提和基础,难以顺利进行。

城市轨道交通运营企业已经是企业化、市场化运作模式,若要做好市场,就需要确保安全、提高服务质量,树立良好的运营企业形象。

城市轨道交通运营安全质量下降,必然会损害企业形象,阻碍或延缓城市轨道交通运营事业又好又快地发展进程。

没有稳定的安全形势,就没有城市轨道交通运营的高效、快捷、便利的优势,就很难发挥城市轨道交通运营的优势,其发展道路必然受阻。

(五) 安全是法律赋予城市轨道交通运营的义务和责任

中华人民共和国建设部令第 140 号《城市轨道交通运营管理办法》已于 2005 年 3 月 1 日发布,自 2005 年 8 月 1 日起施行。涉及安全管理的条款有:

1. 第三章　安全管理

第十五条,城市轨道交通运营单位应当依法承担城市轨道交通运营安全责任,设置安全生产管理机构,配备专职安全生产管理人员,保证安全生产条件所必需的资金投入。

第十六条,城市轨道交通运营单位应当按照反恐、消防管理、事故救援等有关规定,在城市轨道交通设施内,设置报警、灭火、逃生、防汛、防爆、防护监视、紧急疏散照明、救援等器材和设备,定期检查、维护,按期更新,并保持完好。

第十七条,城市轨道交通运营单位负责城市轨道交通设施的管理和维护,定期对土建工程、车辆和运营设备进行维护、检查,及时维修更新,确保其处于安全状态。检查和维修记录应当保存至土建工程、车辆和运营设备的使用期限到期。

第十九条，城市轨道交通运营单位应当采取多种形式向乘客宣传安全乘运的知识和要求。

2. 第四章 应急管理

第二十五条，城市轨道交通车辆地面行驶中遇到沙尘、冰雹、雨、雪、雾、结冰等影响运营安全的气象条件时，城市轨道交通运营单位应当启动应急预案，并按照操作规程进行安全处置。

第二十六条，遇有城市轨道交通客流量激增危及安全运营的紧急情况，城市轨道交通运营单位应当采取限制客流量的临时措施，确保运营安全。

3. 第五章 法律责任

第三十六条，违反本办法规定，城市轨道交通运营单位有下列行为之一的，由城市人民政府城市轨道交通主管部门给予警告，责令限期改正，并可处以1万元以下罚款：（一）违反本办法第十六条规定，未设置报警、灭火、逃生、防汛、防爆、防护监视、紧急疏散照明、救援等器材和设备，并保持完好的；（二）违反本办法第二十四条规定，未按照规定建立应急预案的。

2010年，国家安全生产监督管理总局令（第36号）《建设项目安全设施"三同时"监督管理暂行办法》第二章建设项目安全条件论证与安全预评价第七条第四款规定："轨道交通建设项目在进行可行性研究时，生产经营单位应当分别对其安全生产条件进行论证和安全预评价。"

【学生讲坛】

1. 简述城市轨道交通运营安全的意义。

2. 举例说明城市轨道交通运营安全特性。

【知识测试】

1. 城市轨道交通运营安全管理的特性。

2. 城市轨道交通运营安全的意义。

【技能训练】

模拟管理：制订安全管理目标方案

实训目标：

1. 增强对安全重要性的理解。

2. 理解安全在生产中的地位。

实训内容与方法：

1. 以学习小组为单位，选定一个列车运行过程内容，正确分析城市轨道交通安全的特性。

2. 所定方案必须体现运营安全的特性与要求。

3. 学习小组在班级进行交流与研讨。

标准与评估：

1. 标准：能正确运用安全因素，结合运营企业特点及要求，制订具有科学可行的方案。

2. 评估：学习小组写出评价总结，根据研讨会上表现评定成绩。

任务二　城市轨道交通安全管理基础知识认知

患生于所忽,祸起于细微。

——汉代·刘向《说苑》

【案例1-2】　乘客强行乘车造成死亡

事件经过:2009年7月5日18时16分,上海轨道交通2号线中山公园站一列列车正在关门作业时,一名中年女性乘客强行上车手腕被夹,在列车启动后其又与安全护栏撞击并跌落在站台上不幸身亡。据轨道交通部门介绍,18点16分许,轨道交通2号线中山公园站往浦东方向的209号列车正在关门作业,列车警示用蜂鸣器同步响起;突然,一名中年女性乘客在车门即将关上之际,将手伸进门中欲强行上车致使手腕被夹。站台服务员发现后,立即上前帮助该乘客向外拽拉,但未果。此时列车启动,并带动该乘客,造成其与安全护栏撞击跌落在站台上。事发后,车站立即拨打120急救车送医院抢救,后经抢救无效死亡。

原因分析:

(1)因乘客在听到列车关门警示音后未停止自身危险行为导致此严重后果的发生。

(2)车站站务人员巡视不到位,应急处理能力差。

(3)视频监控系统存在盲区。

整改措施:

(1)运营单位加强对乘客关于乘车安全的宣传与教育。

(2)运营单位加强在车站站台对乘客的引导,制止类似危险行为。

(3)在站台、站厅等显著位置张贴有关危险行为及危险部位,引导乘客安全乘车。

【学生分析与决策】

1.在案例中你看到了什么现象?你认为存在哪些安全问题?

2.海因里希因果连锁论中提出的五个因素是什么?

3.你知道安全生产管理的基本概念吗?

子任务一　安全生产管理内涵认知

安全生产相关概念如下:

1.安全

安全是指没有受到威胁、没有危险、危害、损失。一般指在生产活动过程中,能将人或物的损失控制在可以接受水平的状态。也就是说,不管事故是否发生,只要人或物的损伤是在人们可以接受的范围之内,就称之为安全,反之为不安全。

城市轨道交通系统是工业现代化和管理现代化的高度融合,体现了现代人用高科技技术实现高速、密集、准时、安全的交通方式,其硬件系统运用本质安全理念。本质安全是指通过设计、制造工艺等手段使生产设备或生产系统本身具有安全性,即使在误操作或发生故障的情况下也不会造成事故。本质安全有两大功能:

(1)失误—安全功能:即操作者即使操作失误,也不会发生事故或伤害。

(2)故障—安全功能:设备、设施和工艺发生故障或损坏时,还能暂时维持正常工作或自动转变为安全状态。

注意：这两种安全功能应该是设备、设施和技术工艺本身所固有的，建立于规划设计阶段，而不是事后补偿的。

本质安全是安全生产管理"预防为主"的根本体现，也是安全生产管理的最高境界，是我们为之奋斗的目标。

2. 安全生产

(1)《辞海》注解。为预防生产过程中发生人身、设备事故，形成良好劳动环境和工作秩序而采取的一系列措施和活动。

(2)《中国大百科全书》注解。旨在保护劳动者在生产过程中安全的一项方针，也是企业管理必须遵循的一项原则，要求最大限度地减少劳动者的工伤和职业病，保障劳动者在生产过程中的生命安全和身体健康。

(3)综述。《中国大百科全书》将安全生产解释为企业生产的一项方针、原则和要求；《辞海》则解释为企业生产的一系列措施和活动。根据现代系统安全工程的观点，上述解释只表述了一个方面，都不够全面。

本书的安全生产定义是：为了使生产过程在符合物质条件和工作秩序下进行的，防止发生人身伤亡和财产损失等生产事故，消除或控制危险、有害因素，保障人身安全与健康、设备和设施免受损坏、环境免遭破坏的总称。

轨道交通运营没有围墙，乘客参与生产的全过程。生产过程要在隧道内、高架桥上狭小空间完成，在高峰时段乘客密集到达，所有这些生产特点表明，城市轨道交通运营安全就是在运营过程中保证乘客和员工的人身安全以及设施、设备的完好无损。

3. 安全生产管理

安全生产管理是管理的重要组成部分，是安全科学的一个分支。是针对人们在生产过程中的安全问题，运用有效的资源，发挥人们的智慧，通过人们的努力，进行有关决策、计划、组织和控制等活动，实现生产过程中人与机器设备、物料、环境的和谐，达到安全生产的目标。

安全生产管理的目标是，减少和控制危害，减少和控制事故，尽量避免生产过程中由于事故所造成的人身伤害、财产损失、环境污染以及其他损失。安全生产管理包括安全生产法制管理、行政管理、监督检查、工艺技术管理、设备设施管理、作业环境和条件管理等。

安全生产管理的基本对象是企业的员工，涉及企业中的所有人员、设备设施、物料、环境、财务、信息等各个方面。安全生产管理的内容包括：安全生产管理机构和安全生产管理人员、安全生产责任制、安全生产管理规章制度、安全生产策划、安全培训教育、安全生产档案等。

4. 事故

事故是指在生产活动中，由于人们受到主、客观条件的限制（科学知识和技术力量的限制或者由于认识的局限性），突然发生的违背人们意愿的事件。其含义包括以下几点：

(1)事故是违背人的意愿的一种现象。

(2)事故是隐患突变、失去控制的外在表现。

(3)事故是不确定的事件，受必然性和偶然性的影响。

(4)事故可以预防、减少，但不能根本消灭。

（5）事故只要发生，就会给人、物或环境带来损失或影响。

（6）造成人员伤亡、职业病、财产损失或其他损失的意外事件。

《企业职工伤亡事故分类》（GB 6441—1986）将危险因素分为 20 类：物体打击、车辆伤害、机械伤害、起重伤害、触电、淹溺、火灾、高处坠落、坍塌、冒顶片帮、透水、爆破、火药爆炸、瓦斯爆炸、锅炉爆炸、容器爆炸、其他爆炸、中毒和窒息、其他伤害。

5. 事故隐患

事故隐患是指生产经营单位违反安全生产法律、法规、规章、标准和安全生产管理制度的规定，或者因其他因素在生产经营活动中存在可能导致事故发生的物的危险状态、人的不安全行为和管理上的缺陷。

按危害和整改难度分，事故隐患分为一般事故隐患和重大事故隐患。

6. 危险

危险是指系统中存在导致发生不期望后果的可能性超过了人们的承受程度。一般用危险度（风险）来表示承受程度。

（1）危险度。危险度即风险，是指某一特定危险情况发生的可能性和后果的组合。那么，城市轨道交通运营事件影响危险度就是指城市轨道交通运营事件发生的可能性和可能人员伤害和财产损失的总和。

（2）危险源。危险源是指可能造成人员伤害、疾病、财产损失、作业环境破坏或其他损失的根源或状态。可以是一次事故、一种环境、一种状态的载体，可以是可能产生不期望后果的人或物。

例如，易燃易爆物品在行驶的地铁车辆上遇到明火、碰撞、电火花等特定情况下会发生燃烧和爆炸，乘客携带易燃易爆物品乘坐轨道交通是非常危险的，必须禁止，因此乘客携带易燃易爆物品进站上车就是危险源。

子任务二　安全生产管理理论认知

我国 20 世纪 50 年代引入安全管理理论，60～70 年代吸收研究事故致因理论，80～90 年代开始研究风险管理理论并尝试实践，20 世纪末研究推行职业健康安全管理体系，21 世纪初将风险管理融入安全生产管理。

一　安全生产管理原理

安全生产管理原理是从生产管理的共性出发，对生产工作的实质内容进行科学分析、综合、抽象与概括得出的管理规律。安全生产原则就是在安全生产管理原理的基础上，指导生产管理活动的通用规则。

1. 系统原理

用系统论的观点、理论和方法来认识和处理管理中出现的问题。运用系统原理的 4 个原则：动态相关性原则、整分合原则、反馈原则、封闭原则。

2. 人本原理

把人的因素放在首位，体现以人为本的指导思想。运用人本原理的 3 个原则：动力原则、能级原则、激励原则。

3.预防原理

强调预防为主,通过有效的管理和技术手段,减少和防止人的不安全行为和物的不安全状态。运用预防原理的4个原则:偶然损失原则、因果关系原则、3E原则(即工程技术、教育培训、管理对策)、本质安全化原则。

4.强制原理

采取强制管理的手段控制人的意愿和行为,使个人的活动、行为等受到安全生产管理要求的约束,从而实现有效的安全生产管理。运用强制原理的2个原则:安全第一原则、监督原则。

二 事故致因理论

1.事故频发倾向理论

事故倾向性理论是历史最长和最广为人知的事故致因理论之一。一些科学家通过对大量事故案例研究,发现在现实生活中有少部分这样的人,在相同的客观条件下,出事故次数比其他人多得多。1939年法默(Farmer)等人提出一种称为事故倾向性(accident proneness)的理论。该理论指出事故频发倾向者的存在是工业事故发生的主要原因,即少数具有事故频发倾向的工人是事故频发倾向者,他们的存在是工业事故发生的原因。如果企业中减少了事故频发倾向者,就可以减少工业事故。

许多研究结果表明,把事故原因完全归咎于作业者,而忽视工作环境是不正确的。

2.海因里希因果连锁理论

海因里希因果连锁理论又称海因里希模型或多米诺骨牌理论,如图1-6所示,1931年,美国安全工程师海因里希(Heinrich)首先提出,用以阐明导致伤亡事故的各种原因及与事故间的关系。该理论把工业伤害事故的发生发展过程描述为具有一定因果关系事件的连锁,包括五个因素,遗传及社会环境、人的缺点、人的不安全行为或物的不安全状态、事故、伤害。

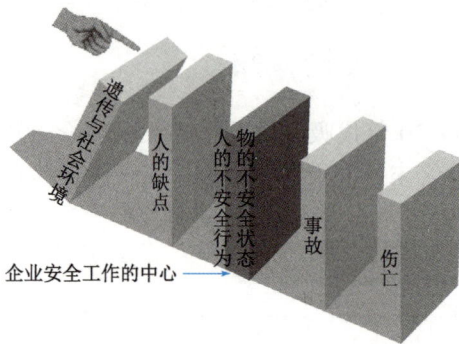

图1-6 海因里希因果连锁关系图

海因里希把工业伤害事故的发生、发展过程描述为具有一定因果关系的事件的连锁发生过程,即:

（1）人员伤亡的发生是事故的结果。

（2）事故的发生是由于人的不安全行为、物的不安全状态。

（3）人的不安全行为或物的不安全状态是由于人的缺点造成的。

（4）人的缺点是由于不良环境诱发的,或者是由先天的遗传因素造成的。

3.能量意外释放理论

1961年,吉布森(Gibson)提出能量意外释放理论。该理论从事故发生的物理本质出发,阐述了事故的连锁过程,如图1-7所示。由于管理失误引发的人的不安全行为和物的不安全状态及其相互作用,使不正常的或不希望的危险物质和能量释放,并转移于人体、设施,造成人员伤亡和(或)财产损失,事故可以通过减少能量和加强屏蔽来预防。人类在生产、生活中不可缺少的各种能量,如因某种原因失去控制,就会发生能量违背人的意愿而意外释放或逸出,使进行中的活动中止而发生事故,导致人员伤害或财产损失。

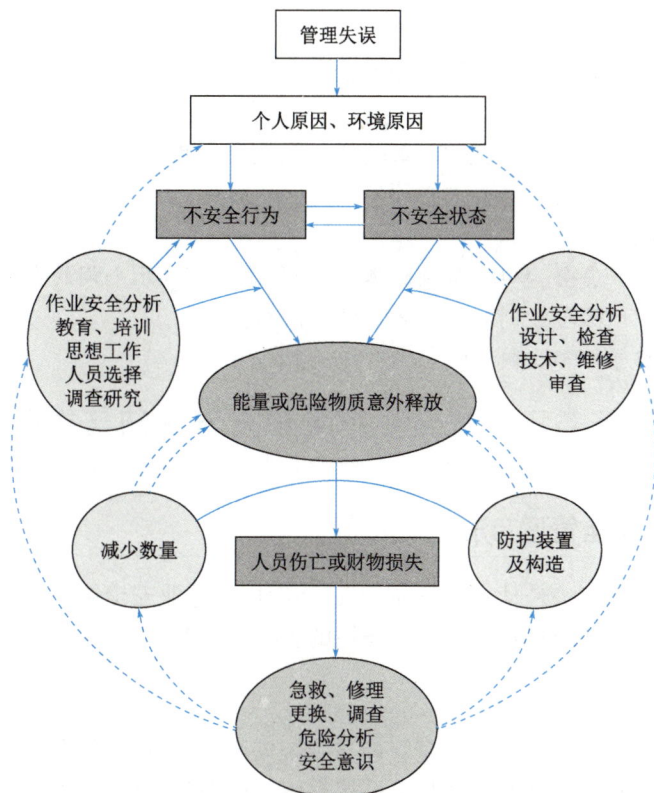

图1-7 能量意外释放

在一定条件下,某种形式的能量能否产生造成人员伤亡事故的伤害取决于能量大小、接触能量时间长短和频率以及力的集中程度。

4. 系统安全理论

20世纪50～60年代提出系统安全理论,区别于传统安全理论,提出四个创新概念:

(1)改变了只注重操作人员的不安全行为而忽略硬件的故障,考虑通过改善物的系统可靠性来提高复杂系统的安全性。

(2)任何事物中都潜伏着危险因素即事故隐患。

(3)不可能根除一切危险源,应考虑减少总的危险性而不是只彻底去消除几种选定的风险。

(4)危险源不是一成不变的,有的可能暂时未认识到,有的则会因某种原因而产生。

三 事故预防与控制的基本原则

1. 事故预防

事故预防是指通过采用技术和管理手段,使事故不发生。

13

2. 事故控制

事故控制是指通过采用技术和管理手段,使事故发生后不造成严重后果或使后果尽可能减小。

3. 事故预防与控制对策

(1)安全技术对策:解决物的不安全状态。

(2)安全教育对策和安全管理对策:解决人不安全行为。安全教育对策主要是使人知道哪里存在危险源,如何导致事故,事故的可能性和严重程度如何,面对可能的危险应该怎么做。安全管理对策则是要求必须怎么做。

【研讨与质疑】

1. 你是怎么理解安全、事故、事故隐患、危险和危险源这几个词的含义?

2. 你认为安全预防与控制对策都解决什么问题?

3. 安全理论都包括哪些内容?

子任务三 安全生产管理方法认知与实践

一 综合性安全管理方法

综合性安全管理方法是从企业整体出发,能应用于企业安全组织运作之中,对企业在某一时间段的安全管理全过程具有指导作用的管理方法。

(一)全面安全管理

全面安全管理是一种将系统安全管理与传统安全管理相结合的综合管理方法,它由全面质量管理演变而来。基本思路是以系统整体性原理为依据,以目标优化原则为核心,以安全决策为主要手段,将安全生产过程乃至企业的全部工作看作一个整体,进行统筹安排和协调整合的全面管理。

全面安全管理主要包括全员、全过程、全方位三层含义。

全员安全管理是指上至企业领导,下至每一名员工,人人参与安全管理,人人关心安全,注意安全,在各自的职责范围内做好安全工作。

全过程安全管理即对每项工作、每种工艺、每个工程项目的每一个步骤,自始至终地抓好安全管理。贯穿于各项工作始终,形成纵向一条线的安全管理方式。

全方位安全管理是指系统的各个要素,从时间到地点,乃至操作方式等方面的安全问题,进行全面分析、全面辨识、全面评价、全面防护,做到疏而不漏,保证安全生产。是遍及企业各个角落、横向铺开的一种管理方式。

(二)PDCA 工作方法

1. PDCA 循环工作方式(戴明循环)

是一种按照计划(Plan)、执行(Do)、检查(Check)、处理(Action)四个阶段不断循环进行管理的方法。

2. PDCA 循环运转的特点

大环套小环,小环保大环,推动大循环;爬楼梯;循环的关键在于处理阶段。

(三)安全目标管理

安全目标管理是目标管理方法在安全工作上的应用。安全目标管理是目标管理的重要组成部分,是围绕实施安全目标开展安全管理的一种综合性较强的管理方法。

安全目标管理的基本内容包括:安全目标体系的设定、目标的分解、安全目标的实施、安全目标的考核与评价。

1.安全目标体系的设定

安全目标体系的设定是安全目标管理的核心,目标设立是否恰当直接关系到安全管理的成效。目标设立过高,经努力也不可能达到,会伤害操作者的积极性;目标设立过低,不用努力就能达到,则调动不了操作者的积极性和创造性。二者均对组织的安全工作没有推动作用,达不到目标管理的作用。目标体系设定之后,各级人员依据目标体系层层展开工作,从而保证安全工作总目标的实现。

安全目标体系保证措施包括技术措施、组织措施,还包括措施进度和责任者。保证措施大致有以下几方面:

(1)安全教育措施,包括教育的内容、时间安排、参加人员规模、宣传教育场地。

(2)安全检查措施,包括检查内容、时间安排、责任人,检查结果的处理等。

(3)危险因素的控制和整改。对危险因素和危险点要采取有效的技术和管理措施进行控制和整改,并制定整改期限和完成率。

(4)安全评比。定期组织安全评比,评出先进班组。

(5)安全控制点的管理。制度无漏洞、检查无差错、设备无故障、人员无违章。

2.目标的分解

企业的总目标设定以后,必须按层次逐级进行目标的分解落实,将总目标从上到下层层展开,从纵向、横向或时序上分解到各级、各部门直到每个人,形成自下而上层层保证的目标体系。这种对总目标的逐级分解或细分解称为目标分解。目标分解的目的是得到完整的纵横方向的目标体系。目标的分解如图1-8所示。

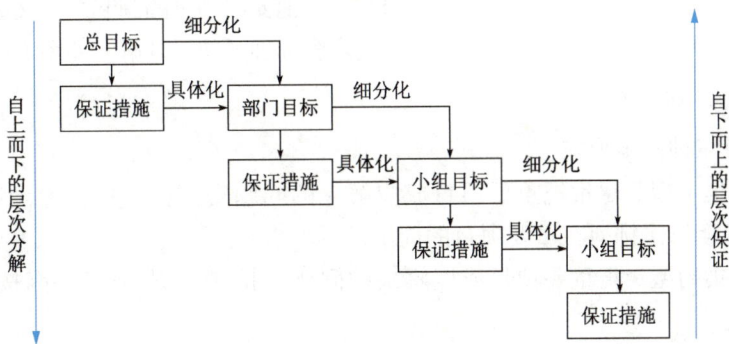

图1-8 目标分解图

3.安全目标的实施

安全目标的实施是指在落实保障措施,促使安全目标实现的过程中所进行的管理活动。目标实施的效果如何,对目标管理的成效起决定性作用。该阶段主要是各级目标责任者充分发挥主观能动性和创造性,实行自我控制和自我管理,辅之以上级的控制与协调。

目标实施中的控制分为自我控制、逐级控制、关键点控制三种。

15

4. 安全目标的考核与评价

为提高安全目标管理效能，目标在实施过程中和完成后都要进行考核、评价，并对有关人员进行奖励或惩罚。考核是评价的前提，是有效实现目标的重要手段。目标考评是领导和群众依据考评标准对目标的实施成果客观的测量过程。这一过程避免了经验型管理中领导说了算，缺乏群众性的弱点，通过考评使管理工作科学化、民主化。通过目标考评奖优罚劣，避免"大锅饭"，对调动工人参与安全管理的积极性起到激励作用，为下一个目标的实施打下良好基础，从而推动安全管理工作不断前进。

对目标的考评内容包括目标的完成情况、协作情况等，还应适当考虑目标的复杂程度和目标责任人的努力程度。

由于考评的标准、内容、对象不同，因此对目标的考评方法也不同，但考评方法应简单、易行，具有系统性、综合性、多样性。可采取分项计分法、目标成果考评法、岗位责任考评法等。

二　思考性安全管理方法

思考性管理方法来源于运筹学、价值工程及系统工程等管理技术和科学方法，主要包括关联图法、A型图解法、系统图法及 PDCA 法等方法。

（一）关联图法

关联图法是一种对于原因—结果、目的—手段等复杂关系互相纠缠的问题，理清头绪，抓住问题的核心，找出适当解决措施的方法。

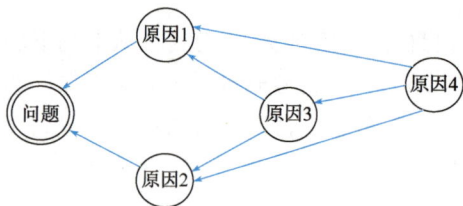

图1-9　关联图

1. 关联图的基本结构

关联图是一种把显露的问题和要因用圈将文字圈起来，并用箭线表示出因果关系的图。在图中，将要实现的目标或想解决的问题用双圈圈起来，其他要因用单圈圈起来。文字的表达应简短、内容准确又便于理解。如图1-9所示。

2. 关联图的形式

关联图有三种基本形式：

（1）中央集中型。尽量把重要项目或应解决的问题安排在中央位置，然后把相关因素按相关的程度依次排列在重要项目的周围。

（2）单向集约型。把重要项目或应解决的问题安排在一侧，将各要因按主要的因果关系顺序排列。

（3）关系表示型。用图形简明地表示各活动项目之间或要因之间的因果关系，在排列上可以十分灵活。

（二）A 型图解法

1. 概念

A 型图解法又称 KJ 法、亲和图法（Affinity Diagram）。KJ 法是将未知的问题、未曾接触过领域的问题的相关事实、意见或设想之类的语言文字资料收集起来,并利用其内在的相互关系作成归类合并图,以便从复杂的现象中整理出思路,抓住实质,找出解决问题的途径的一种方法。

2. 原理

结合脑力激荡(即头脑风暴法,比喻思维高度活跃,打破常规的思维方式而产生大量创造性设想的状况)、分类法、归纳法。

3. 适用情况

问题复杂,起初情况混淆不清,牵涉部门众多,检讨起来各说各话时特别适用。可以认识新事物(新问题、新办法);整理归纳思想;从现实出发,采取措施,打破现状;提出新理论,进行根本改造,"脱胎换骨";促进协调,统一思想;贯彻上级方针,使上级的方针变成下属的主动行为。

(三) 系统图法

1. 概念

系统图法又叫树图法,是将目的和手段相互联系起来逐级展开的图形表示法。利用它可系统分析问题的原因并确定解决问题的方法。它的具体做法是将把要达到的目的所需要的手段逐级深入。系统法可以系统地掌握问题,寻找到实现目的的最佳手段,广泛应用于质量管理中。

系统图是把要实现的目的、需要采取的措施或手段,系统地展开分析,并绘制成图,以明确问题的重点,并寻找最佳手段或措施的一种方法。

因为系统图由方块和箭头组成,形状似树枝,所以又名树型图、树枝系统图、家谱图、组织图等。

2. 系统图的应用

在企业实施安全目标管理的过程中,为了达到预定的目标,需要采用相应的手段和措施。因此,可以利用系统图对安全目标进行分析,使其自上而下的层层展开,逐级地落实保证措施,形成自下而上层层保证,使安全目标管理的重点、难点,一目了然。

在安全管理中,因果图是一种在现场管理中经常使用,而且是非常简便有效的方法。

三 实务性安全管理方法

(一) 本质安全化

1. 本质安全化的概念

本质安全一词的提出源于 20 世纪 50 年代世界宇航技术的发展,这一概念的广泛接受是和人类科学技术的进步以及对安全文化的认识密切相连的,是人类在生产、生活实践的发展过程中,对事故由被动接受到积极事先预防,以实现从源头杜绝事故和人类自身安全保护需要,在安全认识上取得的一大进步。

（1）狭义的概念：是指通过设计手段使生产过程和产品性能本身具有防止危险发生的功能，即使在误操作的情况下也不会发生事故。

（2）广义的概念：就是通过各种措施（包括教育、设计、优化环境等）从源头上降低事故发生的可能性，即利用科学技术手段使人们生产活动全过程实现安全无危害化，即使出现人为失误或环境恶化也能有效阻止事故发生，使人的安全健康状态得到有效保障。

（3）本质安全的概念：是指操作者在误操作，或判断错误的情况下，即使有不安全行为，设备、系统仍能自动地保证安全；当设备、系统发生故障时，它能自动排除，确保人身和设备安全。

为了使设备、系统处于或达到本质安全而进行的研究、设计、改造和加强管理的过程，称之为本质安全化。

2. 本质安全化的应用

企业是一个生产的有机整体，是一个除了人，还有机械设备、装置、原材料和产品的人造系统。要实现符合企业生产，人身安全目的的安全本质化管理，必须站在系统的角度从以下几个方面着手，开展经常性工作：

（1）使生产设备、设施符合安全工程学的要求。

（2）强化安全规章制度，建立良好的安全生产秩序。

（3）提倡计划生产、均衡生产。

（4）抓好安全信息管理。

（5）抓好班组安全建设。

（6）提高全员素质，增强全员安全意识。

（二）事故预防技术

1. 预防事故的安全技术

预防事故发生的安全技术，一般可以按以下的优先次序选择：

（1）根除危险因素。

（2）限制或减少危险因素。

（3）隔离、屏蔽或连锁。

（4）故障-安全设计。

（5）减少故障及失误。

（6）警告。

2. 避免或减少事故损失的安全技术

事故发生后如果不能迅速控制局面，则事故规模可能进一步扩大，甚至引起二次事故。因此，在事故发生之前就应考虑到采取避免或减少事故损失的技术措施。避免或减少事故损失的安全技术包括：

（1）隔离：缓冲、远离、封闭。

（2）个体防护：有危险的作业、为调查和消除危险状况而进入危险区域、应急情况。

（3）接受微小损失。

（4）避难与救援。

1. 安全评价的概念

安全评价也称危险度评价,就是对系统内存在的危险性及其严重程度以既定指数、等级或概率值进行分析和评估,并针对这些危险制定相应的安全对策,使系统安全性达到社会公众所需求的水平的一种方法体系。概括来说,安全评价就是从数量上说明被评价对象的安全可靠程度。

2. 安全评价项目分类

根据项目的不同阶段分为:安全预评价、安全验收评价、安全现状评价、专项安全评价。

3. 安全评价方法分类

安全评价方法一般有两种分类方式,一种是按评价指标的量化程度分为定性方法、定量方法,以及定性与定量相结合的方法;另一种是按评价对象进行整合,主要有安全管理评价法和系统安全综合评价法。

安全评价方法包括:安全检查表分析(SCL)、作业条件危险性评价法(LEC)、预先危险分析(PHA)、危险与可操作性分析(HAZOP)、失效模式与影响分析(FMEA)、故障树分析(FTA)、事件树分析(ETA)、指数分析法。

4. 安全管理评价

安全管理评价就是评价企业的安全管理体系及管理工作的有效性和可靠性,评价企业预防事故发生的组织措施的完善性,评价企业管理者和操作者素质的高低及对不安全行为的可控程度。

安全管理评价内容:现代安全管理方法的应用、安全教育形式、规划计划与安全工作目标、职能部门安全指标分解、各级人员安全生产责任制、安全生产规章制度、各工种操作规程、安全档案、安全管理图表、"三同时"审批项目、事故处理"三不放过"、安全工作"五同时"、安全措施费用、安全机构与人员配备。

5. 安全评价程序

安全评价程序可以用图1-10来表示。

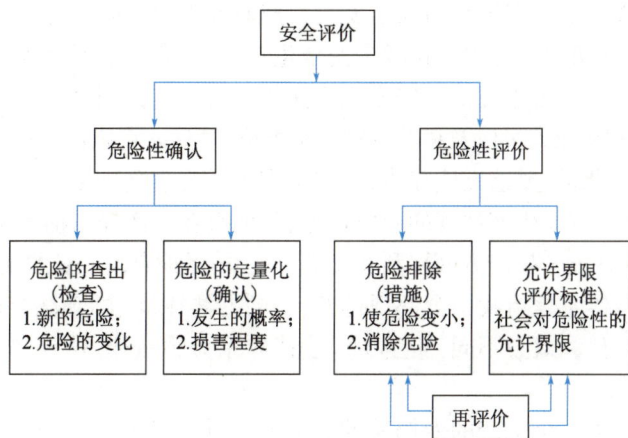

图1-10 安全评价程序

如果把这样的一个安全评价内容加以适当扩充,考虑社会环境的影响和安全管理的最终目的,系统安全评价的程序补充用图示 1-11 来表示较为合适。

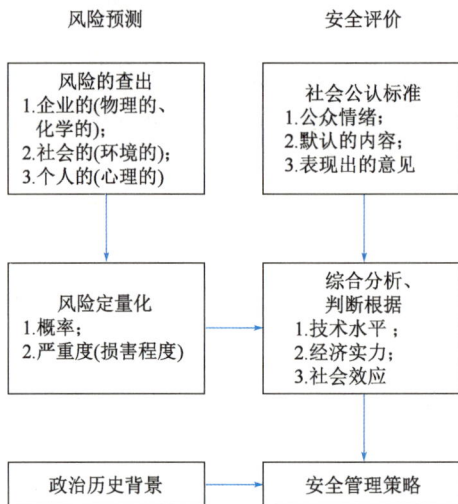

风险预测　　　　　　　　　安全评价

```
风险的查出                      社会公认标准
1.企业的(物理的、                1.公众情绪;
  化学的);                     2.默认的内容;
2.社会的(环境的);               3.表现出的意见
3.个人的(心理的)
        │                            │
        ↓                            ↓
风险定量化                      综合分析、
1.概率;                        判断根据
2.严重度(损害程度)              1.技术水平;
                               2.经济实力;
                               3.社会效应
        │                            │
        ↓                            ↓
政治历史背景      ──→           安全管理策略
```

图 1-11　安全评价程序补充

【研讨与质疑】

1.现代安全管理方法有哪些?

2.举例说明本质安全化在城市轨道交通安全中的运用。

4.事故预防制技术包括哪些内容?

3.安全评价方法分哪几类?

子任务四　城市轨道交通安全管理法律法规认知

一 安全法规概述

(一)安全生产法规及安全生产法律体系

安全生产法规是指国家机关为加强安全生产监督管理,落实安全生产技术措施,保护人民群众生命和财产的安全,防止和减少安全生产事故,促进经济发展,按照一定的法律程序制定并颁布实施的法律规范。安全生产法规具有国家强制性,一切生产经营单位、行政机关、社会团体和从业人员以及相关方都必须严格遵守,认真执行。对违反安全生产法规的行为,造成重大后果的,要追究法律责任,并根据情节轻重分别给予行政处分、经济处罚,直至追究刑事责任。安全生产法规的主要任务,是调整在生产经营活动中相关组织之间及其与从业人员之间在安全生产方面权利和义务的关系,保护有关人员的人身和财产的安全。

安全生产法律体系是指我国全部现行的、不同的法律规范形成的有机联系的统一整体。根据法律的地位和效力不同,安全生产法律体系分为法律、法规、规章和法定安全生产标准。

我国现行的有关安全生产的专门法律主要有:《中华人民共和国安全生产法》《中华人民共和国消防法》《中华人民共和国道路交通安全法》《中华人民共和国海上交通安全

法》《中华人民共和国矿山安全法》;与安全生产相关的法律主要有:《中华人民共和国劳动法》《中华人民共和国职业病防治法》《中华人民共和国工会法》《中华人民共和国矿产资源法》《中华人民共和国铁路法》《中华人民共和国公路法》《中华人民共和国民用航空法》《中华人民共和国港口法》《中华人民共和国建筑法》《中华人民共和国煤炭法》《中华人民共和国电力法》等。

安全生产行政法规的法律地位和效力低于有关安全生产法律,高于地方性安全生产法规、部门规章等。地方性安全生产法规的法律地位和法律效力低于有关安全生产的法律、行政法规,高于地方政府安全生产规章;经济特区和民族自治地方安全生产法规的法律地位和效力与地方性安全生产法规相同。

规章分为部门规章和地方政府规章。部门安全生产规章是国务院有关部门依照安全生产法律、行政法规的授权制定发布的,其法律地位和效力低于法律、行政法规,高于地方政府规章。地方政府安全生产规章是最低层级的安全生产立法,其法律地位和效力低于其他上位法,不得与上位法相抵触。

虽然我国没有技术法规的正式用语,也未将其纳入法律体系的范畴,但许多安全生产立法却将安全生产标准作为生产经营单位必须执行的技术规范而载入法律。安全生产标准法律化是我国安全生产立法的重要趋势。法定安全生产标准主要是指强制性安全生产标准,分为国家标准和行业标准,对生产经营单位具有同样的约束力。

(二)城市轨道交通安全管理法规基本体系

目前,我国城市轨道交通行业安全法规尚属空白,《中华人民共和国消防法》和《中华人民共和国安全生产法》中均没有针对城市轨道交通的具体规定。立法空白导致只能通过行政手段来建立和运作城市轨道交通综合安全管理体系。与法律手段相比,行政手段虽然同样具有强制性,但在稳定性和明晰性方面却相去甚远,这将给城市轨道交通综合安全管理工作带来隐患。在全国性法律法规立法条件尚不成熟的情况下,可以依据相关法律中的部分条例,首先推动地方立法,对城市轨道交通综合安全管理体系做出规定。

1.《中华人民共和国安全生产法》

我国第一部全面规范各行各业安全生产的专门法律《中华人民共和国安全生产法》(简称《安全生产法》),自2002年11月1日起在全国范围内施行。

《安全生产法》明文规定,安全生产管理,坚持安全第一、预防为主的方针;在国内从事生产经营活动的单位,运用《安全生产法》管理、监督、控制安全生产;有关法律、行政法规对消防安全和道路交通安全、铁路交通安全、水上交通安全、民用航空安全另有规定的,适用其规定。

《安全生产法》的颁布实施,标志我国安全生产的法制建设进入了一个新的发展阶段,对于依法强化我国安全生产监督管理,规范各类生产经营单位的安全生产和作业,制裁各种安全生产违法行为,遏制重大、特大事故的发生,保障劳动生产者安全的合法权益,维护人民群众生命财产安全,具有十分重要的意义。城市轨道交通系统宣传、贯彻《安全生产法》是加强安全生产法制建设,不断推进运营安全,加快城市轨道交通发展的重大举措和长期任务。

2.国务院颁布的与城市轨道交通系统运营有关的安全法规

国务院颁布的与城市轨道交通运营安全及其管理有关的安全法规,是经国务院办公会议通过并以国务院总理令颁发的行政法规,明文规定了城市轨道交通系统各部门和工作人员对保证运营安全应尽的职责,及对各种扰乱站、车秩序,侵犯乘客权益,危害行车安全,损坏轨道设施行为的禁令和奖惩范围及权限。对造成特别重大人身伤亡或巨大经济损失以及性质特别严重、产生重大影响的特别重大事故调查程序作出了具体规定,主要内容包括调查的原则要求,特大事故的现场保护和报告,特大事故的调查办法和处理权限等。2001年4月21日公布了《国务院关于特大安全事故行政责任追究的规定》。

此外,国务院发布的《民用爆炸物品安全管理条例》《放射性物品运输安全管理条例》和《化学危险物品安全管理条例》等,都对制定与执行城市轨道交通系统危险货物运输管理的相关规则起重要指导作用。

3.主管部门制定的与确保运营安全有关的规程、规则

我国目前尚未制定关于城市轨道交通的统一的安全运营规则,在这种背景下,各城市轨道交通管理部门结合实践,制定了一系列相关法规,主要分为两类:

(1)与行车安全及其管理有关的规程、规则主要有《行车技术管理规程》《铁路行车组织规则》《铁路行车事故处理规则》等。

(2)与运营安全及其管理有关的规程、规则主要是各类相关的旅客运营规程,如《北京市城市轨道交通安全运营管理办法》。

4.国家质量技术监督局制定的作业标准和生产条例

作业标准是延伸的规章制度,一般是指与重复进行的生产活动直接有关的作业项目和程序,在内容、顺序、时限和操作方法等方面,依据作业规章制度所做的统一规定,是组织现代化大生产的主要手段,作业标准和规章制度二者相辅相成,缺一不可,尤其是对大量重复进行、影响大、安全要求高的铁路调车和接发列车作业更是如此。

规范正常状态下的作业标准,需要参照"城市轨道交通事故预防法规标准体系""城市轨道交通安全保障管理体系"等。此外,还有针对突发事故的"城市轨道交通事故应急及救援法规标准体系"。

5.ISO 9000 质量认证体系

城市轨道交通系统是城市综合交通路网的主干,在目前各种运输方式激烈竞争的形势下,城市轨道交通运营要提高服务质量和市场竞争能力,应尽快跨入ISO 9000认证行列,ISO 9000系列标准的核心是对运输过程的动态控制,满足运输企业全面建立安全动态管理模式的需要,实现在运输安全上的有序可控、持续发展,从而取得较好效果。

总之,与城市轨道交通运营安全有关的国家法律和安全法规,对规章制度和作业标准的制定与执行起着权威性、原则性的指导作用。而后者又是前者的制定依据,随着形势发展和条件变化,都需要适时予以修订、补充和增删,以使运输安全管理水平不断提高。

二 安全生产法

(一)《安全生产法》的法律地位、立法宗旨和适用范围

1.《安全生产法》的法律地位和立法宗旨

《安全生产法》是我国第一部安全生产基本法律。在我国安全生产法律体系中,《安

全生产法》的法律地位和法律效力是最高的,是各类生产经营单位及其从业人员实现安全生产所必须遵守的行为规范,是各级人民政府和各有关部门进行监督管理和行政执法的法律依据,是制裁各种安全生产违法犯罪行为的法律武器。《安全生产法》第一条明确规定了其立法宗旨,即"为了加强安全生产监督管理,防止和减少生产安全事故,保障人民群众生命和财产安全,促进经济发展,制定本法"。

2.《安全生产法》的适用范围

《安全生产法》的第二条对适用范围作了规定,明确为:"在中华人民共和国领域内从事生产经营活动的单位(以下统称生产经营单位)的安全生产,适用本法;有关法律、行政法规对消防安全和道路交通安全、铁路交通安全、水上交通安全、民用航空安全另有规定的,适用其规定。"

(二)《安全生产法》的基本规定

1. 安全生产管理的方针

《安全生产法》第三条规定:"安全生产管理,坚持安全第一、预防为主的方针。"

2. 生产经营单位安全生产责任制度

《安全生产法》第四条规定:"生产经营单位必须遵守本法和其他有关安全生产的法律、法规,加强安全生产管理,建立、健全安全生产责任制度,完善安全生产条件,确保安全生产。"该条规定主要是依法确定了以生产经营单位作为主体、以依法生产经营为规范、以安全生产责任制为核心的安全生产管理制度。

在《安全生产法》的第二章,具体规定了生产经营单位的安全生产保障的责任,主要包括从事生产经营活动应当具备的安全生产条件、安全生产资金投入、安全生产管理机构和安全生产管理人员的配置、生产经营单位主要负责人和安全生产管理人员安全资格、从业人员安全生产培训、特种作业人员范围和要求、建设项目安全设施"三同时"、安全警示标志、安全设备达标和管理、特种设备检测检验、生产安全工艺设备管理、危险物品管理、重大危险源管理、生产设施场所安全距离和紧急疏散、爆破吊装等作业现场安全管理、劳动防护用品规定、交叉作业的安全管理、工伤保险的规定等。

3. 生产经营单位主要负责人的安全责任

《安全生产法》第五条规定,"生产经营单位的主要负责人对本单位的安全生产工作全面负责"。生产经营单位主要负责人是指直接领导、指挥生产经营单位日常生产经营活动,能够承担生产经营单位安全生产工作主要领导责任的决策人,如厂长、经理等。

按照《安全生产法》第十七条规定,生产经营单位的主要负责人对本单位安全生产工作负有下列职责:一是建立、健全本单位安全生产责任制;二是组织制定本单位安全生产规章制度和操作规程;三是保证本单位安全生产投入的有效实施;四是督促、检查本单位的安全生产工作,及时消除生产安全事故隐患;五是组织制定并实施本单位的生产安全事故应急救援预案;六是及时、如实报告生产安全事故。

4. 工会在安全生产工作中的地位和权利

工会是代表从业人员对生产经营单位的安全生产进行监督、维护从业人员合法权益的群众性组织,是协助生产经验单位加强安全管理的助手,是政府监督管理的重要补充。

《安全生产法》第七条规定，"工会依法组织职工参加本单位安全生产工作的民主管理和民主监督，维护职工在安全生产方面的合法权益"。

《安全生产法》第五十二条明确了工会参加安全管理和监督的权利："工会有权对建设项目的安全设施与主体工程同时设计、同时施工、同时投入生产和使用进行监督，提出意见。工会对生产经营单位违反安全生产法律、法规，侵犯从业人员合法权益的行为，有权要求纠正；发现生产经营单位违章指挥、强令冒险作业或者发现事故隐患时，有权提出解决的建议，生产经营单位应当及时研究答复；发现危及从业人员生命安全的情况时，有权向生产经营单位建议组织从业人员撤离危险场所，生产经营一单位必须立即作出处理。工会有权依法参加事故调查，向有关部门提出处理意见，并要求追究有关人员的责任。"

5. 生产安全事故责任追究

《安全生产法》第十三条规定："国家实行生产安全事故责任追究制度，依照本法和有关法律、法规的规定，追究生产安全事故责任人员的法律责任。"《安全生产法》规定要实行责任追究的，是指发生人为责任事故，对负有责任的单位或者人员进行责任追究，生产安全事故责任者所承担的法律责任的主要形式包括行政责任和刑事责任。

6. 安全生产标准

安全生产标准是法律规范的重要补充。《安全生产法》第十条规定："国务院有关部门应当按照保障安全生产的要求，依法及时制定有关的国家标准或者行业标准，并根据科技进步和经济发展适时修订。生产经营单位必须执行依法制定的保障安全生产的国家标准或者行业标准。"依照法律规定，执行法定的保障安全生产的国家标准和行业标准，是生产经营单位的法定义务，生产经营单位必须执行安全生产方面的国家标准或行业标准，特别是强制性的标准。

7. 安全生产宣传教育

安全生产事关人民群众生命和财产安全。要实现《安全生产法》保护人民群众生命和财产安全的立法宗旨，做好安全生产工作，就必须依靠和发动广大职工群众乃至全民积极主动、自觉自愿地参与，从而提升全民的安全意识，弘扬安全文化，树立以人为本的理念。《安全生产法》第十一条规定："各级人民政府及其有关部门应当采取多种形式，加强对有关安全生产的法律、法规和安全生产知识的宣传，提高职工的安全生产意识。"第六十七条规定："新闻、出版、广播、电影、电视等单位有进行安全生产宣传教育的义务，有对违反安全生产法律、法规的行为进行舆论监督的权利。"

8. 安全生产科技进步和奖励

实现安全生产必须依靠科技进步，先进的安全生产科学技术对提高安全生产水平具有不可替代的重要作用。只有重视和鼓励安全生产科学技术的研究，推广先进的安全生产技术，才能不断改善安全生产条件，不断装备先进可靠的安全设备设施，加强预防生产安全事故和消除事故隐患的手段和能力，实现科技兴安、科技保安。《安全生产法》第十四条规定："国家鼓励和支持安全生产科学技术研究和安全生产先进技术的推广应用，提高安全生产水平。"在第十五条、第六十六条，明确了对在改善安全生产条件、防止生产安全事故、参加抢险救护等方面做出显著成绩的个人或单位，国家给予重点奖励。

(三)从业人员的权利和义务

生产经营单位的从业人员是各项安全生产经营活动最直接的劳动者,是各项法定安全生产的权利享有者和义务承担者。《安全生产法》第六条规定:"生产经营单位的从业人员有依法获得安全生产保障的权利,并应当依法履行安全生产方面的义务。"《安全生产法》第三章对从业人员的安全生产权利义务做了全面、明确的规定,并且设定了严格的法律责任,为保障从业人员的合法权益提供了法律依据。

1.从业人员的权利

《安全生产法》规定了各类从业人员必须享有的、有关安全生产和人身安全的最重要、最基本的权利,这些基本安全生产权利,可以概括为以下 5 项:

(1)获得安全保障、工伤保险和民事赔偿的权利。

(2)得知危险因素、防范措施和事故应急措施的权利。

(3)对本单位安全生产批评、检举和控告的权利。

(4)拒绝违章指挥和强令冒险作业的权利。

(5)紧急情况下停止作业和紧急撤离的权利。

2.从业人员义务

从业人员依法享有权利,同时也必须承担相应的义务:从业人员的安全生产义务主要有以下四项:

(1)遵章守规、服从管理。

(2)正确佩戴和使用劳动防护用品。

(3)接受安全培训,掌握安全生产技能。

(4)发现事故隐患或其他不安全因素及时报告。

三 城市轨道交通安全相关法律法规

(一)《城市轨道交通运营管理办法》简介

原建设部制定了《城市轨道交通运营管理办法》,并于 2005 年 3 月 1 日经第 53 次部常委会议讨论通过发布,自 2005 年 8 月 1 日起施行。

《城市轨道交通运营管理办法》适用于城市轨道交通的运营及相关的管理活动,包括运营管理、安全管理、应急管理、法律责任等内容。下面简要介绍与安全管理相关的内容。

1.运营管理中与安全管理相关的内容

(1)工程及安全设施验收的规定

新建城市轨道交通工程竣工后,应当进行工程初验;初验合格的,可以进行试运行;试运行合格,并具备基本运营条件的,可以进行试运营。城市轨道交通工程竣工,按照国家有关规定验收,并报有关部门备案;经验收合格后,方可交付正式运营。安全设施不符合有关国家标准的新建、改建、扩建城市轨道交通工程项目,不得投入运营。

(2)运营单位保障正常安全运营的规定

城市轨道交通运营单位应当按照国家有关规定和特许经营协议,制定城市轨道交通运营服务规则和设施保养维护办法，保证城市轨道交通的正常、安全运营。

城市轨道交通运营单位应当为乘客提供安全便捷的客运服务，保证车站、车厢整洁，出入口、通道畅通，保持安全、消防、疏散导向等标志醒目。

城市轨道交通运营单位的驾驶员、调度员、行车值班员等岗位的工作人员应当经培训合格后，持证上岗。城市轨道交通运营单位应当在车站配备急救箱，车站工作人员应当掌握必要的急救知识和技能。

（3）发生故障时运营单位应急处理的规定

城市轨道交通在运营过程中发生故障而影响运行的，城市轨道交通运营单位应当及时组织乘客疏散，并尽快排除故障，恢复运行。一时无法恢复运行的，城市轨道交通运营单位应当及时报告当地人民政府城市轨道交通主管部门。

（4）禁止乘客危害城市轨道交通正常运营和安全的行为

《城市轨道交通运营管理办法》规定，禁止下列危害城市轨道交通正常运营的行为：

①在车厢内吸烟、随地吐痰、便溺、吐口香糖、乱扔果皮、纸屑等废弃物。

②在车站、站台、站厅、出入口、通道停放车辆，堆放杂物或者擅自摆放设点堵塞通道。

③擅自进入轨道、隧道等禁止进入的区域。

④攀爬、跨越围墙、护栏、护网、门闸。

⑤强行上下列车。

⑥在车厢或者城市轨道交通设施上乱写、乱画、乱张贴。

⑦携带宠物乘车。

⑧危害城市轨道交通运营和乘客安全的其他行为。

⑨乘客携带易燃、易爆、有毒和放射性、腐蚀性的危险品乘车。

城市轨道交通运营单位可以对乘客携带的物品进行安全检查，对携带危害公共安全的危险品的乘客，应当责令出站；拒不出站的，移送公安部门依法处理。

2. 安全管理

（1）运营单位的安全管理责任

城市轨道交通运营单位应当依法承担城市轨道交通运营安全责任，设置安全生产管理机构，配备专职安全生产管理人员，保证安全生产条件所必需的资金投入。

城市轨道交通运营单位应当按照反恐、消防管理、事故救援等有关规定，在城市轨道交通设施内，设置报警、灭火、逃生、防汛、防爆、防护监视、紧急疏散照明、救援等器材和设备，定期检查、维护，按期更新，并保持完好。

城市轨道交通运营单位负责城市轨道交通设施的管理和维护，定期对土建工程、车辆和运营设备进行维护、检查，及时维修更新，确保其处于安全状态。检查和维修记录应当保存至土建工程、车辆和运营设备的使用期限到期。

城市轨道交通运营单位应当组织对城市轨道交通关键部位和关键设备的长期监测工作，评估城市轨道交通运行对土建工程的影响，定期对城市轨道交通进行安全性评价，并针对薄弱环节制定安全运营对策。

在发生地震、火灾等重大灾害后，城市轨道交通运营单位应当对城市轨道交通进行安全性检查，经检查合格后，方可恢复运营。城市轨道交通运营单位应当采取多种形式向乘客宣传安全乘运的知识和要求。

（2）控制保护区及安全防护

《城市轨道交通运营管理办法》规定，地下车站与隧道周边外侧50m内、地面和高架车站以及线路轨道外边线外侧30m内和出入口、通风亭、变电站等建（构）筑物外边线外侧10m内均为城市轨道交通控制保护区。

在控制保护区内进行作业时，作业单位应当制订安全防护方案，在征得运营单位同意后，依法办理有关行政许可手续，作业穿过地铁下方时，安全防护方案还应当经专家审查论证；运营单位在不停运的情况下对城市轨道交通进行扩建、改建和设施改造的，应当制定安全防护方案，并报城市人民政府城市轨道交通主管部门备案。

（3）危害城市轨道交通设施的行为

①非紧急状态下动用应急装置。

②损坏车辆、隧道、轨道、路基、车站等设施设备。

③损坏和干扰机电设备、电缆、通信信号系统。

④污损安全、消防、疏散导向、站牌等标志及防护监视等设备。

⑤危害城市轨道交通设施的其他行为。

3. 应急管理

（1）制订应急预案的规定

城市人民政府城市轨道交通主管部门应当会同有关部门制订处理突发事件的应急预案；城市轨道交通运营单位应当根据实际运营情况制订地震、火灾、浸水、停电、反恐、防爆等分专题的应急预案，建立应急救援组织，配备救援器材设备，并定期组织演练。

（2）应急处置

城市轨道交通运营中发生安全事故，城市轨道交通主管部门、城市轨道交通运营单位应当依据应急预案进行处置。

当发生地震、火灾或者其他突发事件时，城市轨道交通运营单位和工作人员应当立即报警和疏散人员，并采取相应的紧急救援措施。

城市轨道交通车辆在地面行驶中遇到沙尘、冰雹、雨、雪、雾、结冰等影响运营安全的气象条件时，运营单位应当启动应急预案，并按照操作规程进行安全处置。

遇有城市轨道交通客流量激增危及安全运营的紧急情况，运营单位应当采取限制客流量的临时措施，确保运营安全。

（3）停运公告

遇有自然灾害、恶劣气象条件或者发生突发事件等严重影响城市轨道交通安全的情形，并且无法采取措施保证安全运营时，运营单位可以停止线路运营或者部分路段运营，但是，应当提前向社会公告，并报告城市人民政府城市轨道交通主管部门。

（4）人员伤亡处理的规定

城市轨道交通运营中发生人员伤亡事故，应当按照"先抢救受伤者、及时排除故障、恢复正常运行，后处理事故"的原则处理，并按照国家有关规定及时向有关部门报告；城市轨道交通主管部门、城市轨道交通运营单位应当配合公安部门及时对现场进行勘察、检验，依法进行现场处理。

运营过程中发生乘客伤亡的，城市轨道交通运营单位应当依法承担相应的损害赔偿责任；能够证明伤亡人员故意或者自身健康原因造成的除外。

（二）《城市轨道交通管理条例》简介

根据有关法律、法规，北京市、上海市、广州市和深圳市等城市已分别制定了《城市轨道交通管理条例》，一般包括总则、规划与建设、设施保护、运营管理、设施管理、安全与应急管理、法律责任、附则等内容。以《广州市城市轨道交通管理条例》为例，安全与应急管理规定如下。

1. 运营单位运营安全生产管理

城市轨道交通运营单位应当依法承担城市轨道交通运营安全生产责任，设立全生产管理机构，配备专职安全生产管理人员，保证安全生产所需的资金投入。严格按照消防管理、事故救援的规定，在城市轨道交通车站及车厢内按国家相关标准配置灭火、报警、救援、疏散照明、逃生、防爆、防毒、防护监视等器材和设备，并定期检查、维护、更新、保证其完好和有效。

城市轨道交通运营单位应当在城市轨道交通沿线采取技术保护和监测措施，评估城市轨道交通运行对车站、隧道、高架道路（含桥梁）等建筑物的影响，定期对城市轨道交通进行安全性检查和评价，发现隐患的应当及时消除。

城市轨道交通运营单位应当以方便乘客了解的方式在车站明示常见危险品的目录。城市轨道交通运营单位可以对乘客携带的物品进行运输安全检查。

2. 禁止危害城市轨道交通安全的行为

禁止携带易燃、易爆、有毒、放射性、腐蚀性等危险品进入城市轨道交通设施。

禁止下列危害城市轨道交通安全的行为：

（1）擅自操作有警示标志的按钮、开关装置，在非紧急状态下动用紧急或者安全装置。

（2）擅自移动、遮盖安全消防警示标志、疏散导向标志、测量设施以及安全防护设备。

（3）在轨道上放置、丢弃障碍物，向城市轨道交通列车、机车、维修工程车等设施投掷物品。

（4）在城市轨道交通的地面线路轨道上擅自铺设平交道口、平交人行道。

（5）损坏轨道、隧道、车站、车辆、电缆、机电设备、路基、护坡、排水沟等设施。

（6）在城市轨道交通过江隧道控制保护区内的水域抛锚、拖锚。

（7）在城市轨道交通地面线路或者高架线路轨道两侧修建妨碍行车瞭望的建（构）筑物，或者种植妨碍行车瞭望的树木。

（8）故意干扰城市轨道交通专用通信频率。

（9）其他危害城市轨道交通安全的行为。

3. 运营单位应急管理

因城市轨道交通设施发生故障而影响运行时，城市轨道交通运营单位应当及时排除故障，尽快恢复运营。暂时无法恢复运营的，城市轨道交通运营单位应当组织乘客疏散和换乘。因节假日、大型群众活动等原因引起客流量上升的，城市轨道交通运营单位应当及时增加运力，疏导乘客。在城市轨道交通客流量激增，严重影响运营秩序，可能危及运营安全的情况下，城市轨道交通运营单位可以采取限制客流的临时措施。

市人民政府应当制定轨道交通运营突发事件应急预案，城市轨道交通运营单位应当制定运营突发事件先期应急处置方案,并建立应急救援组织,配备救援器材设备,定期组织演练。城市轨道交通运营单位制定的运营突发事件先期应急处置方案应当报市人民政府备案。

轨道交通运营发生自然灾害、安全事故或者其他突发事件时,城市轨道交通运营单位应当按照先期应急处置方案组织力量迅速开展应急抢险救援,疏散乘客,防止事故扩大,减少人员伤亡和财产损失,同时报告政府有关部门,乘客应当服从城市轨道交通运营单位工作人员的指挥。

市人民政府相关部门以及电力、通信、供水、公交等单位应当按照应急预案的规定进行抢险救援和应急保障,协助城市轨道交通运营单位尽快恢复轨道交通运营。

城市轨道交通运营中心发生安全生产事故的,事故调查结论和事故责任由安全生产监督行政管理部门依照国家、省、市有关规定进行认定。

城市轨道交通运营中发生人身伤亡事故,按照先抢救受伤者、及时排除障碍、恢复正常运行,后处理事故的原则处理,城市轨道交通运营单位应当保护现场,保留证据,维持秩序;公安机关应当及时对现场进行勘察、检验,依法处理现场,出具伤亡鉴定报告。

在运营过程中发生乘客伤亡的,城市轨道交通运营单位应当依法承担赔偿责任;但伤亡是乘客自身健康原因造成的,或者城市轨道交通运营单位证明伤亡是乘客故意、重大过失造成的除外。

(三)《城市轨道交通消防安全管理》简介

《城市轨道交通消防安全管理》(XF/T 579—2005)于 2005 年 12 月 8 日发布,为公安部消防局提出。

1. 范围

该标准规定了地铁、轻轨等城市轨道交通在运营过程中的危险源控制,各级、各类人员的消防安全责任和职责。灭火和应急疏散预案与演练、消防设施检查及维护管理,消防宣传教育,人员培训和消防档案管理等消防安全工作的管理要求。

该标准适用于城市轨道交通的消防安全管理。

2. 术语和定义

(1)应急预案

应急预案是针对各种可能发生的事故或突发事件所需的应急行动而制定的指导性文件,是应急救援系统的重要组成部分。其目的是指导应急行动按计划有序进行,防止因行动组织不力或现场救援工作的混乱而延误事故应急救援,从而减少人员伤亡和财产损失。

(2)运营单位

运营单位是负责城市轨道交通运营管理的机构。

(3)车站

车站是为乘客提供乘车、到达和换乘的场所。车站包括站厅、站台、出入口通道、人行楼梯、自动扶梯、检票口和管理及设备用房等,以及通信、通风、空调、照明、卫生、防灾等设施。

3. 总要求

城市轨道交通的消防安全管理应在当地政府的统一组织协调下,建立由政府相关部门（包括公安、消防）与运营单位及供电、通信、供水和医疗等单位密切协作、运转高效、分工明确的报警接警、监控和抢险救援机制；城市轨道交通运营单位应制定安全管理责任制度，按照国家现行有关消防法律、法规、规章（以下统称消防法规）落实消防安全责任制。国家有关部门和单位应根据该标准对城市轨道交通中使用的设施、设备的设计、制造、安装与使用制定相关的安全管理办法和技术要求；城市轨道交通运营单位应结合本单位实际制定单位及各部门的灭火和应急疏散预案，定期组织演练，提高先期应急处置能力；城市轨道交通运营单位应当遵守有关消防法规，贯彻"预防为主、防消结合"的消防工作方针，正确处理好运营与安全的关系，建立科学的消防设施管理体制，保证轨道交通的安全运营；城市轨道交通应按照现行有关消防法规和技术规范的要求配置消防设施、器材，并在工程设计中积极采用先进的防火、灭火技术，选用先进可靠的防火灭火设施、器材；城市轨道交通应依据现行有关消防法规和技术规范，设置防火灾、水淹、风灾、冰雪、地震、雷击和停车事故等防灾设施，并以防控火灾的消防设施、器材为主；城市轨道交通的消防安全管理工作和消防监督工作，除遵守该标准的规定外，还应符合国家现行的其他有关法律法规的规定；城市轨道交通的消防安全设计、施工、验收管理应符合现行有关消防法规和技术规范的规定，并经国家规定的公安消防监督机构审查和批准。

4.消防安全管理职责要求

城市轨道交通运营单位为消防安全重点单位，应建立消防安全责任体系，明确逐级岗位消防安全职责。城市轨道交通消防设计应有保障消防安全疏散的设施及通道，运营单位应保障消防安全疏散通道及设施完好、可用，落实消防安全措施。城市轨道交通运营单位应建立与当地公安、消防机构联系制度，及时反映单位消防安全管理工作情况。该标准具体规定了消防安全责任人、消防安全管理人、部门主管人员（车站站长、控制中心主任、消防安全员、环控调度人员、行车调度人员、电网调度人员、维修调度人员、自动消防系统操作人员、列车司机、其他人员）应履行的职责。

同时，该标准规定城市轨道交通车站站厅内按规定设置的商业场所、实行承包、租赁或委托经营、管理时，应接受和服从运营单位的消防安全管理。运营单位应提供符合消防安全要求的建（构）筑物，订立的合同中应明确消防安全责任。

5.危险源控制要求

运营单位应根据当地实际情况和轨道交通的设施状况、人员特点等制定相应的火源控制管理规定。城市轨道交通严格限制可燃物品的使用，并制定可燃物品安全使用的管理规定，主要包括：限制可燃物、吸烟管理、明火（动火）管理、电气火源控制、燃气控制、采暖控制、用油系统控制、易燃易爆化学危险品控制。

6.灭火和应急疏散预案与演练

该标准明确规定城市轨道交通特大事故和突发事件应急救援预案应由当地政府组织制定。当地政府应组织城市轨道交通运营单位及公安、消防、供电、通信、供水、交通和医疗等单位按应急预案定期进行必要的演习。在演习过程中，应采取措施防止发生人员意外伤亡；政府应制定报告程序、现场及事故调查、新闻采访接待及事故现场以外区域组织工作程序。城市轨道交通运营单位应积极配合当地政府制定轨道交通消防应急预案，并严格落实预案中轨道交通运营单位的相关职责。

该标准对运营单位应急预案、控制中心应急处理预案（调度指挥预案）、城市轨道交通车站应急处理预案、列车火灾事件应急处理预案、车站其他预案、车务安全应急处理预案、乘客疏散预案制定的原则和内容做了明确的规定。

同时,该标准对灭火和应急疏散演练的目的、一般规定、组织进行了具体的阐述。

7.消防设施检查、维护管理及抢险救援工具用品

消防设施检查、维护管理主要包括两方面的内容:一是消防设施使用操作规程;二是消防设施检查与维护制度。

抢险救援用指挥备品至少应包括:手持对讲机、防毒面具、呼吸器、强光手电、手持扩音机、指挥车等。抢险备品至少应包括:呼吸器、战斗服、灭火器、应急灯、电锯、电钻、机械压钳、万用表、测电笔、螺丝刀、榔头、扳手、斧子等常用工具。抢险救援用救护备品至少应包括:担架、轮椅、防毒面具、急救药箱、应急灯、安全警戒绳、警示标志等。

8.消防宣传教育、培训及消防档案

城市轨道交通运营单位应通过公益广告、广播、闭路电视和疏散指示牌等向乘客宣传轨道交通防火、灭火和安全疏散方法。在重大节日和活动期间应开展有针对性的消防宣传、教育活动。新员工上岗前应接受一次消防安全教育、培训。城市轨道交通运营单位每半年至少应组织一次全员培训,将培训纳入轨道交通运营单位职业学校教学课程,宣传教育、培训情况应做记录,明确宣传教育、培训内容,以及哪些人员每年应接受一次消防安全专门培训。

城市轨道交通运营单位应建立、健全消防档案。消防档案应翔实、准确,并附有必要的图表,不应漏填、涂改,并根据情况变化及时更新。

子任务五　城市轨道交通运营安全与生产的关系分析

一　城市轨道交通运营安全指导方针

1.我国安全生产方针

安全生产方针是指政府对安全生产工作总的要求,它是安全生产工作的方向。根据历史资料,我们发现我国安全生产方针大体可以归纳为3次变化,即"生产必须安全、安全为了生产""安全第一,预防为主""安全第一,预防为主,综合治理"。

(1)"生产必须安全、安全为了生产"方针(1949—1983年),中华人民共和国的成立,标志着民族独立和人民解放基本历史任务的胜利完成,中国开始从半殖民地半封建社会经由新民主主义社会逐步向社会主义社会过渡。新中国成立初期,百废待兴。全国人民的主要任务就是克服长期战争遗留下来的困难,加速经济建设。

(2)"安全第一,预防为主"方针(1984—2004年),据《当代中国的劳动保护》介绍,1984年,主管安全生产的劳动人事部在呈报给国务院成立全国安全生产委员会的报告中把"安全第一,预防为主"作为安全生产方针写进了报告,并得到国务院的正式认可。1987年1月26日,劳动人事部在杭州召开会议把"安全第一,预防为主"作为劳动保护工作方针写进了我国第一部《劳动法(草案)》。从此,"安全第一,预防为主"便作为安全生产的基本方针而确立下来。

(3)"安全第一、预防为主、综合治理"方针(2005年至今),1978年以来,全国国有统

配煤矿贯彻执行"安全第一,预防为主,综合治理,全面推进"的方针,出现了持续稳定发展的势头,产量逐年增长,安全状况有所好转。统配煤矿百万吨死亡率呈逐年下降趋势。把"综合治理"充实到安全生产方针当中,始于中国共产党第十六届中央委员会第五次全体会议通过的《中共中央关于制定十一五规划的建议》。

2.城市轨道交通运营安全方针

"安全第一,预防为主"也是城市轨道交通运营安全的基本方针。"安全第一"就是要求在城市轨道交通运营管理中,坚持把安全运营作为第一要务和保证条件。"预防为主"就是要以积极主动的态度,从思想上高度重视、在组织管理上制度健全、在技术措施上先进科学,从而提高城市轨道交通运营安全保障系统的整体功能,把事故消灭在萌芽状态,做到防患于未然。以下列举几个城市地铁安全方针:

北京地铁安全方针:安全第一,预防为主;抓小防大,安全观前移。

南京地铁安全方针:全员参与,持续改进,关爱生命;以人为本,安全至上,和谐地铁。

天津地铁安全方针:安全第一,预防为主;全员参与,落实责任;夯实基础,持续改进;恪守承诺,遵章守法。

广州地铁安全方针:安全第一,预防为主;建章立制、抓小防大、惩前毖后、铁腕治理。

二 城市轨道交通运营安全与生产的关系

(一)安全与生产的关系

1.生产必须安全,安全促进生产

生产必须安全是现代企业化运作的客观需要。"安全第一"的思想是指当考虑生产的时候,应该把安全作为一个前提条件考虑进去,落实安全生产的各项措施,保证员工的安全与健康,保证生产持续和安全的发展。

安全是生产的前提条件,不安全就不能顺利地进行生产。为此,在生产过程中,必须坚持"安全第一",但是"安全第一"的目的就是有效地保证生产。如果不生产,"安全第一"就失去了存在的意义。所以,我们在生产过程中,不应单纯地考虑安全和生产到底谁重要,而是要把精力放在整个生产工作过程中,放在如何处理好两者的关系上。总之一句话,既要保证安全,又要做好生产工作。

人是生产的第一要素,如果没有人,就谈不上生产。为此,如果在生产过程中出现危及人身安全的时候,不论生产任务有多重,都必须坚决地首先排除事故隐患,采取有效措施保护人身安全。作为安全工作者,每个人都需要有高度的责任感和积极主动的精神,以科学的态度去解决生产中存在的每一个不安全因素,这样才能达到安全和生产的和谐统一。

在安全的生产条件下,企业生产正常进行,经济水平健康稳定发展,达到一定的程度,企业将经济效益投资于安全管理当中,从而可以加强企业的生产能力,进而不断地促进生产在安全状态下的不断提高。

安全生产作为保护和发展社会生产力、促进社会经济持续健康发展的基本条件,做好

它,可以提高社会公共安全和生存安全水平,这是社会稳定的需要,是人民生活质量的体现,更是社会文明与进步的标志。

2.安全与生产是辩证统一关系

安全是生产的前提,生产必须服从安全,当安全状态笼罩着整个生产时,那么生产绩效将有显著的提高,从而引起经济以及政治与文化的增长。

"生产必须安全,安全促进生产"科学地揭示了生产与安全的辩证关系,是被实践证明了的正确方针。在贯彻执行这一思想的同时,必须树立"安全第一"的思想,贯彻"抓生产必须同时抓安全"的原则。

3.安全与生产的矛盾统一性

在生产过程中,安全与生产既有矛盾性,又有统一性。

所谓矛盾性,首先表现为生产过程中的不安全因素与生产顺利进行的矛盾;其次是安全工作与生产工作的矛盾,表现为采取安全措施时会影响生产,增加生产成本。这些矛盾只是暂时,从长远看,矛盾得到解决,很快就会促进生产,提高劳动生产率,从而降低了生产成本。

一方面,这种矛盾只是一种表面的浅层次的矛盾,而从本质上看,安全与生产是统一的。严格执行安全规定,表面上降低劳动生产率,但如果从深层次看,一旦发生事故,将会损失更多工时,造成生命和财产损失。而且,有些事故危害是长远的,将会影响企业生产和形象,给企业带来不可估量的损失。

另一方面,生产的发展,又为安全创造必要物质条件。所以安全与生产互为条件,相互依存,本质上是辩证统一的。没有生产活动,安全问题就不可能存在;没有安全条件,生产也不能顺利进行。

4.安全与生产的"超前性"和"滞后性"

安全的超前投入能够稳定企业的生产环境,可是超前的投入可能会给企业造成冗余投入,而这部分投资在企业生产中并没起到安全防护作用,这样对企业来说,就是资源闲置;当然,安全的滞后投入行为处于生产的被动状态,这样会影响生产的健康稳定的发展,进而制约了企业经济的发展;只有当安全投入与生产达到一定比例(而这一比例系数需要经过大量实践去测试而得,是一个研究的方向),这样才能使生产更快更好健康稳定的发展。

(二)城市轨道交通运营安全与生产关系

城市轨道交通运营组织即为城市轨道交通系统的产品,产品实现的过程——城市轨道交通运营组织过程即为城市轨道交通系统的生产过程。

城市轨道交通运营组织过程中的首要任务是确保安全,也就是"安全第一,先保安全,再保运营","运营生产必须安全"。

城市轨道交通运营行业在国内是一个新兴行业,也是以市场化运作,客流是企业化、市场化运作的必要保证。要想赢得客流,就必须将其"安全、舒适、高效、快捷"等特性全面体现。首先是安全,只有保证安全,乘客才会依赖,所以"运营安全促进运营生产"。

从国家法律到地方法规,到城市条例、规定等,都体现了一条"城市轨道交通运营组织过程中,管生产必须管安全"的原则,所以城市轨道交通运营安全与生产是辩证统一的。

城市轨道交通运营组织在以市场化、企业化运作过程中,必然存在经济利益与安全投入的相互影响。例如车站清洁与乘客安全、列车卫生与乘客安全、维护检修与运行安全等存在矛盾性和统一性,所以城市轨道交通运营安全与生产又存在矛盾统一性。

【研讨与质疑】

1.我国的安全生产方针是什么?

2.你认为安全与生产有什么关系?

【学生讲坛】

1.举例说明现代安全管理方法。

【知识测试】

1.安全及安全管理的目标。

2.危险、事故发生的原因。

3.安全管理与安全评价的手段与方法。

【技能训练】

模拟管理:制订安全管理目标方案

实训目标:

1.增强对安全管理的理解。

2.理解安全与效益的关系。

实训内容与方法:

1.以学习小组为单位,选定运营的某项作业过程内容,正确制定安全管理目标。

2.所订方案必须体现运营生产的特点与要求。

3.学习小组在班级进行交流与研讨。

标准与评估:

1.标准:能正确运用安全因素,结合运营企业特点及要求,制订科学可行的方案。

2.评估:学习小组写出评价总结,根据研讨会上表现评定成绩。

任务三　城市轨道交通运营安全现状分析

君子安而不忘危,存而不忘亡,治而不忘乱,是以身安而国家可保也。

——《易经·系辞下》

【案例1-3】　韩国大邱地铁火灾

事件经过:2003年2月18日上午9时55分左右,韩国东部著名的纺织服装城市大邱市,已经过了上班的高峰时间,第1079号地铁列车上乘坐的大部分是老人和孩子。他们或翻看手中的书报,或闭目养神。除了车轮的声音,车厢里显得非常安静。他们做梦也没有想到,一场巨大的灾难正要降临到他们的头上。列车刚在市中心的中央路车站停住,第三节车厢里一名56岁的男子就从黑色的手提包里取出一个装满易燃物的绿色塑料罐,并拿出打火机试图点燃。车内的几名乘客立即上前阻止,但这名男子却摆脱阻拦,把塑料罐内的易燃物洒到座椅上,点着火并跑出了车站。

车内起火后,车站的电力系统立刻自动断电,站内一片漆黑,列车门因断电无法打开。

车内没有自动灭火装置。正当大火烧起来的时候,刚好驶进站台的对面一趟列车也因停电而无法动弹。大火迅速蔓延过去,两列车的12节车厢全被烈火浓烟包围。人们乱作一团,有的拼命撬门,有的四处寻找逃生的出口。慌乱中,许多乘客因浓烟窒息而死。浓烟不仅从地铁出口向地面上的街道扩散,而且顺着通风管道蔓延至地下商场。200多家商店纷纷关门。当地警方、消防部门在两分钟内接到了火警警报,迅速调集1500多名人员和数十辆消防车前往救援。军队也加入救援队伍。一时间,大邱市中心区警笛声响成一片,警察封锁了通往现场的所有路口。许多市民闻讯后赶到现场,寻找自己亲属。事故现场周围哭声不断,交通陷入瘫痪。

原因分析:

(1)社会环境因素之一人为纵火。

(2)首先是设备方面的隐患,车站和车厢内安全装置不足。

(3)韩国有关轨道交通运输安全法律法规还不健全。

(4)安全教育流于形式。

(5)地铁公司平时的麻痹大意、安全意识不强、安全保卫人员不足以及通信联络不完备,司机、调度人员、车站有关人员处置不当,也是造成此次地铁火灾大批人员伤亡的重要因素。

整改措施:

(1)加大立法,对于公共场所的违法犯罪行为予以严惩。

(2)加强法制教育与宣传,提高人们的法律意识和自我保护意识。

(3)运营方应加强对乘客的安检检查,避免发生类似事件。

(4)加强对司机、车站人员的应急培训,突发事件后降低人员伤亡与损失。

【案例1-4】 北京地铁火灾

事件经过: 北京地铁采用国产客车,1969年11月11日万寿路火灾,当时正处于试运行阶段(车内无乘客),因电气故障引起特大火灾,两辆客车被烧毁,在火灾扑救中,造成300人中毒,3人死亡,火灾直接经济损失达100多万元;此外还发生了1973年2月9日复兴门站火灾,1983年9月19日积水潭站火灾,1985年11月29日古城站火灾等,都造成不同程度的人员伤害和财产损失。

原因分析:

(1)电气故障导致火灾。

(2)运营人员防火安全意识不强,设备检修存在盲点。

整改措施:

(1)加强对电气设备的防火性能检测工作,及时发现潜在火灾隐患。

(2)提高检修人员能力,提高检修质量,消除火灾隐患。

(3)提高现场人员的处置能力,降低损失。

(4)做好车站防排烟系统的维护与检查,关键时刻发挥作用,避免伤亡。

【学生分析与决策】

1.在案例中发生的火灾,由哪些问题引起的?

2.你认为城市轨道交通安全现状如何?

3.你知道提高城市轨道交通运营安全措施有哪些?

子任务一　我国城市轨道交通安全现状分析

一　城市轨道交通发展现状

(一)城市轨道交通建设和运营的特点

1.城市轨道交通建设特点

轨道交通是一项规模大、造价高、技术复杂的系统工程。工程投资动辄几十亿甚至上百亿。其地面线建设费用约 3 亿元/km,地下线建设费用约 5 亿 ~ 10 亿元/km。地铁每公里综合造价是轻轨的 2 ~ 4 倍,是高速公路的 6 ~ 10 倍。通常为节约城市土地、缓解路面交通,轨道交通建设尽可能在市区内走地下,但地下结构的建设费用显然要比地面结构的建设费用高出许多。

2.城市轨道交通运营特点

城市轨道交通的后期运营及维护费用很高。以北京为例,从 1997—2003 年,1、2 号线地铁全年的票款收入为 530 万 ~ 900 万元/km,但运营成本(含折旧费)则达 900 万 ~ 1230 万元/km。与其他市政基础设施一样,轨道交通的各种设施设备都有使用寿命的限制。根据相关标准:通信设备寿命为 8 ~ 10 年、机电设备为 10 ~ 15 年、车辆与轨道设施为 25 ~ 30 年、洞体土建结构为 80 ~ 100 年。世界各个城市地铁几乎都是亏本运营,即便是看起来比较成功的香港地铁,其收入的 40% ~ 50% 是来自沿线土地房产开发和车站商业物业,如此运作近 20 年后才进入盈利期。按照当前国内城市轨道交通运行模式和财务成本核算方法计算,每开通 1 公里轨道交通线路,就需每年补贴 400 ~ 900 万元,开通得越多补贴就越多。

(二)我国城市轨道交通建设现状

1.我国城市轨道交通建设背景

(1)公共交通滞后

在我国由于经济建设的蓬勃发展,各种运输量增加很快,特别是市内客流量成倍或成几十倍的增长,加上城市基础设施建设相对滞后,导致公共交通问题越来越突出,严重地影响了经济建设的进程。另外,由于城市内部建筑物密度大,特别是老城区各种建(构)筑物比比皆是,城市里的剩余空间越来越小,旧城改建十分困难。

(2)城市空间有限

随着我国改革开放的深入进行,城市面貌也在发生变化,特别是市政建设步伐进一步加快,力度也在不断地加大,对旧城区改造也在向纵深发展。但是旧城区一般既有各种建(构)筑物密集,市政道路多,干扰大,改建难度十分大。由于地铁建设基本上是在地下进行,在城市的改建过程中优势比较明显,因此,城市轨道交通越来越受到人们的重视,我国大部分城市在旧城改造规划中选择了地下铁道。

2.我国城市轨道交通发展现状

我国城市轨道交通发展的历史至今约已 50 多年,自从 1965 年北京修建第一条地铁以来,经历了从无到有、由弱渐强的发展历程。截至 2022 年末,共有 53 个城市开通运营城市轨道交通线路 290 条,运营里程 9584km,车站 5609 座。2022 年全年,新增城市轨道交通运营线路 21 条,新增运营里程 847km。目前,中国共有 7 个城市地铁里程超过 500km,其中上海是全国地铁里程最长的城市,也是中国首个地铁里程突破 800km 的城市,达到 825km。上海地铁里程数远远高于伦敦、纽约等城市,继续保持世界第一。

城市轨道交通有多种制式,在我国最主要的是地铁,其他还有轻轨、有轨电车、市域快轨、单轨等制式。近年来,我国城轨行业由线路运营向线网智慧运营正在转型,面临信息技术资源重复建设、运维管理复杂,安全管控缺失等挑战,云计算、大数据等先进的信息通信技术在城轨行业大规模应用,城市轨道交通行业正在向网络化、智能化、智慧化、数字化方向发展。

截至 2022 年底我国部分已建城市轨道交通线路

表 1-1

序号	城　　市	运营总里程(km)	线 路 条 数
1	上海	825	20
2	北京	797.3	27
3	广州	609.8	18
4	深圳	558.6	17
5	成都	557.8	13
6	杭州	516.0	12
7	武汉	504.3	14
8	南京	448.8	14
9	重庆	434.6	10
10	青岛	323.8	8
11	天津	286.0	8
12	西安	272.4	8
13	苏州	254.2	7
14	郑州	233.0	8
15	沈阳	216.7	7
16	大连	212.6	2
17	长沙	209.1	7
18	宁波	186.0	6
19	合肥	168.8	5
20	昆明	165.9	6

(三)城市轨道交通建设安全生产现状

1. 安全监管机构不够健全,监管队伍专业素质低

目前,很多安全监管机构设置不规范,缺乏权威性,不具备独立行使执法权的资格,有的甚至只设置2～3名专/兼职人员,根本满足不了日益增长的工程项目监管的实际需要,特别是专业安全技术人员非常少,很多安全监管人员进入监管队伍之前从未从事过安全管理工作,根本不懂安全,更不要谈专业技术水平。

2. 施工企业技术力量配备不足,安全管理流于形式

很多建筑企业,从表面上看,企业资质达到一级、特级,从资质申报的资料上看,安全生产管理人员也达到了规定的要求,但是很多人员都是临时外聘,岗位形同虚设,能真正参与安全管理的人员非常少,根本达不到《建筑施工企业安全生产管理机构设置及专职安全生产管理人员配备办法》(建质〔2008〕91号)中企业应有安全管理人员的规定,导致大部分企业的安全生产管理工作不能正常开展,安全生产检查流于形式。

3. 工程安全生产经费投入不足,安全生产无保证

目前,大部分地区的招投标市场均执行合理最低标中标制度,这就导致了施工单位在投标时为了能中标,安全生产技术措施费必然不能考虑太多,否则将不能中标,既然在投标报价时就考虑不多,施工单位在施工过程中则能省就省。

4. 工程非法转包、分包、挂靠经营情况严重

建筑法已明确规定"禁止承包单位将其承包的全部建筑工程肢解以后以分包的名义分别转包给他人","禁止总承包单位将工程分包给不具备相应资质条件的单位",但很多建筑企业,为了创造公司业绩,还是盲目地不断接工程业务,然后非法转包、分包给不具备相应资质条件的单位施工。

5. 施工现场管理混乱,违规违章施工

(1)施工现场管理人员安全生产法律意识淡薄,对施工现场的各级安全生产责任制及制度不落实,安全生产规程、标准执行不严格。

(2)事故发生前施工单位已经发现存在事故隐患,却未及时采取有效措施,仍然继续施工,赶工期,严重违反了"发现危及作业人员生命安全的情况时……生产经营单位必须立即做出处理"的规定。

(3)在地铁工地施工的工人大多并非专业人员,绝大多数施工人员根本没有参与过大工程施工的经验,没有参加安全生产教育和培训就直接开始工作。严重违反了《中华人民共和国安全生产法》第二十一条中"未经安全生产教育和培训合格的从业人员,不得上岗作业。"的规定。

二 城市轨道交通运营安全现状

(一)近年城市轨道交通运营安全案例

1. 2006年北京地铁安全事件

(1)2006年1月5号,早上7时30分左右,地铁1号线一列车因故障问题,在永安里

站附近停运近 8 分钟。

（2）2006 年 3 月 7 号，一男子在地铁 1 号线公主坟进站处跳下站台，导致地铁停运 15 分钟左右。

（3）2006 年 3 月 28 号，下午 5 点 15 分左右，地铁 1 号线公主坟站、军博站和木樨地站突然停电，导致 3 站短时停运。

（4）2006 年 4 月 28 号，由于 1 号线苹果园站一上行待发列车车门发生故障，在 7：43 至 7：47 分车站在进站口采取了 4 分钟的临时性限流措施。

（5）2006 年 6 月 6 号，一醉酒男子在和平门站卧轨，导致列车停运。

（6）2006 年 10 月 18 号，下午 14 时 37 分，一男子在地铁崇文门站跳下站台被撞身亡，导致地铁内环列车停运 40 分钟。

2. 2007 年上海地铁安全事件

（1）2007 年 01 月 10 日上午 10 时 35 分左右，轨道交通 2 号线陆家嘴站发生一起意外事件。一名中年男子在列车即将进站时突然跳入轨道，被当场撞击身亡，淞虹路方向的列车暂停运营约 20 分钟。

（2）2007 年 3 月 23 日早晨 8 时 10 分，顾先生在地铁 1 号线延长路站候车时站在人群的第一排。列车到站时后排乘客一拥上来，被挤到车门前的他下意识地用右手撑住车门以稳住身体，结果在车门打开时，顾的右手无名指被卷进车门与车身之间的缝隙，导致粉碎性骨折。顾事后说，因为被后面的乘客挤迫，他根本来不及抽回支撑的右手。

（3）2007 年 4 月 2 日 7 点半左右，22 岁的男青年，在地铁 1 号线延长路站候车时，突然坠入地铁轨道，被由共富新村开往莘庄方向的列车撞伤。上海地铁运营有限公司指出这名男子是"因罹患忧郁症，情绪低落，欲跳轨轻生"。父母坚持认为，儿子没有抑郁症病史，轻易不会跳轨自杀，是被早高峰时段拥挤的人群挤入轨道的。

（4）2007 年 07 月 15 日下午 3 点 34 分，轨道交通一号线下行开往莘庄方向列车，在上海体育馆站，一名 30 多岁男性乘客在上车时，不慎被夹在列车与屏蔽门之间，在列车正常启动运行后，该男子不幸被挤压致死。

（5）2007 年 6 月 14 日 10 时 10 分，受上海市域电力网突发断电事故的影响，轨道交通 1、2、4 号线部分区段失电。经紧急抢修，11 时 35 分，各线路恢复供电，运营逐步恢复正常。

3. 2008 年广州地铁安全事件

（1）2008 年 5 月 31 日，信号设备故障，影响了大石至厦滘区段列车运行，前后延滞 1 小时 45 分。

（2）2008 年 6 月 23 日，天河客运站设备发生故障，列车不能正常折返延误。

（3）2008 年 6 月 29 日，沥滘站至番禺广场站再次发生信号故障，列车每经过一个站点，都需等候 10 分钟以上才能离站。

（4）2008 年 6 月 30 日，因压缩行车间隔调试致使系统不稳定发生故障，导致番禺广场至市桥站区间列车停运 72 分钟。

（二）城市轨道交通运营安全现状分析

近年来，城市轨道运营带来的危险因素，给城市轨道交通运营安全管理带来新的挑战。综合分析国内外城市轨道交通运营中的安全状况，其致因主要有以下几个因素。

1. 物的不安全因素

20世纪60年代生产的地铁车辆,大部分材料都是易燃物,燃烧后会产生大量毒气,造成人员窒息伤亡,如1995年10月28日阿塞拜疆首都巴库的地铁爆炸燃烧事件,造成558人死亡,269人受伤。

车站和车厢内没有安全装置或安全装置不足,通信设备不全,致使灾害及事故不能得到及时处理。如2003年2月18日韩国大邱地铁特大火灾事件,列车中没有自动灭火装置。

地铁电器设备管理不善或检修检测不力,导致火灾等事故频有发生。如1991年瑞士苏黎世地铁站,因地铁机车电线短路,发生火灾,导致两列客车相撞,58人受重伤,客车被烧毁。

列车运行部件不安全状态,导致脱轨、车祸、车门关不上等事故时有发生。

2. 人员不安全因素

(1)内部人员不安全因素

地铁运营工作人员没有足够的灾难意识和大安全观念,安全教育、安全例会和安全检查等疏于形式,给地铁运营安全埋下隐患。

地铁运营作业人员操作失误、消极应对事故等,导致事故发生或扩大。如2003年2月18日韩国大邱地铁特大火灾中:首先是中央控制室工作人员失职,没有观察电视监控画面;接着是司机只顾逃命,不顾乘客;最后是1085号列车司机拔走机车主控钥匙,致使列车完全停车,车门不能开,大部分乘客因窒息而亡。

(2)外部人员不安全因素

广大乘客缺乏地铁灾害防范意识,没有足够的地铁事故逃亡知识,这些都给地铁运营灾害控制和事故后人员疏散带来不便,加大伤亡隐患。

外部人员恶意伤害或自杀性事件的发生,给地铁运营带来不安全因素。如地铁纵火、恐怖主义爆炸等事件时有发生。

3. 管理与规程建设因素

部分地铁运营公司疏于安全管理,对安全规程执行、安全教育等没有严格落实,流于形式,给运营安全带来隐患。

地铁运营辅助规程不健全,安全标准落后,相关设计规定不够明确等,都给地铁运营安全管理带来很大不便,留下安全隐患。

4. 综合因素

随着体制的改革,城市轨道交通部门安全监管的范围、人员、规章制度也都在变,这样就容易形成管理上的漏洞,出现规章制度的不健全、安全考核和相关措施不到位的情况。

轨道交通安全监管缺乏必要的手段,使安全监管工作难以实施。虽然硬件设施较为完善,但轨道交通工作人员、管理人员防灾意识有待提高。对乘客的安全宣传力度不够大,乘客缺乏发生事故后如何保护自己的有关知识。

(三)城市轨道交通运营安全改善措施

地铁一旦发生事故,将成为公众舆论的焦点,不仅带来不利的政治影响,人员伤亡、车辆损毁带来的经济损失也将十分严重。随着地铁的飞速发展,为提高地铁运营的安全,有效减少事故的发生和降低事故损失,依据上述的事故分析,笔者提出以下几点事前预防对策以及事后处理措施。

1. 加大安全评价,落实城市轨道交通运营本质安全

《城市轨道交通运营管理办法》第十八条规定:城市轨道交通运营单位应当组织对城市轨道交通关键部位和关键设备的长期监测工作,评估城市轨道交通运行对土建工程的影响,定期对城市轨道交通进行安全性评价,并针对薄弱环节制定安全运营对策。

美国自20世纪50年代起,将重大安全事故的安全评价标准从高危行业引入轨道交通,建立了轨道交通的安全预评价、安全验收评价、安全现状评价及专项评价四类评价标准;英国则把铁路安全评价系统引入轨道交通,把所有的风险分为三个等级进行区别对待;我国香港的地铁也有自己的安全评价制度。"实践出真知",他们的安全评价标准都是从长年累月的安全统计数据中得出的,从各类安全事故发生的时间、路段、原因等方面系统、细致地进行了总结和归纳,从而形成了一套完整的安全预防、检查、处理机制,做到防患于未然,一旦发生事故,都能以最快、最稳妥的方式保护乘客的安全,最大程度地减少人员伤亡。

(1)开展对城市轨道交通建设工程项目安全设施与主体工程"三同时"的安全评价工作。

安全预评价,是安全生产监督管理的基础性工作,也是建设项目从源头上预防事故发生的重要保证之一。因此,对新建、改建和扩建的城市轨道交通工程项目,从项目立项到竣工验收的全过程,都必须严格执行建设项目的安全设施与主体工程同时设计、同时施工、同时投入生产和使用的规定,并组织有关专家和中介组织进行安全评价和安全审查工作,严把项目开工建设和竣工验收的安全审查关。对经安全评价和安全审查不符合有关法律、法规和强制性安全标准规定要求的,不得开工建设和投入运营。同时,今后地铁建设项目的可行性研究报告应编制安全篇,以加强对城市轨道交通工程项目可行性研究报告、初步设计的安全审查和审批工作;建设项目安全设计的资金需求必须保证,并列入总投资概算,确保建设项目安全设施的资金投入。

(2)加强对城市轨道交通运营企业的安全评估工作。

开展对企业的安全评估工作,强化企业安全管理的基础,是保障城市轨道交通企业安全运营的重要措施之一。有关部门应尽快制订和实施《城市轨道交通运营企业安全评价标准和办法》,并以此为依据,开展企业安全评估工作。要通过安全评估,查找隐患,划分企业的安全等级,实施分类指导,重点监控。对评估中发现的问题,要立即整改。对需要一段时间整改的,要制订计划,落实责任,限期整改,并确保按期完成。对没有整改或经整改仍达不到安全要求的企业,不得继续运行。要将评估报告和处理意见报送当地政府,以督促有关部门及企业对事故隐患的整改,提高城市轨道交通运营企业的安全管理水平。有关城市的安全生产监督管理部门应会同相关部门建立对地铁运营安全的监督检查制度,督促地铁运营企业加强安全管理。

2. 加强对内、对外人员的安全宣传教育

加强对市民的地铁安全乘车意识的教育,减少由于乘客的失误而产生的地铁运营事故。

2004年4月出台的《北京市城市轨道交通安全运营管理办法》中,对乘客的各种危害城市轨道交通安全运营的行为做了规定,并且明确了运营单位工作人员应当履行的安全管理职责。

此外,还要多加强对乘客在紧急情况下逃生自救知识的宣传教育。十次事故九次违章,地铁工作人员的操作安全密切关联着地铁运营安全。必须加强对工作人员的法制教育、技术教育、安全教育和职业道德教育。工作人员要牢记"安全第一"的运营准则,任何时候都不能麻痹大意。韩国大邱市地铁的惨案有一个重要原因,就是将平时的教育流于形式,没有落到实处,因而造成严重后果。

3.采用先进的设备及检测体系加强安全保障

地铁的运营涉及众多先进设备。车辆因素、线路问题、信号系统等都直接关系到列车的安全运行。阻燃材料是否合格,安全装置是否充足有效,技术状况的是否良好,都会直接影响到地铁的运行安全。韩国大邱地铁车厢内为了防止触电未安装自动报警设备和自动淋水灭火装置,同时未采用先进的阻燃材料,燃烧产生大量毒气和烟雾,导致了事故的扩大。

设置双层防火设施,多级自动监控系统。自动灭火喷淋系统,有水喷和气体喷两种,可以针对不同的火灾原因进行调控。地铁隧道里还应设有专门的排烟装置,一旦发生火灾,隧道内的事故风机系统就会启动,在最短时间内排出有毒烟雾,防止窒息。

设置双边变电站供电、紧急照明和应急通风设施,同时加装蓄电池供电系统,即使在出现两个主变电站同时停电,也不会导致出现地铁"失控"现象。

设置自动发光体疏散标志。在完全失去光源的情况下仍然能够利用自身的蓄能发光,帮助乘客在漆黑一片中找到逃生的方向。

车站站台加装安全门或屏蔽门装置,杜绝乘客掉下、误入行车区事件发生。

建立和完善设备状况计量检测体系,确保设备运作的安全度。

4.建立自动监视及自动报警系统

每个城市轨道系统都应具备监测及自动报警系统(Fire Alarm System,FAS)。受 FAS系统保护的具体对象是全线车站、主变电所、车辆段及通信信号楼。地铁 FAS 系统必须是一个高度可靠的系统,接线简单,组网灵活,容易维修和扩展。控制中心(OCC)应有全线示意图,能监控全线的报警情况。

车站、列车内应装设全方位的监视系统,实时收集站内各方位视频信息,杜绝出现有地铁发生火灾、爆炸、毒气而控制中心、运营司机不知情的情况。

车站、列车内还配备有紧急报警按钮,发生火灾爆炸等意外事件时,乘客可迅速按压此按钮通知司机。

5.制定风险管控的方法

采取风险管控的方法,对已出过的事故苗头、灾害险情要及时记录,用系统安全工程的方法进行评价,及时制定切实可行的整改措施,把工作落到实处,尽量把事故和灾害消灭在萌芽状态。

(1)识别系统所有可能的危险/风险。

(2)定义危险事件/风险发生频率的分类及说明。

(3)采用后果分析来预测危险事件/风险可能的影响,定义危险/风险的严重度等级和每种严重度对人员或环境产生的后果。

(4)定义风险的定性类别以及针对每个类别所采取的措施。

(5)采用"频率-后果"矩阵,将危险事件的发生频率和它的严重度结合起来对风险进行评价,确定风险类别。

6. 建立应急救援体系,增强应急处置能力

根据国内外地铁运营救援抢险的经验和突发事件的特点,建立健全应急预案体系,针对轨道交通运营线路发生火灾、列车脱轨、列车冲突、大面积停电、爆炸、自然灾难以及设备故障、客流冲击、恐怖袭击等其他异常原因造成影响运营的非常情况制订相应的应急预案,在国家和地方发生紧急事件、疫病传播情况时,制订相应的应急预案。另外,还要针对部分预案经政府组织相关部门、专家进行评审。

组织员工对各种预案进行学习,按计划进行演练,演练的方式包括培训式、桌面式、突发式,在演练的过程中,每个安全点都安排评估人员把关,使演练活动有序、安全地进行。定期的实战演练可以及时暴露预案的缺陷,发现救援设备是否足够、发现运营设备是否完好、发现员工是否熟悉把握各种规章,改善各部门间的协调作战的能力,增强员工的熟练程度和信心,提高员工的安全意识;通过演练检验规章、设备和预案,提高员工的业务技能,增强员工对事故事件的应急处理能力。

7. 建立安全检查制度,预防运营事故发生

加强监督检查机制是抓好运营安全工作的关键。安全检查是对安全工作实施有效治理的一项重要内容。学习运用"破窗理论"抓隐患,抓漏洞,漏洞不补必酿大祸。建立班组每周一查,中心每旬一查,专业治理系统每月一查,公司每季一查的制度,采取定期检查与不定期抽查相结合,综合检查与专项抽查相结合的形式,坚持安全检查以自查自纠为重点,自下而上,查找不足。

严抓隐患整改,按照"五个落实",即任务落实、人员落实、经费落实、质量落实、时间落实,按期整改完成;在做好安全检查工作的同时,逐步建立安全隐患治理机制,将安全检查和隐患治理统一起来,并落实到工作制度中,形成健全的检查网络,实施有效监控。

建立完善安全规章,安全生产有章可循。规章制度是治理工作的基础,建立科学的、完善的、全面的安全生产治理制度,使安全生产有章可循,是非常重要的。在地铁开通运营前狠抓安全规章制度的建设,用规章制度约束员工的工作行为,为员工提供安全生产指引。在严格执行国家、省、市各项安全法律法规的同时,建立健全《日常管理规定》《突发事件应急处置管理规定》《事故报告调查和处置管理规定》等制度和各类操作规程,涵盖公司的各个专业、运营生产环节,使各专业的安全生产治理都有章可循,促进公司的安全生产工作向规范化、制度化迈进。

【研讨与质疑】

你认为我国城市轨道交通安全状况如何?需查找哪些问题?

子任务二　城市轨道交通运营安全管理经验分析

一 国内城市轨道交通行业先进安全管理经验

(一)北京地铁安全管理工作措施

(1)进一步提高对地铁安全工作的认识,强化全体干部职工的安全意识。

加强地铁的安全管理,做好地铁的安全工作关系到人民生命财产的安全,关系到国家

经济发展和社会稳定,是一件功在当代、荫及子孙的大事。

充分认识地铁安全工作的特殊性、复杂性和重要性,牢固树立"安全第一,预防为主"和"安全责任重于泰山"的思想,认真落实北京地铁"治、控、救"的安全保障体系,将维护地铁的安全、保障安全运营作为我们首要职责,作为一项长期的工作任务切实抓好。

通过采取有效措施全面提高地铁员工的安全意识,使人人真正理解北京地铁确定的"安全生产靠基础取胜,抓小防大,安全关前移"安全管理指导思想的内涵,积极防范地铁各类事故的发生,确保人民生命财产的安全,维护社会稳定的局面。

及时传达和学习了上级有关部门文件及领导的批示,认真分析安全生产形势,并结合自身特点,进行总体工作部署,提出具体工作要求。

(2)全面贯彻法律法规和要求,依法落实安全生产责任制体系。

在公司各次安全宣传贯彻工作中,始终由公司领导亲自挂帅,部室及所属单位主要负责人牵头,充分发挥党政工团齐抓共管的优良作风,加强协调,密切配合,充分利用报纸、宣传专栏、黑板报、征文、演讲等多种形式进行广泛深入的宣传和教育。

连续每年举行安全月主题大型宣传活动,通过制作悬挂横幅、张贴宣传画、出板报、办宣传专栏、编印各类安全报刊、举办安全知识竞赛等活动,营造出积极学习、宣传贯彻安全法律法规和要求的浓厚氛围。

做到家喻户晓,人人皆知,使全公司干部职工充分认识到了自身在安全生产中的权利、义务和应承担的责任,及其不尽职尽责的后果。

(3)建立健全地铁运营安全组织体系,夯实安全基础,明确责任目标。

①安全组织是实施安全管理的主体,是安全工作的组织保证。建立健全地铁安全管理组织三级安全网,分别负责各级安全工作的组织管理。逐级成立安全生产委员会,下设防火安全委员会、运营安全委员会、劳动安全委员会和交通安全委员会,所属分公司安全保卫科作为各级组织专职安全监察管理部门,负责其单位年度安全目标、计划的制定、实施、对策研究、监管工作以及各级安全组织的建设等任务。从公司总部直到班组建立健全安全管理组织体系,实施着有效的安全管理职责。

②安全生产责任制充分发挥"职责清晰、层层管理、衔接紧密、覆盖面全、可操作性强"的特点。坚持了每年度与各分司签订"年度安全目标管理责任书",并建立双向挂钩的考核制度。根据管理人员和一般职工不同的工作性质、任务,对各个职务、岗位的职责进行分层量化、逐项界定,分别制定了"工作标准""管理标准"及"岗位责任制"。各二级单位厂段结合实际进一步细化,从而基本上解决了安全管理"由谁负责、怎么负责、不负责怎么办"的问题。

③结合新旧线同时运营,老线故障率较高的特点,采取积极防范措施。树立其"质量问题就是安全问题""质量问题就是事故"的新观念,积极开展向"漏检漏修和维修不到位宣战"等活动,开展质量项点控制活动,推广精检细修的经验,确保车辆设备的良好状态。针对车辆设备的老化问题,加大科技投入,开展科技攻关,并加大对车辆设备进行技术改造,面对一时难于解决的问题,分门别类,制定了预防事故"十防一百条措施"和"二十三项重点部位承包责任制",从上到下,从公司领导、各分公司领导直至班组职工,层层承包,逐级负责,死看死守,严密监控隐患状态,防止事故发生。

④健全的安全责任体系。及时按照安全生产法的要求与地铁运营实际情况,组织对安全生产责任制进行系统完善和补充,出台相应的安全生产责任制、消防安全责任制、运

营安全责任制、交通安全责任制、劳动安全责任制，从各级领导、各级组织、单位、各个岗位细化了相应的安全生产职责范围，同时还完善了公司安全生产监督职责体系，制定出台了干部安全责任追究制度等，配以安全生产其他相关责任制，如签订了安全生产承包责任书、交通安全责任书、消防安全责任书等，从而细化了安全责任制的内容，并形成了完整健全的安全责任体系。

(二) 上海地铁安全管理工作措施

(1) 加强领导，明确职责，充分认识运营安全的重要性。

坚持以"三个代表"重要思想为指导，以全面实施《中华人民共和国安全生产法》为主线；

坚持"安全第一、预防为主"的方针和"谁主管、谁负责"的原则，认真落实逐级安全责任制，明确安全职责，齐全安全管理网络，牢固树立"地铁运营无小事"的观念；

进一步完善各项规章制度，落实各项防范措施，以高度的责任心和使命感，扎扎实实地把地铁运营安全工作落到实处；

地铁运营的特殊性，决定了地铁安全工作的重要性，由于轨道交通具有线长、点多、面广的特点，客流密集，特别是地铁深埋地下，环境封闭，在通风、客流快速疏散等方面都受到很大限制，对运营安全防范带来了很大的难度；

近年来，一些国家的地铁成为恐怖袭击和人为破坏的重要目标之一，对社会造成的影响要明显高于市内其他的公共交通工具。

(2) 加强检查，落实整改，确保地铁运营安全。

拆除地铁 1 号线设备、管理用房小空调 321 台，由于室外机大部分安装在吊顶夹层内，散热效果差，且使用时间长，造成安全隐患，现改成 VRV（小型集中式空调系统）。通过改造，不仅大大降低了站内空调的散热量，拆除了大量的临时线，保证了安全，同时提高了车站空气质量和制冷效率，改善了车站职工和设备用房的工作环境。

地铁 1 号线增加消防无线通信系统，确保地铁车站一旦发生突发事件能满足在车站出入口附近主要地面道路、站厅、站台及区间隧道范围内，消防指挥员与战斗员之间的通话呼叫，实行无线通信联系。另外配置无线对讲机 110 对，加强车站内的通信联络。

配置防毒面具 178 套，已分发到 23 座地下车站，并对职工进行了专业培训，以备紧急状态下随时取用。

地铁列车车厢内改造了车载灭火器支架，增设了 256 套灭火器材，并在车厢内的醒目位置设置发光式的指示标志，注明取用方法，方便乘客在紧急状态下使用。

地下车站应急疏散指示标志不规范，数量不足，增加 21701 只灯光疏散标志，同时增加了地铁 3 号线安全禁令标志 116 条，完善安全防范措施。

地铁 1 号线 12 个地下车站站台增加水喷淋设施。

拆除部分车站影响通道疏散的商铺，共拆除人民广场、徐家汇等车站商铺 135 家，拆除营业面积 1300m²。同时增设地下车站疏散门 46 处，总计长度 245m。

增加技防、物防、人防设施，对地铁 1 号线车站加装屏蔽门。

加强车站危险品查堵工作。

(3) 加强防范，完善预案，提高处置突发事件的有效性。

为及时有效地处置在轨道交通车站、电动列车、区间线路等处发生危及乘客人身安全的特大火灾及爆炸、毒气等案（事）件,减少国家财产和人民群众生命的损失,根据上海市地铁抢险指挥部要求,在原有《上海地铁运营有限公司轨道交通火灾、爆炸、毒气案（事）件的现场处置预案》的基础上,结合公司实际情况,对预案又进行了具体的细化,并具有可操作性。

每年与轨道公安分局联合开展大型处置各类突发事件的综合演练,并进行认真总结,不断完善,收到了较好的效果。各专业分公司结合当前多线运营的实际和轨道交通地下、地面、高架立体式运营构架的特点,经常开展日常演练,增强职工防范意识,提高处置突发事件的应变能力和操作水平。

通过开展各类演习,对应急处置预案的科学性、适用性、可操作性是一次实战检验,更主要的是广大职工从模拟火灾扑救中体验到实战的感受。通过演习进行不断总结,逐步完善、细化,进一步提高处置突发事故的应变能力,并逐步形成长效管理机制,确保地铁一方平安。

（4）加强宣传,强化培训,提高运营安全的有效性。

上海轨道交通运营始终把狠抓运营安全作为贯穿每年工作的主题,坚持不懈地强化安全教育、培训和管理,在实践中不断总结安全工作的得失,主要存在以下不足：

运营安全管理上尚有薄弱环节。近年来,随着上海轨道交通从单线运营到多线运营,广大市民对轨道交通依赖程度越来越大,对运营管理提出的要求也越来越高。公司员工的安全意识、危机管理意识和安全责任心还不够强、员工处理突发事件和化解各类危机的能力还比较薄弱。

员工队伍素质尚不能完全适应轨道交通快速发展的要求。随着轨道交通快速发展,对专业人才需求量增大,公司有很多新进员工,缺乏丰富的实践经验,对突发事件的处置能力还不够强。

针对上述状况,进一步加强了人才培养,加大岗位技能、各类事故案例等教育培训的力度,加强宣传教育,不断增加干部和职工的安全意识及业务技术水平。

在宣传教育方面,通过开展"安全管理年""安全生产月""119宣传日""安全生产金点子"等多种活动,并以此为载体,加强宣传教育,增强职工安全防范意识。针对韩国大邱地铁火灾事故,及时辑录了国内各新闻媒体报道选编成册。对日常运营中发生的各类安全事故,及时编成《事故案例》印刷成小册子,供职工组织学习,认真吸取教训。同时还通过《地铁报》及《地铁风》、地铁车站荧屏广告等多种形式进行广泛的宣传,营造一种"人人讲安全、安全为人人"的良好氛围。

在强化职工培训方面,每年年初制订计划,进行有序培训,对新进职工进行三级教育,对各基层单位安全责任人,安全保卫干部进行上岗培训,特殊工种,列车司机,消防环控值班人员,总调所工作人员每年进行复证,做到持证上岗,同时还组织各车站值班站长业务培训。

通过加大宣传、教育、培训力度,有力地提高了干部和职工的业务素质和技术素质,为确保运营安全创造了有利的条件。

（三）广州地铁安全管理工作措施

（1）健全和落实安全法规和制度,落实安全生产责任制。

地铁安全管理的法规和标准体系,是实现地铁建设、运营和管理法制化和规范化的基础,也是实现地铁安全、健康、持续发展的根本。广州地铁高度重视地铁安全管理法规和标准体系的建设,积极主动参与地铁法规和行业管理标准的制定工作,不断完善企业内部的安全规章制度,实现依法依规严格管理。

树立"以我为主、为我所用"的思想,从推进地铁发展的角度,积极主动参与地铁法规和行业管理标准的制定工作。组织有关专家积极参与《地下铁道设计规范》和国家《城市地铁应急预案》等技术规范和技术标准的制定。积极探索和制订刚性接触网与第三轨结合的供电系统技术标准;屏蔽门与安全门系统技术标准;地铁 VI 图形与色彩系列标准;线性电机运载系统设计、安装、运行技术规范等。同时,结合广州地铁建设和运营管理的实践,积极收集和总结《广州市地下铁道管理条例》的实施情况,主动配合和推进《广州市地下铁道管理条例》的修改和完善。

健全和落实安全规章制度,保证安全生产事事有章可循。根据《安全生产法》等的相关法规要求,严格执行国家、省、市的各项安全生产、消防安全的法律法规,结合地铁安全工作的特殊性、复杂性和重要性,制定了一系列行之有效的安全规章制度,做到安全生产管理工作有法可依,有章可循,保证了安全生产工作顺利进行。建立了以安全管理制度为统领的,包括安全操作规程手册、事故管理规程、应急处理预案等在内的安全规章体系。根据《安全生产法》等要求,修改完善《安全管理办法》等规章制度,确立"治防控"的安全管理机制,以制度来规范安全管理各个环节,以规范化保证安全,确保达到事事有章可循。

地铁行业是高风险的行业,不折不扣地严格落实安全生产规章制度是地铁安全的保证。广州地铁以"铁的要求、铁的纪律、铁的制度",从严管理、从严要求。通过经常性规章制度培训和学习,让员工清楚理解规章;通过经常性检查督促,让员工严格执行规章;通过经常性分析事故苗头、事故隐患后果,让员工认识到遵章守纪就是保护自己、保护同事、保护企业、保护家庭。

安全责任重于泰山,按照"守土原则"落实安全责任,推行"千斤重担人人挑、人人身上扛指标"的安全目标管理理念。从总公司总经理、总部经理、部门经理、班组长直到每个员工,均签订安全生产责任状,明确各层级和每个岗位每个员工的安全生产责任,形成了全面的安全生产责任制体系,将安全责任和安全目标层层分解、层层落实。实行"一票否决制",建立安全责任追究机制,将安全生产责任状完成情况作为每层级领导、每位员工的绩效考核、岗位晋升考核标准之一。

建立广州地铁安全评价标准和管理办法,定期对各事业总部、子公司进行安全评价和考核。提出"零宽容"的要求,严格按照"四不放过"的原则,对事故苗头和安全隐患进行分析和处理,坚持从管理上找原因、查漏洞、订措施,通过分析查找原因、整改隐患、完善规章来改进管理,举一反三地防止同类事故重复发生,认真落实"预防为主"的方针。在各级管理人员中树立"事故发生在基层、事故的根源在管理层"的管理责任意识,切实做到事事有人负责。

(2)严格工程管理,控制新线建设风险。

地铁工程是百年工程,质量要求高,技术复杂,新线建设任务繁重,工期紧迫,安全生产文明施工要求高,安全工作具有特殊性,因此,广州地铁新线建设严格按照基本建设程序、工程建设标准规范和施工验收规范进行规划、设计、建设和验收。

在地铁工程建设可行性研究阶段,组织有资质的单位和专家对线路的安全可靠性、运营状况安全性进行专项论证,并进行环境影响评估和沙层地震液化判别等专题分析。同时，还论证了施工方法的安全性，包括工程本身的施工安全及对周围环境的安全影响。按照国家勘测设计有关规定，通过招标选择符合资质要求的单位承担设计过程咨询审查以及施工图审查(政府建设主管部门授权有资质的单位进行审查)。勘测设计单位必须符合国家规定的资质要求。

目前，新线工程已按国家关于建设项目安全评价的要求，委托有资质的单位召开了新线工程初步设计安全预评价报告评审会，对新线进行建设项目安全预评价，确保建设项目实施后的安全保障，是我国地铁工程项目的首次安全评价，也是广州市安监局首次派出安全生产专家参加的对大型工程项目的安全评价评审，对于贯彻落实《安全生产法》，加强对"三同时"工程的监管，将起到示范作用。

在初步设计阶段，编制了安全方面的专篇设计内容。初步设计必须经市地铁工程设计审查委员会审查批复后，方可进入施工图(或施工招标)设计阶段。

及时办理工程安全报建，主动接受政府部门对安全管理的监督检查。及时向施工单位拨付工程安全措施费，确保其施工现场安全保障设施的投入。针对地质情况和施工周边房屋安全的问题，制订二级专项应急抢险预案，一级是施工单位的预案，二级是建设单位的预案。施工前必须按规定进行有关各方参加的施工图纸会审。督促施工单位完善施工组织设计方案。施工组织设计方案必须按规定程序报审报批，施工方案中必须有安全有关内容，包括安全目标、责任制、保证体系、详细措施、紧急预案等。

在建设施工阶段，为确保工程实施过程中的安全，在设计方案稳定过程中，不断对工程所采取的结构形式、施工法等作详细的分析和论证，以保证实施过程的安全。针对地铁参建单位中有部分项目经理负责人和安全管理人员变动较大，有些施工、监理单位首次参加广州地铁工程建设的情况，发布了《广州地铁工程建设安全文明施工管理办法》和《广州市建设工程现场文明施工管理办法》，要求各参建单位主要负责人和安全文明施工管理人员熟悉并掌握广州市地铁工程安全文明施工管理办法及有关规定，不断提高参建人员安全文明施工意识，切实加强广州地铁工程建设的安全生产和文明施工管理，确保各参建人员的人身安全和国家财产不受损失。工程建设实施中实行"小业主、大监理"的管理原则，通过公开招标选择符合资质要求的监理单位进行施工安全管理，监理招标及合同强调监理对安全的监督管理。

(3)充分发挥"一体化"经营优势，切实提高地铁先进性、可靠性和安全性。

在新线设计、建设、开通运营过程中，充分发挥"一体化"经营体制优势，有效实现了企业资源的整合，通过安排地铁技术人员全过程参与地铁新线的规划、设计、建设和调试，将地铁安全的关口前移到设计、建设阶段，将地铁运营的概念贯穿地铁建造的全过程，保证地铁线路按时、安全、顺利、高水平的建成和开通运营。

在新线规划设计阶段，我们组织技术人员有效介入，总结既有线路建设和运营的经验教训，将运营现场的经验与实际问题带到规划和设计工作中，使规划设计充分考虑地铁建设和运营安全的需要，在规划设计中充分预想到乘客换乘条件和紧急疏散的能力，避免在已经出现的问题或预想的问题重复发生，把地铁安全的关口前移到规划设计之中，从而优化线路规划设计，选用安全可靠的设备设施和系统，保证了新线技术的先进性、可靠性和安全性。

在新线建设阶段，从招投标、设计联络、工厂监造到设备安装调试，同样让技术人员全过程充分参与。对发现或存在的问题，进行认真分析汇总，并定期或不定期地提交给建设部门给予合理的解决。通过科学合理地提前介入到建设阶段,即将运营现场的经验带入建设阶段,使建设中的实际问题得到合理的解决,又使地铁技术管理人员提前充分地了解、掌握了新线设备设施的特性和功能特点,提高了建设和运营人员的业务技术水平,为及时接管运营做好了技术和人员的储备。同时,也跟踪监督工程单位严格按照工程建设和强制性条文进行,严格执行涉及行车和乘客安全、防火防灾和事故救援等相关标准规范,确保施工质量和施工安全。

在新线联调和演练阶段,地铁技术人员主动承担设备大联调、演练工作,组织编制和实施车辆、信号等设备系统之间的联调方案,通过设备联调充分暴露各系统设备可能存在的问题,实践性地检验了设备系统间的联动工作能力,使运营人员深入地掌握各设备的功能。组织进行包括消防联动演练、时刻表演练、事故救援演练等各类演练,提高了员工的操作设备能力,应急处理能力,检验了规章制度的合理性和实际运营组织能力。

采用自动化程度高、安全性能好的系统设备,是提高地铁安全性的重要基础。广州地铁通过不断创新,大胆应用新技术、新设备,不但节约了工程投资,还有效地提升了运营服务水平和安全水平。地铁2号线在全线开通时,即实现了ATO功能,以行车组织自动化、列车驾驶自动化,减少了人的失误对安全的影响。地铁2号线在国内率先安装了屏蔽门系统,杜绝了乘客跳轨、掉轨的客伤事故。地铁2号线成功研制和应用刚性接触网,有效提高了接触网系统的运行可靠性,改善了弓网关系,降低了弓网关系事故风险。

广州地铁3号线是国内第一条最高时速达120km的快线,区间最长距离超过6km,为确保运营安全,经过科学论证,采用了移动闭塞等新技术,在防灾报警、隧道通风、乘客隧道疏散等方面有针对性完善了安全设备,在超长隧道轨道侧增设了紧急乘客安全疏散通道。这些措施对运营安全将起到强有力的保障。

(4)树立大安全观念,进一步完善地铁运营安全管理体系。

地铁运营系统是由地铁设备设施、行车组织、员工、乘客和周边环境等众多因素组成的一个庞大联动机,运营过程中的各个环节和因素均会对运营安全产生影响。借鉴兄弟城市安全管理经验,广州地铁将行车安全管理推进到运营安全管理的层面,建立起包括行车安全、设备安全、治安安全、消防安全、员工职业卫生与安全、乘客人身与财产安全、防恐反恐安全等方面在内的大安全概念,扩充了地铁运营安全管理内涵。

要满足广州地铁线网发展的要求和运营安全的需要,必须有一套行之有效的安全管理方法。职业健康安全管理体系(OHSAS)是企业进行职业卫生、生产安全规范化、系统化管理的有效手段。广州地铁运营事业总部在顺利通过全面质量管理体系(ISO9001)认证的基础上,在2004年全面启动建立职业健康安全管理体系(OHSAS18000)项目,通过引入过程管理的理论,使企业在体系宣贯、体系认证的过程中,达到对运营安全进行系统、全面、全过程的管理,并且通过体系的运作达到持续提高安全管理水平的目的。

建立职业健康安全管理体系是企业实现现代化科学管理的需要,不仅可以规范企业安全管理行为,也有助于提高安全生产工作的管理质量,提升企业安全生产的管理水平和管理效益。通过职业健康安全管理体系标准的实施,可使职业健康安全的工作贯穿于广州地铁运营生产的整个过程中,使企业能够自觉地执行国家职业健康安全法律、法规标准,保护企业员工的安全和健康,实现企业、社会可持续发展。通过建立职业健康安全管理体系,逐步实现本质安全,尽可能消除安全健康的事故隐患,改进现场安全管理,提高设备设施的安全性能,提升企业形象。同时满足员工的安全和健康要求,加强员工的认同感,增加企业的凝聚力,降低公共安全风险,提高社会的认同度。

（5）精心检测、细心维修,提高设备可靠性。

运营设备设施维修质量的好坏,直接关系到地铁运营安全与否。为保证设备设施的质量状态,采用先进的检测手段,建立维修管理信息化系统,以精益求精的精神不断提高维修质量。

在线网运营下,设备设施的维修不仅要保证质量,还要体现速度。采用了先进的设备检测技术和工具,能快速检测设备状态,查找故障点,为及时、准确地掌握设备质量状态,处理设备故障提供了保证。

在维修管理上,采用了维修管理信息化系统,对维修过程中的工时、物料、定额、检修规程等进行全面监控,保证维修计划的落实,全面提升设备设施维修管理,提高维修水平。

对设备设施的维修管理,采用抓"小事"防微杜渐与集中技术力量攻"大事"的方式,做到精检细修,突出重点。在设备的日常维修保养中,特别抓好车辆、接触网等设备的巡视、检测、紧螺栓、加油、清洁之类等看似简单但却容易引发事故的"小事",克服麻痹思想,以小防大,杜绝大故障或事故的发生。同时,集中技术力量攻克重大技术问题,对于运营生产中出现的故障或技术难题,组织跨专业的技术攻关小组进行攻关。从设备设施运行质量角度为确保运营安全奠定了坚实的基础。

（6）完善应急预案,开展多种形式的演练,提高应急应变能力。

广州地铁树立相对安全的观念,摒弃不出事故就是安全的错误观点。充分认识到危险伴随着运营生产过程而存在和发展,没有永久的安全,在运营生产处于安全状态时,尤其要进行危机管理,在危险与安全对立统一中不断提高运营系统的安全性。

制定安全教育制度,明确安全教育内容和要求,编制员工通用安全知识和员工安全应知应会,落实"三级"安全教育制度。根据安全生产的实际需要,评定运营生产系统中的各个岗位的安全等级,制定各个等级的安全知识和安全技能的要求,对员工进行分层培训、考核,实行安全关键岗位持证上岗。同时根据地铁实际情况编写事故案例汇编《警钟长鸣》,认真吸取国内外多起地铁安全事故的教训,研究广州地铁安全措施,要求员工引以为戒、防微杜渐,提高安全防范的警惕性和敏锐性,在日常工作中要善于及时发现事故隐患,防止发生突发事故,防止人为破坏事故的发生。

完善的预案和员工的应急能力是事故苗头和事故能否得到及时、正确和妥善处理的重要保证。经过对韩国大邱地铁特大纵火案的分析,提出事故抢险"5分钟"的概念,即火灾事故发生后,前5分钟是控制事故发展的关键。为提高员工事故发生后前5分钟的抢险、救灾的自救能力,根据广州地铁运营的具体特点和发展,按照相关部委的要求,我们进一步完善了各种事故情况下的应急处理预案,先后制定了行车设备、设施故障的应急处理预案、特殊气象条件应急预案和车站防火、防爆、防毒、列车火灾处理等应急预案。

在完善各种应急预案的基础上,制订公司演练计划,定期、不定期地组织进行各层级的、切实有效的各种演练,不断提高各级员工对各种预案操作的熟练程度以及应急应变的能力。将演练方法和方式分为桌面演练、实操演练、突发演练三种。其中,突发演练就是采取在被考验者完全不知道时间、地点和内容的前提下,组织者突发性地虚拟设备故障或虚拟"事故",以检验被考验员工的应急应变能力。通过这种演练,以达到各种设备与各级员工之间的"联调",提高多工种共同配合抢险作业的能力,提高员工应急处理能力和安全意识,同时也检验设备维保质量和应急功能状态。

经过几年努力,目前已具备快速处理各类事故能力,如列车起复救援;接触网断线抢修;道岔、线路更换、抢修;控制中心紧急疏散情况下的运营;通信信号中断情况下的运营等。

为了建立和完善地铁灾害抢险救援联动机制,积极建立地铁运营应急抢险救援机制,主动与公安、消防、医院、公交、供电等单位沟通、联系,利用社会力量和资源提高地铁抗风险能力,保证人民生命财产安全和社会稳定。广州地铁积极参与和协助市安委办、市建委、市交委制定《广州市特大生产安全事故应急救援预案》《广州市地下铁道特大事故和突发事件应急救援预案》《广州地铁应急公交接驳预案》,完善了事故抢险领导机构,明确了各单位的职责和任务,健全了紧急信息沟通渠道,加强了单位间的协作与配合,提高了协同处理突发事件的能力。

(7)延伸"全员安全管理"的外延,致力于建造"安全型社会"。

地铁运营安全直接关系到乘客的人身安全和财产安全,与广大人民群众的切身利益息息相关。要实现地铁运营安全有序,在加强员工安全教育基础上,必须对广大乘客进行宣传教育,提高全民的安全防范意识。

在进一步加强地铁员工的安全教育和职业道德教育的基础上,延伸"全员安全管理"的外延,通过积极推进地铁安全文化的建设,致力于建造包括地铁员工和广大乘客在内的"安全型社会"。

进行全员安全管理,不限于地铁内部员工,而是把与地铁运营直接发生关系的人员都包括在全员的范围之内。

首先,培养"安全型的地铁员工"。对全体地铁员工持续进行严格的安全培训,提高员工安全意识,使员工掌握安全知识,严格执行安全制度,提高自救、互救和应急处理能力。

其次,培养"安全型的地铁家庭"。对地铁的员工家属进行运营安全知识和技能培训,考试合格后,组成义务安全员与辅助安全员队伍,使地铁运营安全深入员工家庭。

再次,培养"安全型地铁虚拟组织"。定期与地铁车站内公安、保洁人员、商铺银行营业人员等召开安全联席会,组织他们参加各种地铁安全演练,使他们的安全理念与地铁保持一致,安全知识和应急技能与地铁员工同步提高;对外单位的施工负责人进行地铁施工管理规章和安全培训,实行持证上岗;与地铁车站周边的社区进行联合,共同维护地铁运营安全。

最后,培养"安全型地铁乘客"。定期开展"地铁安全咨询日"和"地铁开放日"等活动,向市民派发地铁安全知识小册子,充分发挥地铁车站和列车等宣传阵地,会同新闻媒体,进行广泛的安全宣传教育,提高市民对地铁安全知识的认识。

事实证明,将地铁运营安全管理中的"全员"概念延伸为"全民、全社会",建造"安全型的社会",对地铁的运营安全起到了重要的作用。调查结果表明,市民对我们采取的安全措施如在站台不能蹲姿候车等,表示充分的认同。

(8)广泛开展安全宣传教育,推进地铁运营安全文化建设。

为提高全民安全意识,广州地铁多渠道开展安全宣传教育,在地铁车站通过宣传画、广播、电视和多媒体等方式,宣传"安全第一,预防为主""以人为本,安全至上"的安全理念,大力营造"关爱生命、关注安全"的氛围,精心编制《广州市地铁乘客安全守则》等宣传小册子,在广大乘客当中普及安全知识和基本安全技能。在地铁车站、车厢内的广告灯箱中,规定必须确保一定比例的灯箱用于进行安全方面的宣传,使广大乘客了解掌握地铁内紧急状态下的疏散方法,普及地铁安全乘车和自救知识,提高规范乘客乘车行为,提高乘客的安全意识。

以人为本、尊重人的生命、促进企业发展为内涵的安全文化在运营安全管理中发挥着重要的作用。安全文化是企业文化建设的重要组成部分,在大力建设广州地铁企业文化的同时,积极推进建设运营安全文化,积极努力提高全体地铁员工和全社会的安全意识。在企业内部持续开展"安全生产月""安全生产示范岗""安全知识竞赛"和"6S管理"等活动,以不同层次和不同主题的具体活动为载体,使员工在潜移默化中受到安全教育,提高员工的安全意识和安全素质。

(9)地铁安全管理是一个动态和不断发展的过程,随着国内外安全形势的不断变化,地铁安全面临新的挑战。必须始终坚持"安全第一,预防为主"的方针,本着对党、对人民高度负责的精神,狠抓安全管理,加强安全监控,同时不断探讨安全管理新方法,确保地铁安全。

二 目前轨道交通运营安全面临的主要问题

1. 运能与运量的矛盾相当突出

轨道交通快速增长的客流,以及受车辆总量不足、采购滞后、设施设备不到位等客观条件制约造成的运能"瓶颈",对运营安全带来较大隐患,成为困扰上海轨道交通运营安全的一个重要因素。

按照国内轨道交通目前的车辆配置数,在国际上与其他城市相比,相当于仅用 $1/3 \sim 1/2$ 的运能来承担其他城市同样的运量。尽管已想方设法挖潜增能,但运能与运量的矛盾仍十分突出。

2. 运营设施设备不到位,制式不一致

运营设施设备尚未完全到位,如有些城市建设的线路仍处在试运营阶段,车辆、自动信号系统尚在调试运行中。

车辆、信号、自动售检票系统等既有的运营设施设备在制式上不统一,不兼容,而且备品备件又不通用,既对安全运营增添了难度,又增加了运营成本。

部分设施设备投用时间较长,设施设备老化问题比较严重,车辆等已经进入大修。

3. 已经交付运营线路潜在安全隐患对运营安全带来很大压力

由于各种因素,个别已交付的运营线路存在着边运营,边对安全隐患进行整改的状况。

4. 外部因素对运营安全造成很大影响

许多在建、新建、改建工程对轨道交通正常运营带来影响。

外来的人为因素也对轨道交通正常运营构成较大威胁。

在轨道交通线路出现人员自杀情况也较以往增加。

5. 新线设计、建设中的一些问题不能满足运营需求

实际上在轨道交通设计、建设中还缺乏一些需严格执行的规范标准。

三 城市轨道交通运营安全管理的对策和思考

轨道交通运营安全工作关键在于抓好管理，抓好落实。近年来，国内各城市轨道运营企业坚持以安全运营为中心，狠抓运营质量，初步形成了较为完善的安全保障体系和安全管理网络，在员工中进一步强调了"安全乃企业立身之本"的观念，在运营安全管理上强化各项措施：如健全安全责任体系，落实安全生产责任制，设立安全责任风险抵押金，坚持领导干部安全责任追究制，对较大晚点无理由追究相关单位和领导责任，进一步强化安全激励、约束机制；建立健全了一系列安全生产制度和安全操作规程，配合有关方面着手制定《轨道交通安全运营技术规范》，细化各类应急预案，使其更具操作性；加大安全整改力度，提高安全管理水平，加强安全检查、考核，及时消除安全隐患；通过各种途径和手段强化安全教育和培训，提高员工安全防范意识和安全技能，积极开展运营演练，增强突发事件处置能力；对影响运营安全的设施设备各类隐患集中开展专项整治，对难点问题进行专题研究，加强运营设施保障，不断提高设施设备完好率，确保运行状态良好；加大运营安全投入，开展影响运营安全的课题研究，组织专业力量专门进行课题攻关，强化安全技术保障。通过强化各项措施，使运营安全处于受控状态，运营质量不断提升，运营图兑现率和列车正点率逐年提高，运营晚点大幅下降。

在积极采取各项措施的同时，我们认为，在加强轨道交通运营安全管理上有以下问题值得思考和探讨：

1. 建立运营安全评估体系，全面评价运营安全状况

随着全国各大城市轨道交通的快速发展，轨道交通承担城市公共交通客运任务的比重将越来越大，对安全正点运行的要求也越来越高。轨道交通各个系统与设备的可靠性、运营过程的安全性以及处理事故和故障的及时性是安全正点运行最重要的三个因素。如何正确、客观地评价运营安全状况，提出安全性、可靠性改进措施，就需要建立轨道交通运营安全评估体系。通过对轨道交通运营安全评估体系方面的研究和探索，对正确评价自身运营安全现状，修正管理偏差，提高运营安全综合管理水平具有十分重要的意义。随着国内各大城市轨道交通相继投入运营，国内轨道交通行业如能建立科学有效的运营安全评估体系，确定统一、规范的安全评估标准，将对整个轨道交通运营的发展起到很好的促进作用。

2. 强化运营安全管理措施，有力确保地铁运营安全

（1）利用多种载体，加大消防宣传力度，增强市民安全意识。

（2）完善修订各类预案，具有可操作性。

（3）加强地铁各类安全设施的日常检查，将此项工作作为管理制度加强考核。

（4）在列车车厢内安装对讲系统，保证紧急状态下乘客同司机之间的联络，加快处理安全事故的速度。

（5）增加地铁疏散的指示标志，为特殊情况下的疏散做好导向。

（6）今后在设计中，将隧道上方的电缆放到地下，以解决逃生通道问题。

（7）充分发挥安保、稽查大队的作用，并利用安检仪等设施，进一步加大危险品检查的力度。

（8）继续对职工加强各类预案的培训和演练，提高职工突发情况的应急处置能力。通过强化以上措施，进一步加强地铁安全防范，确保地铁运营安全。

3. 提前介入工程建设环节，实现运营安全保障前移

运营方是轨道交通工程的最终用户。在轨道交通建设过程中运营方的及早介入，有利于运营方及时发现问题，与建设管理等单位共同研究解决，完善工程建设，从整体上提高轨道交通建设、运营水平，使工程建设和运营接管紧密衔接；有利于运营方全面深入掌握设施情况，特别是隐蔽工程的情况，做好投用后的使用管理和日常维护保养；有利于缩短交接和运营准备时间，使工程项目及时投运，发挥投资效益。

运营方提前介入工程建设环节，加强与线路的设计、建设单位沟通，把运营安全保障工作前移，对避免二次整改，节约投资，及早发现线路、设备采购存在的问题，确保新线投用后安全运营具有十分重要的意义。提前介入工程建设环节，需要从机制上加以完善，在内容上加以深化，由于提前介入涉及轨道交通的各个方面，要制定有关规定，使工作有章可循，规范运作。在轨道交通新线项目建议书编制阶段，运营企业确定后，应立即组织运营相关人员介入，并明确了介入的形式和不同阶段介入的内容，从而实现运营安全保障前移。

四 对我国城市轨道交通安全能力建设的建议

1. 必须牢固树立安全第一的指导思想

城市轨道交通系统一般都处在地下或高架桥上的半封闭空间里、环境封闭、空间狭小、人员和设备高度密集、一旦发生灾害等破坏，人员疏散和救援困难，处置不当将产生巨大的人身和财产损失，对社会经济和生活造成重大影响，破坏和影响人们对生活信心。正是由于城市轨道交通灾害的特殊性，建立安全评估体制、提高轨道交通系统抵抗重大事故和灾害的能力、确保轨道交通的安全，包括城市轨道交通设计安全、建设安全和运营安全，安全已成为城市轨道交通建设和运营的核心内容。

2. 建立风险分析的安全理念

以城市轨道交通安全标准为依据，以 RAMS 风险分析理论和方法为基础，与独立第三方安全评估机制相结合，构成了城市轨道交通安全的新理念。利用风险识别、风险分析和降低风险措施的研究方法，可以防止和减少事故的发生，降低事故带来的损害程度。不但可以保证产品设备的安全，还可以在城市轨道交通全寿命周期范围内，保证轨道交通系统的安全。

3. 建立城市轨道交通事故报告制度

目前，国内城市轨道交通建设正处在快速发展阶段，由于发展速度快，一些城市几条线路同时在施工，出现边设计、边施工的现象，一些城市提出赶进度、赶工期的不切实际的要求，加之，前期调查研究不足等原因，国内轨道交通施工和运营事故时有发生，为了更好地了解事故发生情况、严重程度、事故原因、修复改正处理情况等，应建立事故报告

制度,不应出现瞒报、少报、谎报等现象,以便上级主管部门及时了解城市轨道交通事故的情况。

4.组建城市轨道交通事故调查委员会

城市轨道交通事故调查委员会的组建、成员的组织、职权的行使,任期、行为的规范,事故的调查等应以法律法规予以确定。

5.建立独立第三方安全评价体制

为确保城市轨道交通在全寿命周期范围内安全,应建立城市轨道交通安全的外部监督机制,根据国外安全方面经验,应建立适合中国国情的独立第三方安全评价体制,利用安全评价消除安全隐患,确保城市轨道交通产品安全、城市轨道交通各阶段、各子系统的安全,轨道交通设计、施工和运营全过程的安全。

6.制定城市轨道交通安全标准

尽快组织有实力单位组成产学研联合体,开发城市轨道交通不同阶段安全标准的编制工作,也包括不同事故和灾害的标准,如防火标准、耐震标准、反恐怖袭击标准等,以达到设计安全、施工安全和运营安全的目的。

7.强化城市轨道交通安全基础研究

在城市轨道重大事故和灾害调研基础上,研究不同事故和灾害发生原因、产生机理、损害特征和救援方法。城市轨道交通在不同事故和灾害下,设计原则和防灾标准,特别是轨道交通最易发生、损害最大的火灾、地震、水害、大风等重大事故和灾害,轨道交通应具备抗风险及重大事故的能力、防止和减少危害、有害因素的措施和方法。

8.加快城市轨道交通安全救援产品和设备研发

为给城市居民提供安全、安心的出行乘车条件,城市轨道交通还应在事故灾害调查基础上,开发研制在重大事故和灾害发生时,救援设备和设施、救援通信、信息传递、人员疏散和救援设备与工具、在灾害、地震、爆炸、毒气和生化袭击情况下,城市轨道交通管理人员及乘客的个人防护设备的开发研制,都需加强。

【学生讲坛】
试述轨道交通运营安全面临的主要问题。

【知识测试】
轨道交通运营安全面临的主要问题。

【技能训练】

模拟管理:分析运营安全存在的问题

实训目标:
1.增强对安全生产的理解。
2.初步掌握运营安全与生产管理的关系。

实训内容与方法:
1.以学习小组为单位,选定某运营企业,找出企业运营安全的特点,分析生产中存在的问题。
2.学习小组在班级进行交流与研讨。

标准与评估:

1.标准:能正确运用安全与生产的关系,结合运营企业特点及要求,正确分析运营安全存在的问题。

2.评估:学习小组写出评价总结,根据研讨会上表现评定成绩。

项目二 城市轨道交通运营安全管理

【项目导入】

安全为了生产,生产必须安全。城市轨道交通运营生产的特点是以列车为载体输送乘客,因此要围绕乘客、列车安排生产。而完成运营任务需要不同部门、若干岗位人员协调配合。要保证列车运行安全,必须控制影响安全的主要因素。根据各项作业特点,建立健全安全保障体系,对照标准,认真落实作业程序,发现问题、分析原因、及时调整。各个岗位建立卡控制度,实现安全生产。

【知识目标】

1. 了解运营安全的影响因素。
2. 掌握运营人员作业过程安全管理要求。
3. 掌握运营设备运用与维护安全管理要求。
4. 掌握运营环境安全管理要求。
5. 掌握运营企业管理安全管理要求。

【能力目标】

1. 具备分析城市轨道交通安全影响因素的能力。
2. 具备现场作业的控制能力。
3. 具备运用行车、客运设备,分析、解决问题的能力。

【素质目标】

1. 培养学生的社会责任感。
2. 培养学生规范操作,遵章守纪意识。
3. 培养学生安全第一、敬畏生命意识。
4. 培养学生的认真、负责、严谨的工作态度。
5. 培养学生重视"生态安全建设",爱护环境、敬畏自然的意识。

任务一 城市轨道交通运营安全影响因素分析

> 迨天之未阴雨,彻彼桑土,绸缪牖户。
>
> ——《诗经》

【案例 2-1】 错漏送电事件

事件经过:某日 16 时 33 分,某城市地铁车辆段 115 号车组准备出段,当值司机在段内 D7 附近发现车无牵引,而停车,经检查车辆无异常,而是接触轨无电,马上向行车调度员报告,行调通知司机联系信号楼值班员;16 时 34 分,段信号楼申请段内接触轨送电;16 时 35 分,行调联系段信号楼值班员确认 115 号车组情况后再申请送电;16 时 38 分,行调与段信号楼值班员确认是否具备送电条件,回复已具备;16 时 39 分,行调向电调申请段内接触轨送电;16 时 40 分,段内接触轨送电完毕;16 时 41 分,115 号车组开始正常出段。导致 115 号车组晚点进入正线。

原因分析:值班员许某在办理送电作业时记录填写错误,在后续办理列车出段作业时误以为已经对应送电区域送上电,导致出现漏送电区域,影响列车出段作业,造成本次事件发生

整改措施:

(1)停送电作业时,应严格执行一人操作一人监护的原则。作业人员之间做好相互确认。

(2)遵循"四不放过"原则,做好对事故责任者和相关人员的教育,提高员工责任意识。

【案例 2-2】　莫斯科地铁爆炸案

事件经过:莫斯科时间 2010 年 3 月 29 日早上,莫斯科地铁发生了震惊世界的地铁连环爆炸案。莫斯科时间 7 时 52 分(北京时间 11 时 52 分),一列地铁列车在行驶至莫斯科市中心的卢比扬卡地铁站时,第二节车厢突然发生爆炸,至少造成 25 人死亡,另有 10 多人受伤。42 分钟之后,"文化公园"地铁站发生第 2 起爆炸事件。在第 2 起"文化公园"地铁站爆炸发生几分钟后,莫斯科地铁"和平大街"站发生又第 3 起爆炸事故。整个爆炸事件导致 40 人死亡,近百人受伤。

原因分析:俄罗斯警方确认为暴力极端主义和恐怖主义袭击事件。

事件延伸:世界许多城市地铁遭受暴力极端主义和恐怖主义袭击。

(1)1995 年 3 月 20 日早上,东京地铁里遭到沙林毒气的袭击,最终有 12 人死亡,5000 多名乘客不同程度受伤,地铁交通系统随即停运。

(2)2005 年 7 月 7 日早上,伦敦最繁华的国王十字车站—圣潘克拉斯地铁站,忽然间,第 3 节车厢里砰然一声巨响,随即浓烟密布,车厢里到处都是惊恐万分、头破血流的乘客。几分钟后,另一枚炸弹在刚离开埃其维尔路站的 216 次地铁上爆炸。第三枚炸弹在 311 次地铁离开国王十字车站 1 分钟后爆炸。3 枚炸弹总共造成了 43 名地铁乘客不幸遇难(包含 3 名袭击者),上百人受伤。

(3)2011 年 4 月 11 日,白俄罗斯的首都明斯克市奥克佳布里斯卡娅地铁站,发生了一起地铁爆炸案,共造成 15 人死亡、近 200 人受伤。

(4)2016 年 3 月 22 日,布鲁塞尔欧盟总部附近地铁站发生爆炸。比利时官方确认爆炸是自杀式恐怖袭击,地铁站爆炸则有至少 20 人遇难,另有 106 人受伤。袭击爆炸现场图示如图 2-1 所示。

a)　　　　　　　　　b)　　　　　　　　　c)

图 2-1　地铁爆炸现场

【学生分析与决策】

1.通过对两个案例的分析,你认为是什么原因造成事件的发生?

2.你知道影响运营安全的因素有哪些?

【知识研修】

随着地铁网络化迅猛发展,地铁运营难度日益增加,地铁安全事故问题日益凸显,影响地铁安全因素越趋多样化、复杂化、高危化。根据系统论创始人贝塔兰菲的观点,系统是相互关联并与环境相互联系的要素的集合。从系统论的观点出发,将与运营安全有关的因素划分为四类:人、设备、环境、管理(图2-2)。

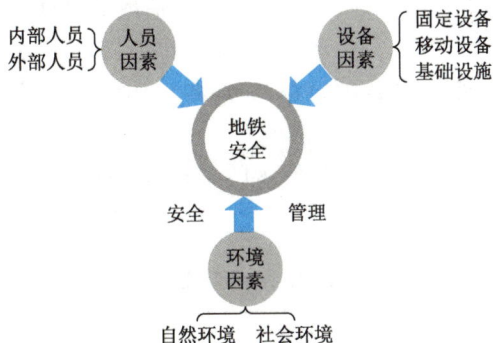

图2-2 安全影响因素

城市轨道交通系统发展不仅需要大批专业技术型人才,也需要高度自动化机械设备,更需要构建"人机环境和谐""人机环境和谐"即是在设计人机系统时,把人和机器作为一个整体来考虑,合理地或最优地分配人和机器的功能,保证系统在环境变动情况下仍能达到要求的目标。为了取得人机系统的最佳效果,必须从人和机器两个方面入手:一是要求机器的设计和安装要"适宜于人",即"机宜人";二是要求人的行为要"适应于机",即"人适机"。所谓"机宜人",是指机器设备在设计、安装和使用过程中,要始终贯穿"以人为本"的安全理念,把人的生命安全和身体健康放在首位,使机器设备的各项技术指标和运行性能适宜人的操作。

城市轨道交通运营系统中"人"分为两部分,一是参与企业运营主体的员工,二是参与运营全过程且多的自助式服务的乘客群。"机"是人在运营中所控制的设备,包括固定设备和移动设备。"环境"是指人与设备在运营中共处的特定工作条件,包括内部环境与外部环境。实现运营安全必须以"管理"作为控制手段,协调人、设备、环境之间的相互关系,并通过反馈作用将系统状态的信息反馈给管理系统,从而改进安全管理方法,最终得到更为安全的系统。

子任务一 单因素影响分析

从系统的观点研究影响城市轨道交通运营安全的因素主要包括:人员因素、设备因素、环境因素、管理因素。

一 人员因素影响分析

(一)人在保障运营安全方面的重要性

在安全问题中,人既是影响安全一种因素,又是防护对象。人是矛盾的主要方面,因

59

为即使是高度自动化的系统也不可能完全避免人的介入，不可能完全不受人的操纵和控制；设备必须由人来设计、制造、使用和维护，即使是技术状态良好的安全设备，也只有通过人的正确使用，才能发挥它的保安全的作用。

绝大多数事件的发生均与人的不安全行为有关。据统计，交通事故起因于人的差错的占80%以上；电力安全分析显示，80%的事故关键性因素为人的影响；机动设备事故中，由于人员单因素引发的事故占60%左右；矿山事故中，由于人员因素而造成的事故占85%以上；城市轨道交通运营事件中，由于人员因素造成的事件占90%以上。

在城市轨道交通运营工作的每个环节、每项工作中，都是由人来参与并处于主导地位的，由人来操纵、控制、监控、调遣各项设备，完成各项作业，与环境信息交流，与其他作业协调一致。

城市轨道交通运营过程中导致事件发生的主要原因为指挥不当、缺乏警惕和设备维护欠妥等。

（二）影响城市轨道交通运营安全的人员分类

1. 城市轨道交通运营作业人员

城市轨道交通运营单位作业人员一般包括：驾乘人员、行车调度人员、设备抢修调度人员、电力环控调度人员、行车值班人员、设备维护检修人员、设施检修人员、客运服务人员、安全质量监察人员和各级管理人员。

某城市地铁运营5年来，因作业人员操作不当或工作过程不到位导致的运营生产事件占事件总数的80%以上，其中驾乘人员因素诱发的占80%左右，调度人员诱发的占7%左右，行车值班人员诱发的占6%左右，维修人员诱发的占5%左右，另外因管理人员疏忽所致的事件也占1%以上。而驾乘人员因素诱发事件中90%以上是由于信号确认不到位。

对城市轨道交通运营安全影响较大的作业人群主要为与城市轨道交通运营业务密切相关的管理岗位人员等。影响城市轨道交通运营安全的关键运营作业人员包括：领导决策与监督者（生产指挥人员）、一线操作职工（基层作业人员）、安全质量监督人员和应急处置人员等。

2. 城市轨道交通运营系统外部人员

影响城市轨道交通运营安全的关键系统外部人员包括：周围居民、乘客及相关市民等。

案例1：2000年国内某城市轻轨封锁栅栏被市民破坏，形成一条人行穿越捷径，导致在运营过程中发生了人身伤亡事故。

案例2：2003年韩国大邱地铁发生特大火灾事件，主要原因为乘客携带易燃物品，不遵守城市轨道交通有关规定和乘客守则。

案例3：2005年国内某城市地铁在段内平交道口与员工自驾小轿车发生侧撞，造成道口事故。

从近年来城市轨道交通运营安全事故致因可见，主要体现在不遵守乘车守则（主要表现在携带危险品、乱动设备设施、自杀等）、人为故意破坏（主要表现有恐怖袭击、蓄意破坏、偷盗等）、无应急技能或应急技能低（主要表现在发生突发事件时不能自救、不能在工作人员指引下沉着冷静、紧张有序的疏散等)等几个方面。

(三)运营安全对系统内部人员的素质要求

城市轨道交通运营安全人员的素质与运营安全密切相关。上述人员的安全素质主要包括:文化素质、思想素质、业务素质、技术素质、心理素质、生理素质和群体素质等,不同工作岗位、不同人员的安全素质其对安全的影响程度不同。

1. 文化素质

文化素质主要包括学历、学习能力、表达能力、安全知识等。学历较低是影响操作人员的工作安全的关键要素,文化素质较差导致操作人员对操作手册理解和故障分析能力不够,不能及时有效地避免事件的发生或在事件发生后不能采取有效的救助措施,导致事态扩大,安全知识的不够是一个企业"大船长"远航途的暗礁。

2. 思想素质

思想素质包括职业道德、劳动纪律、安全观念等。安全思想素质不够,责任心不强,是导致"三违(违反劳动纪律、违反操作规程和违章指挥)"等不安全行为的重要因素,特别是生产指挥人员的安全意识不到位,"先保安全,再保运营"的思想意识树立不牢,往往会大大制约着一个企业的安全状况。

3. 业务素质

业务素质主要包括业务知识、基本操作能力、应急抢修能力和紧急应变能力等。打好日常基础,做好日常维护,夯实每一步骤是保证城市轨道交通运营安全的坚实支柱,也是预防运营事件的前提条件。况且,由于城市轨道交通运营作业经常可能面临各种意外状况,所以运营工作人员的紧急应变能力非常重要。对于安全质量监督人员而言,还应具备相应的安全管理和质量管理知识与能力。

4. 技术素质

技术素质主要包括专业设备研究能力、轨道交通运营经验和对设备故障先兆性高度敏锐的洞察能力等。城市轨道交通设备运营时间内,一般情况下不能进行维护和检修,由于设备需要检修,时间又长,夜间检修一般交叉作业较多,所以必须有较强的技术能力和运营经验,才能对设备设施做好高质量、高效能的维护,才能既保证运营成本,又保障运营安全。

5. 心理素质

心理素质是指影响运营安全的人的心理过程及个性心理特征。主要包括个体的气质、能力、性格、情绪、需要、动机、态度、爱好、兴趣和意志等各个方面。例如,在气质方面,胆汁质的人往往容易冲动,表现为性急而粗心,多血质的人注意力容易转移,缺乏耐性,都可能成为引发事件的条件;黏液质的人表现为稳定、细心、工作有持久性,比较适合于在安全、质量监督和要害部门工作。在性格方面,表现为勤劳、认真、细致、具有自信心和控制能力的人,以及富有稳定和持久的情绪特征的人,都有利于做好各项安全工作。因此,正确判断工作人员的气质,培养良好的性格和心理特征,是保障运营安全的重要前提。

6. 生理素质

生理素质是指影响运营安全的人体生命活动,包括身体条件及生理状况。主要有年龄、性别、记忆力、体力、耐力、血型、视力、视觉（色觉、形觉、光觉）、听觉、动作反应时间和疲劳强度等均与城市轨道交通运营安全有十分密切的关系。例如：客车驾乘人员的视觉功能障碍，不能准确瞭望，极易发生行车事件。再如，驾乘人员年龄与行车事件之间构成一种浴盆曲线，如图2-3所示，容易受到外界人为因素的干扰。年长者由于生理机能不断衰退、体力减退、力不从心，所以发生事故往往在所难免。

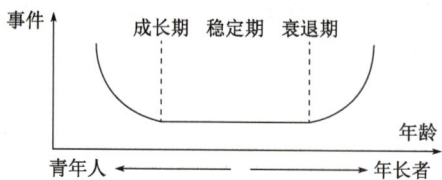
图2-3 年龄与事件关系图

通过对城市轨道交通运营事件案例分析研究表明：运营操作人员必须具备良好的职业生理和心理条件，才能保障正常运营和意外情况下防止事件发生。

7.群体素质

群体是个体的集合，群体素质是指影响城市轨道交通运营安全的群体特征，包括群体目标、群体凝聚力、群体的信息沟通、群体的人际关系等。由于城市轨道交通运营工作要求多工种协同动作，涉及多个环节，因而它对于运营系统内部门与部门之间、部门内人员之间以及同一作业的不同操作者之间的协调性要求很高，这就使群体的作用变得十分突出。群体对运营安全的影响，主要表现在群体意志影响其成员的行为。包括：

（1）社会从众作用。个体在群体中，往往不知不觉地受到影响与压力，表现出与群体内多数人的知觉、判断和行为相一致的现象，即从众现象。社会从众作用表现在运营安全上具有正反两方面的意义。在一个遵章守纪的群体中，个别惯于冒险作业的人会感到群体的压力而改为安全作业。相反，如果是在一个不重视安全的群体里，少数一贯遵章守纪的人也会顺从群体的错误行为。

（2）群体助长作用。一方面，群体的存在可以起到满足个体心理需求、增加勇气和信心的作用；另一方面，群体成员在一起工作，有助于消除单调和疲劳，激发工作动力，使工作效率得以提高。但是，对于某些脑力劳动，特别是创造性的思维活动，多数人在一起工作，反而会使注意力不集中，降低工作效率。

（3）群体规范作用。群体成员在彼此相互作用的条件下，会发生一种类化现象，个体差异会明显缩小。规范作用的强弱取决于群体意识的强弱。在安全意识较强的群体里，成员大多能保持安全的操作行为。与此相反，在安全意识薄弱的群体里，成员们为了抢时间、省力气、突击完成任务，往往倾向于不安全行为。对于这样的群体，必须密切注意，加强管理。

（四）运营安全对系统外人员的安全素质要求

运营系统外人员不直接从事城市轨道交通运营生产活动，因此，对他们的安全素质要求主要体现在要严格遵守城市轨道交通相关运营管理规定和乘客守则，具备城市轨道交通运营安全法律法规和相关要求知识，具有较强的安全意识和一定的安全技能、逃生技能。

系统内部人员和系统外人员素质要求如图2-4所示。

（五）事件人员因素分类

人员因素是指由于人的不安全行为、不安全行动导致事件的发生，事件人员因素影响见表2-1。

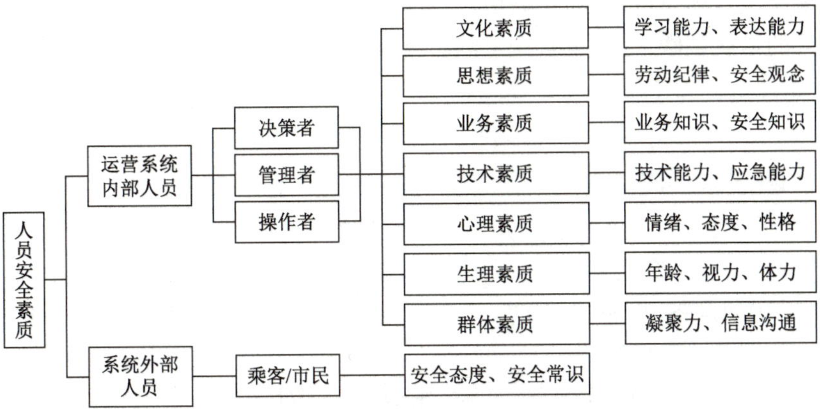

图 2-4　不同工作岗位、不同人员的不同素质其影响要素图

事件人员因素影响分类　　　　　　　　　　表 2-1

分类号		分类项目	说明
不按规定方法操作	011	不按规定的方法使用机械、装置等	除去 013 的内容
	012	使用有毛病的机械、工具、用具等	标有缺陷的或缺陷明显的
	013	错误选择机械、装置、工具、用具等	用错工具
	014	离开运转着的设备等	
	015	设备超速运转	
	016	送料或加料过快	
	017	车辆运行超速	
	018	车辆违章驾驶	除去 017 的内容
	019	其他	
无安全措施	021	不防止意外危险	如开关、阀门上锁等
	022	不防止机械装置突然开动	
	023	没有看信号行车	
	024	没有信号就移动或放开物件	
	025	未确认进路、道岔位置、开关/按钮等	
	026	其他	
不安全行为	031	用手代替工具	
	032	未进行安全确认进入下一个动作	
	033	从中间、底层抽取货物等	
	034	用扔代替传递方式	
	035	抢上抢下	
	036	其他	
4		其他人的不安全行为、不安全行动等	

二　设备因素影响分析

城市轨道交通运营设备设施是除人员因素外,影响运营安全的另一个重要因素。运

营设备设施质量好坏，直接关系到城市轨道交通运营安全与否。质量良好的设备设施既是运营生产的物质基础，也是运营安全的重要保障。

（一）与运营安全有关的设备类型

1. 运营基础设备设施

（1）基础固定设备：线路（轨道、道床、道砟、轨枕等）、信号设备（信号灯、联锁设备、闭塞设备等）、通信设备（基站、固定台、计算机系统等）。

（2）基础移动设备：机车（电力客车、工程车、轨道车等）、车辆（客车、工程车）、通信设备（手持台、车载对讲机等）。

（3）基础设施：路基、桥梁、隧道、车站、车辆段、停车场等。

2. 运营安全设备

（1）消防设备：消防水系统、防排烟系统、灭火器设备等。

（2）预警设备：塌方落石报警设备、地震报警系统等。

（3）监控设备：对人员行动进行监督的设备，防止在实际运营生产作业过程中由于人的精力和体力出现不适应而造成行车事件、客运事件等，如闭路电视监控系统（CCTV）。

（4）报警设备：周界报警设备、FAS 系统、EMCS 系统等。

（5）救援设备：车辆起复设备、故障排除设备、灭火救援设备、逃生系统等。

（6）其他设备：道口挡车器、道口警笛、通用安全管理设备等。

（二）运营安全对设备设施的要求

设备既是影响安全的因素，又是保障安全的物质基础。列车安全运行的基础条件是要求各种运营设备必须处于安全状态。良好的运营设备是保证安全生产的重要条件，因此，设备的管理、使用、维护的相关部门必须采用先进的检测手段，及时发现设备设施隐患，建立维修维护管理信息管理系统，不断提高设备的质量。按照设备管理控制体系的要求，正确使用设备，科学地进行设备管理工作，提高设备完好率和运营保障力度。避免状态不良的设备投入运营，影响列车运行。

影响运营安全的设备因素主要指设备的安全性能，包括设备设计安全性、使用安全性、维护安全性等。

设计安全性为本质安全，即设备的 RAMS，即：可靠性（Reliability）、可用性（Availablity）、可维护性（Maintainability）和安全性（Safety）的简称。

（1）设备可靠性，即为零部件在给定条件下，在给定时间间隔内可能执行所要求功能的可能性。表示方式为在规定应用和环境内，系统所有可能的故障模式、每种故障出现的概率或频率、故障对系统功能的影响。

在设备整个寿命期过程中，设备本身的可靠性可以用倒扣浴盆曲线表示，如图 2-5 所示。从图中可以看出，运营初期设备在调试阶段时，可靠性较低（故障率较高），并随着调整而逐步提升，经过长期运作后，由于设备老化、零部件性能减退等因素，其可靠性又开始逐步下降。

（2）设备可维修性，是指设备易于维修的特性，即在规定条件下使用规定的程序和资源进行维修时，在给定时间内对给定使用状态下的零件可进行给定有效维护操作的可能性。表示方式为计划维修进行的时间,故障的检测、标识和位置确定的时间,故障系统恢复的时间(非计划性维修)。操作与维护表示方式为在设备系统寿命内所有可能的操作方式和所要求的维护。

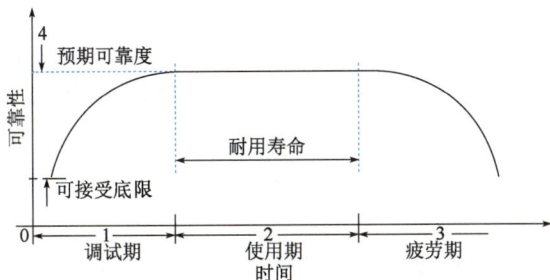

图 2-5　设备可靠性曲线

(3)设备可用性即可操作性,是指假定所需要的外部资源已经提供,在给定的瞬间或在给定的时间间隔内,处于某种状态的设备在给定条件下执行所要求功能的能力。安全性和可用性的要求是存在冲突的:安全性要求越高,可用性会越低,设备使用中安全性和可用性目标的实现,只能通过满足所有可靠性和可维修性要求,并控制正在进行的或长期的维修和操作活动及系统环境来达到,因此,无论从运营生产上,还是从运营安全上考虑,设备可靠性越高越好,设备使用人员应做到及时修理或更换。

(4)设备安全性则基于五个方面,第一是在所有操作、维修和环境模式下,系统内所有可能的危害;第二是以其后果的严重程度表示的每种危害的特性;第三是安全及与安全有关的故障;第四是与安全有关的系统部件的操作和维护;第五是系统的与安全有关的部件的操作和维护。

(三)设备管理的内容

再好再新的设备,管理不好照样会出事故。只有狠抓管理、加强维护工作,使设备处于良好的状态,才有可能避免重大的事故发生。提高设备本质安全,必须强化管理。

(1)坚持近期与远期相结合,做好设备安全投资规划。

城市轨道交通设备系统是一个庞大复杂的系统工程,必须坚持近期与长期相结合,在科学分析、调查研究的基础上,全面规划、正确决策、分清主次、掌握重点。全面检查已用设备,深入一线,找出隐患,掌握第一手资料,分析清楚设备安全隐患形成的原因和安全的危害程度,为安全投资规划提供准确的依据。根据财力、物力,区别轻重缓急,把重点放在以下几个方面:一是迅速消除危及列车安全的重大设备隐患,二是填补安全设施空白点,三是增设安全运营的控制、检测、事故预防及处理的装置和设备,四是加大列车修复能力。在投资决策上,要反复论证,防止主观臆断。要充分调动广大职工和各级组织的积极性,发挥多方面的积极性,严格控制资金,保证专款专用。

(2)合理使用设备,增强设备可操作性、安全性。

正确合理地使用设备,可以减轻设备磨损,使设备保持良好的工作性能和精度,延长设备的寿命,增强设备可操作性、安全性,为生产安全创造有利条件。

严格遵守设备使用说明,避免超性能、超范围、超负荷使用。严格遵守设备操作规程,精心养护、细心检修,确保设备处于良好运行状态。提高设备操作人员责任心和技术水平,使操作人员熟练掌握设备的结构、性能、功能等,掌握维护保养的技术知识,提高员工主人翁意识。

（3）狠抓设备维护,提高设备维修度,延长设备寿命。

设备维护主要指日常保养、维修和定期修整。日常工作中应按照操作规程合理使用设备,经常擦拭与润滑,习惯性检查与测试,及时调整与消除隐患,确保能够按照设备维修规程阈值正常使用。设备维护保养应坚持预防为主的原则,坚持检修与保养并重,做到"无病防病、有病根治"。维护与生产相统一,维护是为了保证生产和促进生产,生产必须有良好的设备。城市轨道交通运营过程中,在编制行车任务计划时,必须考虑设备设施维护与保养,必须给设备设施维护留下时间。

（4）采用先进的检测手段,及时发现设备设施隐患,建立维修维护管理信息系统,不断提高设备的质量。按照设备管理控制体系的要求,科学地进行设备管理工作,提高设备完好率和运营保障力度。

必要的安全设备设施和安全技术、新设备在防止事故或减免事故损失上起到第一位的作用。如列车安全技术设备——列车运行控制系统、列车车轴轴温探测系统、列车轮轴无损探伤设备等。工务安全技术设备——钢轨探伤车、轨道检测车、轨道打磨车等。灾害报警技术设备——消防报警设备、周界报警系统、环控通风系统等。

（四）设备因素事件分类

设备因素事件分类见表2-2。

设备因素事件分类 表2-2

分 类 号		分 类 名	说 明
设备本身的缺陷	011	设计不良	功能上的缺陷、强度不够、连接装置缺少等
	012	设备部件材料不合适	
	013	陈旧、疲劳、过期	
	014	出故障未维修	
	015	维修不良	
	016	其他	
安全装置的缺陷	021	没有安全防护装置	对设备本身危险而言,如屏蔽门
	022	安全防护装置不完善	对设备的危险而言,设计缺陷除外
	023	绝缘、接地设置不当	
	024	屏蔽设置不当	对辐射性而言
	025	间隔、标识的缺陷	对危险物而言,如隔离网、"禁止跳下站台"标识等
	026	其他	
防护用品（具）缺陷	包括安全帽、护目镜、面罩、手套、呼吸器具、听力护具、防护服、安全鞋等缺陷		
	031	个人防护用品（具）缺乏	如听力护具等
	032	防护用品（具）不良	
	033	使用品（具）指定信息缺失	没有指定使用安全鞋、禁止使用手套等
	034	其他	

三 运营环境的影响

城市轨道交通运营环境是指人、机共处的特定工作条件。在系统中的"环境"是对安全有重大影响的要素群,既包括作业环境、自然环境,又包括广义的社会环境(如生活、文化、经济、政治及治安等环境),其中有的以潜移默化的方式影响安全,有的则以雷霆万钧之势影响安全;有的属系统难以控制的影响因素(即外部大环境),有的则属于系统可控的影响因素(即内部小环境),而且环境影响安全可以说是无孔不入,但其影响既可能产生正效应,也可能产生负效应,对安全而言,系统可以发挥"管理"要素的中介转换功能,即通过改善可控的内部小环境来适应不可控的外部大环境,以强化其正效应或削弱其负效应,创造保障运营安全的良好条件,减少城市轨道交通运营灾害的发生。

环境既可能是安全的灾害因素,也可能是应予保护的社会财富。影响城市轨道交通运营安全的环境因素包括内部环境和外部环境两大部分。

1. 内部环境

对于一般微观的人—机—环境系统而言,内部环境通常是指作业环境,即作业场所人为形成的环境条件,包括周围的空间和一切生产设施所构成的人工环境。但是,城市轨道交通运营系统是一个非常庞杂的宏观大系统,它是系统硬件(运营基础设备、设施和运营安全技术设备等)、系统工作人员(城市轨道交通运营系统内的各级管理人员、工程技术人员、基层操作人员和后勤保障人员等)、组织机构(管理机构、运营组织机构、维护保障机构、后勤保障等)以及各城市经济因素(政治、经济、文化、法规等)等相互作用而构成的社会技术系统。

影响城市轨道交通运营安全的内部环境绝非仅是作业环境,它还包括通过管理所营造的运营系统内部的社会环境(即企业文化),即运营系统外部环境因素在运输系统内的反映,包括内部的政治、经济、文化、法规等环境。

2. 外部环境

影响运营安全的外部环境包括自然环境和社会环境。

城市轨道交通分地铁、轻轨、城际列车等,在运营期间可能遭遇台风、洪涝水淹、地震等自然灾害的侵袭。台风对城市轨道的建筑物有一定的影响,并且其破性极强;水灾可以造成积水回灌危害,建筑物受到岩土介质中地下水渗透浸泡危害,导致附属设备设施材质霉变,元器件受损失灵等,从而造成事故;同时应该对雷电防护设备设施进行检查,这方面造成运营设备损坏事件时也有发生;地质条件、地震灾害等所带来的损坏不言而喻。

台风对沿海城市的轨道交通特别是高架桥部分的破坏程度较高。例如2001年9月纳莉台风使台北地铁站内水流成河。

气候因素(风、雨、雷、电、雾、雪、冰等)、季节因素(春、夏、秋、冬)、时间因素(正常工作日、节假日)、地域因素(地面、隧道)等以及城市轨道交通沿线的地形地貌也都是城市轨道交通运营安全所不能忽视的。

地下铁道的车站和隧道包围在周围的地理介质中,地震发生时地下构筑物随围岩一起运动,与地面结构不同,围岩介质的嵌固改变了地下构筑物动力特征。一般认为地震对地下结构影响较小。但1995年阪神地震后,人们更加重视地下结构的地震设计。

任何事件的发生都是由外因和内因同时作用下产生的,近年来恐怖袭击、社会性自杀事件等已成为地铁安全的一个主题,所以其危害性也不言而喻。

影响运营环境安全的因素如图2-6所示。

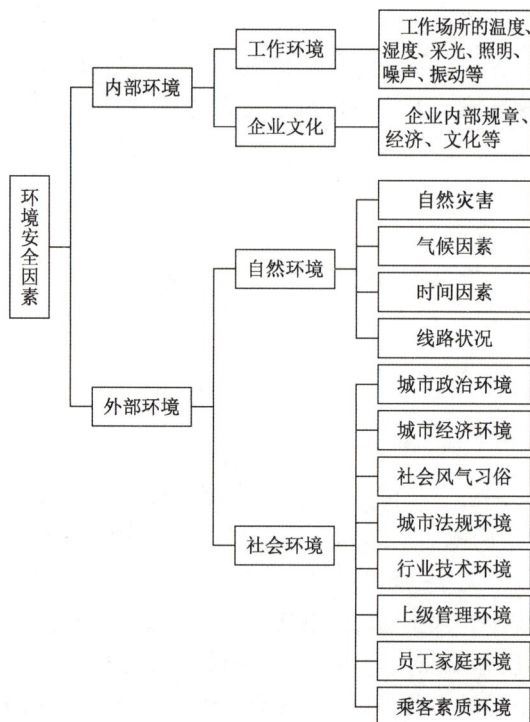

图2-6　运营安全环境因素图

四　运营企业管理的影响

如果运营安全管理上存在缺陷,同样会导致突发事件的发生。管理上的薄弱是我国现阶段在安全生产管理问题上的一个难题,目前从保障城市轨道交通安全运营的实际情况来看,轨道运营安全管理是确保运营安全的重要管理手段。

1. 企业管理因素安全重要性

城市轨道交通运营安全管理,就是使人、设备和环境组成一个能够有效实现预期目标的系统。虽然人、设备、环境往往是造成事故的直接原因,而管理因素看似是间接原因,但追根溯源却是本质上的原因,因为前者都是受后者支配的。

通过对人为因素、设备因素和环境因素事件的分析,可以发现造成城市轨道交通运营事件的关键因素,实际上是城市轨道交通运营组织安全管理波动和管理失误。

对各因素的分析有各自不同的侧重点。其中驾驶员操作、判断因素主要涉及人—机关系;调度员因素主要涉及人—环境关系;维修人员因素主要涉及人—机关系;对驾驶人员、维修人员、调度人员及城市轨道交通运营组织的管理则主要涉及人—人关系。这些关系的失调,是导致城市轨道交通运营事故的根源,只有从管理角度进行协调和控制,才能有效地防范城市轨道交通运营事故。

2. 运营安全中企业安全管理

城市轨道交通运营安全管理是为了有效减免运营事件及由运营事故所引起的人和物

的损失而进行的控制危险的一切活动。管理者根据安全生产的客观规律,对运营系统的人、财、物、信息等资源进行计划、组织、指挥、协调和控制,以达到减少或避免城市轨道交通运营事件的目的。

管理上的薄弱是我国现阶段在安全生产管理问题上的一个难题,地铁运营安全管理存在缺陷,必定会导致灾害性事件的发生。

3.影响运营安全的管理因素

安全管理为人员对操作人、设备、内外环境的监测和管理,对信息的管理,对整个系统的规划协调管理等。

城市轨道交通运营安全管理波动的主要成因:一是组织的外部影响因素变动,二是组织管理的内部原因。

(1)外部影响因素包括:社会环境、自然环境、组织发展战略、信息技术等。

(2)内部原因包括:一是人—人关系的失衡,二是人—机关系的失衡,三是人—环境关系的失衡。

(3)内部管理缺陷包括:作业组织不合理;责任不明确或责任制未建立;规章制度不健全或规章制度不落实;操作规程不健全或操作程序不明确;无证经营或违法生产经营;未进行必要安全教育或教育培训不够;机构不健全或人员不符合要求;现场违章指挥或纵容违章作业;缺乏监督检查;事故隐患整改、监督不到位;违规审核验收、认证、许可;安全投入不够。

城市轨道交通运营风险预警分析结果表明,城市轨道交通运营最容易出现漏洞的安全管理环节依次为行车安全管理、高层安全管理决策、信息安全管理、安全监察等。

对基层车站、停车场、车辆段及维修基地等的风险分析表明,基层最容易出现漏洞的安全管理环节依次为对重点岗位人员的安全监督、乘客安全检查、信息安全管理、站段设施管理和轨道安全管理等。

4.城市轨道交通运营安全管理失误的成因分析

(1)安全管理主体的素质缺陷

安全意识不强;管理人员素质不高;管理人员科学知识和综合管理能力不够;安全管理体系的内在缺陷;管理体制不合理;系统内部关系不顺;组织结构设计不当、机构重叠、功能缺陷、管理流程不当等。

(2)企业组织气氛的影响

组织气氛的基本类型见表2-3。

组织气氛的基本类型 表2-3

健 康 型	病 态 型	消 极 型
积极寻求信息	隐瞒信息	信息可能被忽视
培训信息发现者	信息发现者被打击	信息发现者被默认
分担责任	推诿责任	隐瞒责任
问题的处理被奖励	问题的发现被制止	能处理问题但不鼓励
问题会受到调查	问题被掩盖	问题可能不会受到追究
新观点受到欢迎	新观点被压制	新观点引出问题

5.企业管理因素事件分类

企业安全管理致因图如图2-7所示。

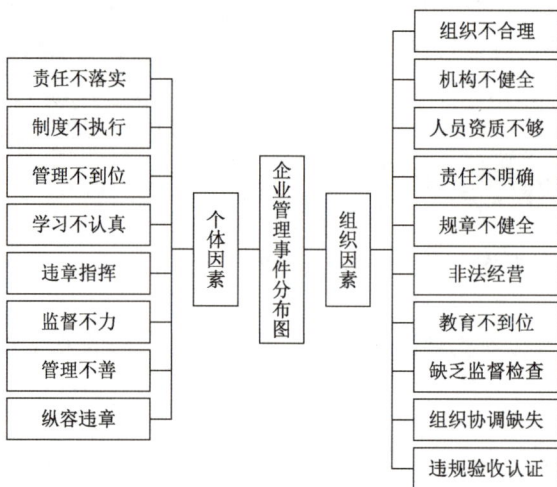

图 2-7　企业安全管理致因图

6.影响运营安全管理因素

安全管理因素如图 2-8 所示。

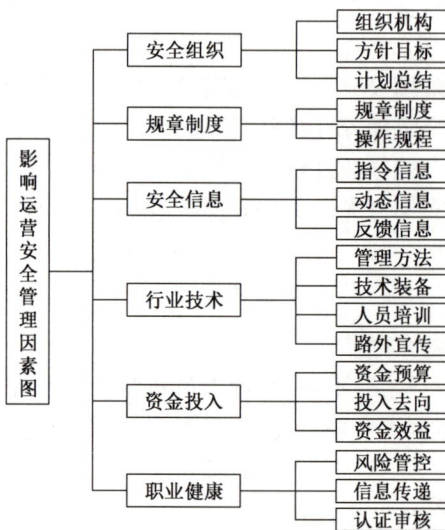

图 2-8　安全管理因素

【研讨与质疑】

1.你认为单一因素的能保证实现运营安全吗？各种因素之间有什么关系吗？

2.试用一种因素的控制研究运营安全保障措施？

3.如何充分利用企业安全管理措施保障安全？

子任务二　多因素影响分析

任何事故的发生，有其单一因素的直接关系。但就城市轨道运营作业的特点，各个因素之间相互作用、相互交叉，缺一不可。因此研究城市轨道运营安全问题就必须了解人—机结合，人—机—环结合，人—机—环—管理结合所带来的影响。

一 人—机结合

动态性的作业特点,决定了轨道运营安全影响面广,每个工作环节必须紧密联系、协同动作,才能确保安全运营。如果一个部门、一个环节出了问题,都会影响旅客的安全。如果一个地点出了事故,就会影响一线,甚至波及整个运营生产。

运送旅客是一个复杂的生产过程。完成旅客输送要经过售票、进站、候车、列车运行、下车、出站等一系列工序,要求各部门有关工种的人员参与,共同劳动才能实现旅客的位移,将其运送到目的地。因此安全生产贯穿运营生产的始终,涉及生产环节中的每一个环节、每一个设备、每一个人。

在作业中要求有关人员特别注意人—机协调配合,只有人员正确使用设备,才能确保作业环节无缝衔接、作业程序准确无误,列车运行要求安全、正点。

二 人—机—环境结合

城市轨道交通运营处于自然灾害和空间有限性的环境中。由于城市轨道交通系统有很大一部分处在地下或高架线路上,其环境封闭、人员密集和资产集中等特性所带来的安全隐患不断暴露。地下线路空间狭小,通风排烟设备布设困难、疏散逃生受到极大限制,特别是发生火灾、爆炸事故时,不易逃生,救援活动难以展开。城市轨道交通人员流量很大,疏散道路狭窄,数量有限,发生事故后,局面难以控制,往往会造成重大损失和影响。所以近年来恐怖组织、邪教和对社会不满分子常常把城市轨道交通系统作为攻击目标。

城市轨道交通是城市客运交通的大动脉,是城市的生命线。其灾害破坏可以导致城市和区域经济与社会功能的瘫痪,因此,轨道交通的防灾尤为重要。地下工程主要有火灾、爆炸、地下水、施工事故、公用设施事故等。虽然各类灾害表现形式不同,其共同的特点是空间分布有限性、潜在性、突发性、发生灾害的时间、空间及强度的随机性。运营部门应采用各种措施,确保营运期间的安全,一旦发生火灾或其他事故,应尽早发现,迅速扑灭或排除,使灾害事故造成的人员伤亡及经济损失减少到最低限度。可见城市轨道交通系统是人—机—环境结合三方面相互作用的、包含多种结构非常复杂的专业设备的客运系统。

三 人—机—环—管理结合

城市轨道交通系统是一个包含各种土建工程和车辆等各种机电设备系统,集车、机、工、电、检、运等多学科、多专业、多工种于一体的系统工程。显然,轨道交通系统的安全性即寓于其各子系统、分系统的可靠度、安全性之中。

城市轨道交通安全系统工程的研究对象是由人、设备、环境、管理所组成的系统。实际运营中,人、设备、环境、管理这四个子系统相互交叉又相互关联。人、设备、环境每个因素都可能存在不安全的状态,直接导致运营事故的发生。通过管理的手段和措施,规范人的行为、把控设备的性能、适应环境的变化,使运营工作规范有序。只有每个子系统都达到安全状态,才能保证实现整个运营系统的安全状态。因此,必须对其进行合理的组织管理才能充分发挥各自效能,最大限度地保障行车安全。

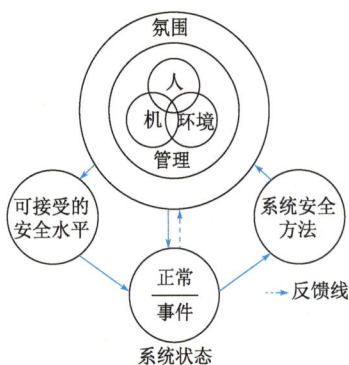

图2-9　运营安全影响因素关联图

【研讨与质疑】

你认为如何保证运营安全?

总体上看,城市轨道交通安全系统由"基础安全"和"运营安全"两部分组成。基础安全是指各种土建工程和设备系统的设计、施工的可靠性、安全性,达到安全要求,是城市轨道交通安全系统的物质基础、物质保证。运营安全是指运营管理和正确使用的物质基础。随着时间的推移和设备使用,"基础安全"可能出现一些缺欠,通过高效的运营管理和指挥,使其始终保持很好的安全状态,使各种运营设备的功能得到充分发挥,从而实现系统的安全目标和要求。

人、设备、环境、管理四要素的关联如图2-9所示。

子任务三　运营安全保障系统构成认知

一　城市轨道交通运营安全保障系统特征

城市轨道交通运营系统是一个在时间、空间上分布相对广泛开放的、又相对较为密闭的动态系统,城市轨道交通运营安全影响因素错综复杂,涉及面广。

城市轨道交通运营安全保障系统是指配置在运营系统上,起保障运营安全作用的所有方法和手段的综合,一方面要保障运营系统内人员和设备的安全性,另一方面要保证运营系统不会受到外部环境的威胁。

它是从构成运营系统的最基本元素出发,从事故的最根本原因着手。

充分体现安全是一项全员、全要素、全过程的活动。因为系统中的"人",是指作为工作主体的人,"机"是指人所控制的一切对象的总称,"环境"是指人、机共处的特定的工作条件,考虑了人、机、环境对安全的影响,尤其考虑了三者之间的相互作用,包括人—人、人—机、机—机、机—环以及人—机—环等。

以管理作为控制、协调手段,协调人、机、环境之间的相互关系,并通过反馈将系统状态的信息反馈给管理系统。

从本质上讲,城市轨道交通运营安全保障系统是一个以"管理"为中枢、以"人"为核心、以"机"为基础、以"环境"为条件组成的总体、以保障城市轨道交通运营安全为目的的人—机—环境系统。

城市轨道交通运营安全保障系统是对反馈控制和前馈控制的综合,即是一种前馈-反馈耦合控制系统。

二　城市轨道交通运营安全保障系统的组成

城市轨道交通运营的致灾因子包含在人、设备、环境、管理四大系统内部及其之间的相互作用、相互影响之中,如图2-10所示。

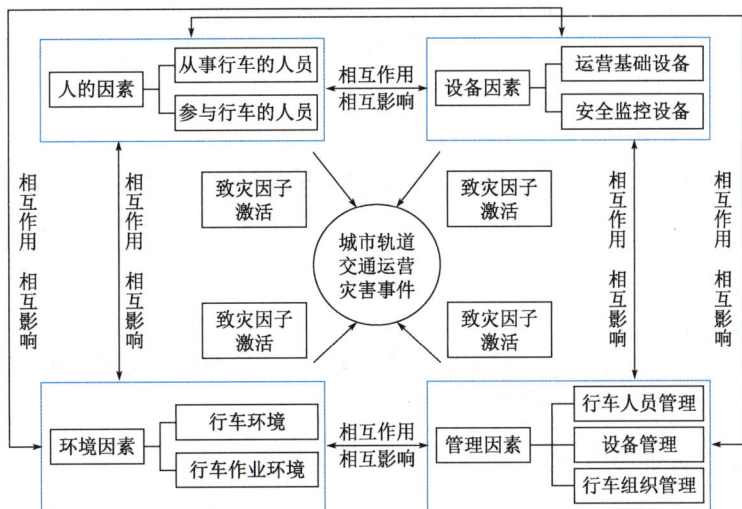

图 2-10 城市轨道交通运营致灾机理体系

四大要素的每一要素中的各内部因素亦表现为一定的结构和秩序,即内部因素构成一个小系统。

城市轨道交通运营致灾过程是结构化的,它由四大致灾要素构成,而四大要素又由各自的致灾因素组成,且这些致灾因素也是由更具体的致灾小因子构成的,且表现为稳定的互动关系。

对致灾因子及其相互关系的研究,可以揭示城市轨道交通运营事件的成因与发展过程,也可以摸索城市轨道交通运营安全保障组成。

从管理的对象和要素出发,可将城市轨道交通运营安全保障系统划分为不同层次的两个子系统:安全总体管理子系统和安全对象管理子系统。

(一)安全总体管理子系统

1. 安全组织

安全组织是安全管理的一个职能实体,所有安全保障措施的制定与落实均离不开组织的支持。安全组织管理的职能包括:制定安全管理的方针、政策和目标;分配责任和权限;提供决策沟通和协调配合;安全监察及整改;分析处置事故;其他组织工作。

2. 安全规章

建立健全安全规章的目的就是使人、机、环境的安全管理活动做到有章可循,有规可依,即起到规范人、机、环境安全管理的作用。其功能主要表现在:完善运营安全法规;建立健全规章制度;完善安全标准体系;监督与考核规章制度、作业标准的执行。

3. 安全信息

一切安全管理活动,都离不开安全信息的支持。安全信息管理子系统的功能包括:收集、记录、整理、传输、存储系统安全信息;提供系统安全分析工具、评价方法与决策支持;追踪先进安全科技与管理信息。

4. 安全技术

安全技术管理的内容包括对运营安全硬件技术设备的安全管理和对运营安全软技术

的研究、开发和利用。主要包括:安全分析、评价和管理方法的研究与应用;事故管理方法的研究与应用;各种安全作业方法、工艺过程的研究与应用;制订与完善安全技术规范及安全技术的研究与应用。

5. 安全宣教

城市轨道交通运营单位,为了避免种种危险,防止事故发生,必须通过各种形式和方法,加强对内、对外经常性的安全教育和宣传,从而促进安全相关行为或改进人的行为状态。

6. 安全投入

安全资金是做好运营安全管理必要的物质条件,其主要内容包括对保障运营安全资金的筹集、调拨、使用、结算、分配等。

(二)安全对象管理子系统

单独针对人员、设备、环境的安全管理称为安全对象管理,安全对象管理子系统细分为人员安全保障子系统、设备安全保障子系统和环境安全保障子系统。

1. 人员安全保障子系统

人员安全保障是指保障人员安全性的所有措施,即保障不因人的差错而导致事故或隐患。在排除设备和环境因素之后,人员安全保障包括提高人员安全素质和加强人员安全管理两部分。

提高人员安全素质的措施又可称作人员直接安全保障,提高人员安全素质最有效的途径即安全教育和培训,包括针对不同岗位职工进行的不同内容的安全教育培训和对影响运营安全的外部人员的安全宣传教育。加强人员安全管理的目的是防止因间接原因而产生人的差错,又叫作人员间接安全保障。包括加强安全劳动管理和加强行为管理。

2. 设备安全保障子系统

设备安全保障子系统包括设备安全设计:选用具有较高安全性(包括人机工程设计、可靠性、可维修性、先进性等)的设备;设备的保养、检修及更换:保障设备始终处于良好运行状态,对于超过服役期的设备要及时更换;设备及工作情况的检测和监控管理:有效获得各种设备安全性能的实时动态信息;设备的故障安全对策:保证故障发生后能够导向安全,不致产生非安全的连锁反应。

3. 环境安全保障子系统

根据影响运营安全的环境条件,环境安全保障子系统包括内部小环境和外部大环境,因此,环境安全保障子系统可细分为内部环境安全保障和外部环境安全保障两部分。

(1)内部环境安全保障。通过改善影响运营安全的内部环境,落实运营安全保障系统的重要内容,包括作业环境安全保障、内部企业环境安全保障。

(2)外部环境安全保障。外部环境即不可控环境,外部环境安全保障就是指为了淡化外部环境对运营安全的负面影响,强化其正面影响,而对运营系统进行调节的所有管理手段,包括自然环境安全保障、外部社会环境安全保障。

(三)城市轨道交通运营安全保障系统结构与内容

城市轨道交通运营安全保障系统的结构与内容见图2-11。

运营安全保障系统

安全总体管理子系统

- 安全组织：制定安全管理方针政策与目标，分配责任与权限，组织实施安全管理规划，提供决策沟通和协调配合，安全监督、检查及整改，分析处理事故等
- 安全规章：完善运营安全法规条例，建立健全安全规章制度，完善安全标准体系
- 安全信息：收集、记录、整理、传输、存储系统安全信息；提供系统安全分析工具、评价方法与决策支持；追踪先进的安全科技与管理信息
- 安全技术：安全分析、评价与管理方法的研究与应用，行车事故处置方法的研究与应用，各种安全作业方法、工艺过程的研究与应用，制定与完善安全规范及安全技术的研究与应用
- 安全宣教：完善各级、各类安全培训教育体系；建立健全促进安全行为的奖惩制度
- 安全投入：安全所需资金投入的筹集、调拨、使用、结算、分配等

安全对象管理子系统

- 人员安全
  - 人员直接：提高职工安全素质
  - 人员间接：加强安全劳动管理与行为管理等
- 设备安全
  - 保养检修更换
  - 安全设计：可操作性、可维修性、可靠性、先进性
  - 故障安全对策
- 环境安全
  - 内部环境
    - 作业环境：企业空间布置，温湿度与调节，采光照明设计，噪声与振动控制等
    - 企业环境：改善运营系统内部的政治、经济、文化、法规等环境条件
  - 外部环境
    - 自然环境：自然灾害的预测、预报，恶劣气候下安全作业方法的完善与落实
    - 社会环境：保障城市轨道沿线治安和站车秩序，适应社会的政治、经济等

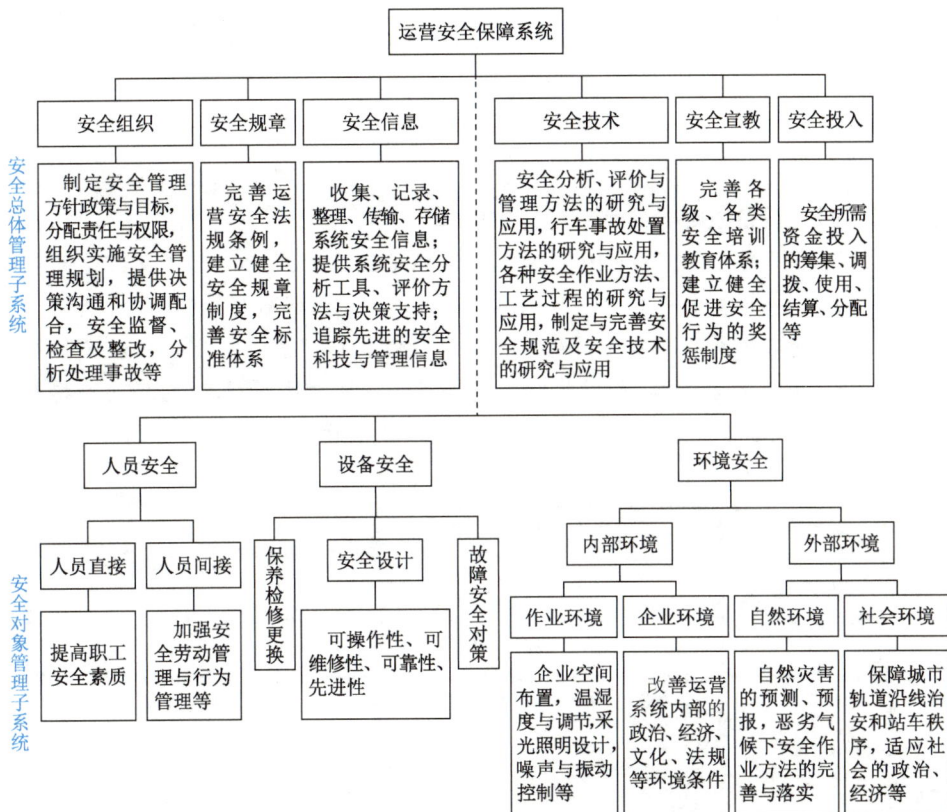

图 2-11　城市轨道交通运营安全保障系统结构与内容

【学生讲坛】

1. 试述影响运营安全的因素。

2. 举例说明运营安全保障的意义及措施。

【知识测试】

1. 运营安全的因素。

2. 运营安全保障系统的构成。

【技能训练】

模拟管理：制订安全保障项目方案

实训目标：

1. 增强对安全管理的理解。

2. 掌握运营安全保障系统构成。

实训内容与方法：

1. 以学习小组为单位，选定运营的某项作业过程内容，正确制定安全保障的项目与标准。

2. 所定方案必须体现运营安全的特点与要求。

3. 学习小组在班级进行交流与研讨。

标准与评估：

1. 标准：能正确运用安全因素，结合运营企业特点及要求，制订具有科学可行的方案。

2. 评估：学习小组写出评价总结，根据研讨会上表现评定成绩。

任务二　城市轨道交通运营人员安全管理

安不忘危,盛必虑衰。

——《汉书》

【案例2-3】　设备故障导致列车隧道内停车

事件经过:2012年11月某日19时19分,广州地铁8号线路列车从鹭江站开往客村站途中(图2-12),列车受电弓系统发生瞬间接地短路,产生烟雾及声响,列车临时停在距车站200m处的隧道区间。乘客在紧急情况下自行解锁车门进入隧道。地铁公司紧急安排工作人员进入隧道疏散乘客;同时临时中断鹭江——客村区间行车、启动公交接驳。隧道乘客疏散完毕后,事发列车启动,该线路全线逐步恢复运营。

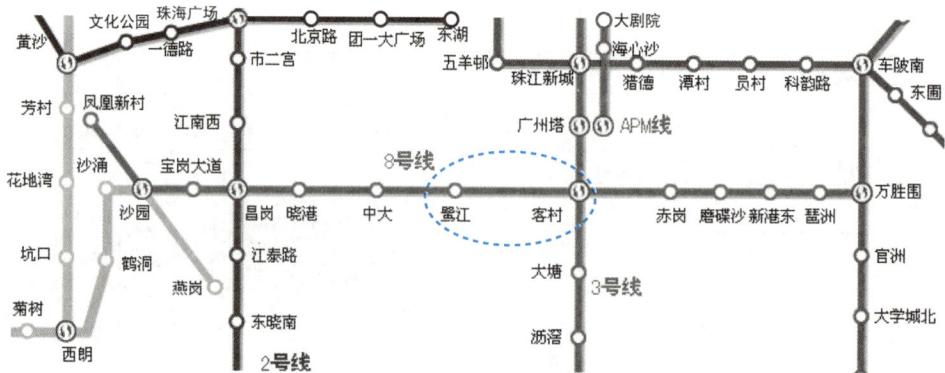

图2-12　发生事故线路图

此次事件导致该线路区段中断运营达46min。

原因分析:列车因车顶受电弓(电压1500V)发生故障,其部件与车顶发生接触短路。

整改措施:

(1)各专业小组严格执行设备检修维护规程,做好所管辖设备的巡查、维护工作,监控运行状态,确保设备运行可靠。

(2)各单位要严格执行公司突发事件信息通报流程,发现问题及时报告。

(3)车务、行车有关部门要深入细化现场处置方案,做好突发事件的先期处置。

(4)客运管理部门应不断完善公交接驳方案,确保紧急情况下乘客疏散快速、有序。

(5)不断梳理各部门所管辖设备的现状,对安全重点部位、重点环节进行全面排查,主要包括供电设备、设施、车内消防设备、设施、紧急逃生设备、逃生标志等,检查是否存在故障及其他安全隐患,发现问题立即整改。

【学生分析与决策】

1.你认为案例中事故的真正原因是什么?

2.你知道运营安全问题体现在哪些方面吗?

【知识研修】

运送旅客是城市轨道运营企业的基本任务。因此,实现列车安全、正点、不间断运行是轨道运营部门的责任。保证旅客旅行安全需要从组织列车运行和客运服务两个过程方面来保障。

行车组织是指调度员按照列车运行图指挥列车安全、正点地运行;客运组织是指车站客运人员根据客流量大小、天气情况等制订相应的方案,保证旅客在乘降及其运输全过程的安全。行车和客运岗位是保证旅客乘车安全、列车正点运行的关键岗位,具有高可靠性、高信任度的特点,调度员、行车值班员、驾驶员、客运服务人员及其救援抢险人员是城市轨道交通的关键岗位人员。驾驶员主要指城市轨道交通运营过程中的电客车驾驶人员,调度员主要指运营组织过程中的行车调度指挥人员,值班员主要指车站行车值班人员、车辆段/停车场信号楼值班人员等,站务员主要指车站售票厅、站厅巡视、站台巡视等岗位人员。

子任务一　行车组织过程安全管理

通常把列车的组织和运行工作统称为行车工作。行车工作是轨道交通运营系统的主要工作,也是最容易产生不安全因素的工作环节。城市轨道交通运营过程中所出现的大部分不安全现象都发生在行车工作中。因此,从某种程度上说,保证行车工作安全的同时,也就保证了城市轨道运营的安全。

行车安全一般是指城市轨道交通列车在运送乘客的过程中对行车人员、行车设备以及乘客产生重要和影响的安全。行车安全工作包括:行车调度安全、列车驾驶安全、车站作业安全、接发列车作业安全、调车作业安全等。

一　行车调度安全

城市轨道交通系统是一个大联动机,具有高度集中、统一指挥、各个工作环节紧密联系和协同动作的特点。城市轨道交通行车工作是一个由互相联系、互相影响的多部门、多单位所组成的完整的系统。在这个系统中,各部门、各单位、各工种间的紧密联系和协调一致对于保证行车安全和提高运输效率有着决定性的意义。行车调度(一般简称行调)是为适应城市轨道交通运输特点而设置的行车工作的统一指挥者,在保证行车安全的大系统中具有重要的地位和作用。

【案例 2-4】　调度员违规操作导致事故

事件经过:2011 年 9 月 27 日下午 2 时 37 分,上海地铁 10 号线豫园至老西门下行区间两列车发生追尾(图 2-13)。造成 295 人受伤,40 多人轻伤,无重伤,无死亡。事发后,由上海市安全生产监督局牵头成立事故调查组,展开调查分析。

原因分析:

(1)直接原因

①地铁行车调度员在未确定故障区间全部列车位置的情况下,违规发布电话闭塞命令。

②接车值班员在未严格确认区间是否空闲的情况下,违规同意发车站的电话闭塞

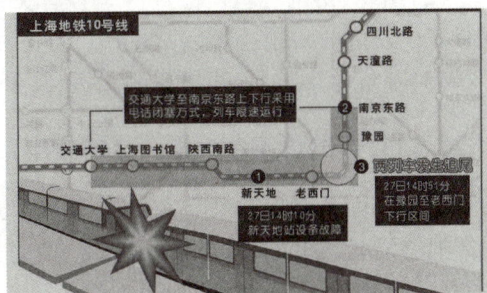

图 2-13　事故发生示意图

请求。

（2）间接原因

①维保中心供电公司在未进行风险识别、未采取针对防范措施情况下，签发停电作业工作票。

②上海自动化仪表股份有限公司电工在进行地铁10号线新天地站电缆孔洞封堵作业时，造成供电缺失，导致10号线新天地站信号失电。

从上述案例可以看出，城市轨道交通行车调度工作由调度控制中心实施，实行高度集中统一指挥，以使各个环节紧密配合，协调动作，保证列车安全、正点地运行。行车调度工作是城市轨道交通系统运营的核心，直接影响行车安全及运输质量。

（一）行车调度工作的基本任务及作用

1.行车调度工作的基本任务

（1）组织指挥各部门、各工种严格按照列车运行图工作。

（2）监控列车到达、出发及途中运行情况，确保列车运行秩序的正常。

（3）当列车运行秩序不正常时，及时采取措施，尽快恢复正常运行秩序。

（4）及时、准确地处理行车异常情况，防止行车事故的发生。

（5）随时掌握客流情况，及时调整列车运行方案。

（6）检查监督各行车部门执行运行图的情况，发布调度命令。

（7）当发生行车事故时，按规定程序及时向上级主管部门汇报，并采取措施防止事故扩大，积极参与组织救援工作。

2.行车调度在行车安全工作中的作用

行车调度贯彻集中领导、统一指挥的原则，组织协调行车有关各部门、各单位、各工种的工作，指挥和监督行车工作的全过程，保证行车工作均衡协调、安全准确地运行。

在日常运输工作中，行车调度负责编制日常运输工作计划，发布各种有关行车的调度命令，组织行车各部门协同动作，保证列车按列车运行图运行，实现日（班）计划规定的各项任务；负责监督和检查行车各部门执行运输工作日常计划和规章制度的情况以及列车运行情况，及时组织处理和排除各种危及或有可能危及行车安全的意外情况；遇发生行车事故或灾害而中断行车时，采取积极有效的措施，组织事故救援，迅速恢复行车，保证运输畅通。

概括起来说，行车调度在安全工作中的作用有以下几个方面：

（1）指挥行车人员完成各项行车作业，保证列车安全正点运行。

（2）组织、协调、监督、检查行车各有关部门的安全生产，纠正各种违章现象，及时处理行车中发生的问题，消除事故隐患，防止发生行车事故。

（3）在发生事故后，积极组织救援，减少事故损失。

（二）行车调度安全指挥工作的基本要求

调度指挥必须坚持安全生产，正确及时地指挥列车运行，防止因指挥不当造成事故隐患。遇突发紧急事件时，要冷静、正确、及时处理，必须提高业务水平，提高应变能力。

（1）城市轨道交通行车组织工作必须严格执行单一指挥的原则。

行车各有关部门必须服从所在区段行车调度的集中统一指挥，各级领导对列车运行的指示必须通过行车调度下达,坚决禁止令出多口或多头指挥,维护调度命令的严肃性和权威性。

(2)行车调度要具备较高的业务水平和紧急处理能力。

熟练掌握调度工作技术是做好安全指挥工作的基础。行车调度必须熟悉主要行车人员情况,掌握车辆、线路、设备等方面的知识,熟知各项规章制度和各种行车作业的程序,掌握与其他调度的工作衔接,掌握处理各种行车意外情况和行车事故的方法,做到调度指挥胸有成竹、沉着冷静。

(3)发布调度命令要正确、完整、清晰。

调度命令是城市轨道交通运输工作实行集中领导、统一指挥的具体体现和保证之一。具体要求如下:

①凡是指挥列车运行的命令和口头指示,只能由行车调度发布,有关行车人员必须坚决执行,不得违反。

②发布调度命令前应详细了解现场情况,听取有关人员意见。发布调度命令时应严格按行车相关规章办理,必须先拟后发,不得边拟边发。

③发布调度命令应按"一拟、二签、三发布、四复诵核对、五下达命令号码和时间"的程序办理。

④制定对常用的行车调度命令格式和用语的统一规定,使调度命令发布规范化、用语标准化,调度命令内容更加准确、简练、清晰、完整。

⑤发布调度命令时为确保命令传达准确无误,行车调度应指定其中一人复诵其口头命令内容,其他人核对,确保无误,书面调度命令须填写记录。

二 列车驾驶安全

列车驾驶安全是整个城市轨道交通行车安全工作的关键环节之一,是把好行车安全的最后一道关口。

【案例 2-5】 地铁司机被自己驾驶的列车撞伤

事件经过:2012 年 4 月 30 日上午 8 时 30 分左右,某地铁 2 号线一列车由油坊桥站开往经天路站,在南大仙林站正常上下客后,司机启动发出按钮,同时由于该站站台门有被挤开的信号,出于安全设计,系统未输出动力。当值司机随即下车检查异常,但瞬间站台门又迅速复位,列车启动。司机发现列车启动后,立即上车,但在上车过程中,未能站稳,跌落轨区,头部等部位摔伤(图 2-14)。

事发后,地铁运营控制中心启动救援预案,由接班司机担当该车驾驶员。车站工作人员拨打 120 急救电话,随后与保安等合力将受伤司机用救护车送往医院,救助及时,司机无生命危险。

原因分析:

(1)系统设计原因。当司机按下发车按钮时,由于收到站台门被挤开的信号,系统没有输出动力,列车未启动。当司机下车查看异常情况时,由于被挤开的站台门又瞬间复位,导致列车突然启动。

(2)司机原因。当值司机看到列车突然启动时,赶紧上车,在上车的过程中,由于缺乏安全意识,造成跌落轨道,头部重伤。

图 2-14　事故发生示意图

事件延伸: 北京日报报道:2015 年 9 月 21 日,北京地铁 13 号线列车司机廖明再次创下安全行车纪录,安全行车里程已达到 98 万 km,相当于绕地球赤道近 23 圈。对于安全,廖明一直秉承着"安全行车无小事"和"运营一分钟,安全六十秒"的理念,工作中严守规章制度,精神高度集中,未发生过一次安全事故;对于服务,他深知自己的岗位是北京地铁的窗口,一言一行都关注着北京地铁的形象,"文明执乘为乘客,安全位移保正点"是他始终坚守的服务信条,不仅从未发生过一起责任服务纠纷,还经常收到锦旗和表扬信。对于学习,廖明从不肯"吃老本",注重自身的学习和提高,坚持终身学习,不断谦虚求教,努力提高自身的业务技能。

(一)影响列车驾驶安全的主要因素

(1)行车纪律松弛、制度执行不严。纪律松弛,出乘标准化作业不落实,责任制贯彻不力,是影响安全行车的一大顽症。

(2)疲劳行车、带情绪开车。驾驶员睡眠不足和将受外界环境影响而产生的情绪带入运行作业中,会产生生理、心理的疲劳,从而精力不济、精神不集中,给安全行车带来隐患。

(3)业务素质不高。由于技术问题及缺乏经验,驾驶员业务水平不精,不能及时处理运行中的突发事件和故障。

(4)安全意识不强。驾驶员思想波动大、情绪不稳定、责任心不强、行车纪律观念淡薄、臆测行车是造成行车事故的重要原因。

(5)行车技术、设备不完善。行车设备老化,技术结构不合理,使之不能适应实际行车的需要。

(6)风、雪、雷、电等恶劣气候及环境的影响。风、雪、雷、电等恶劣天气对安全运行的影响是不可低估的。列车驾驶员对气候环境变化及对突发事件能否正确处置直接影响城市轨道交通运输的安全。

(7)安全管理及制度、规章的适用性存在缺陷。安全管理归根结底是对人的管理,而各项制度的健全和完善是行车安全的基础,是行车安全的依据,没有完整有效的制度与规定是制约安全行车的重要因素。

(二) 不安全因素的控制

从安全运行管理的角度分析,行车事故是各种不安全因素相互作用的结果。因此,对行车不安全因素的控制是行车安全的重要环节。

(1)加强对驾驶员的违章行为造成行车事故的管理与控制。许多行车事故案例表明,人的不安全行为是引起行车不安全的因素及行车事故的直接原因。因此,通过对列车驾驶员的教育、培训、考核、惩戒等方法,可使列车驾驶员对安全行车采取正确的态度。

(2)不断做好对列车驾驶员的技术业务培训。驾驶员的技术知识不足特别是安全行车知识的缺乏、没有经验是引起行车不安全的重要原因。通过加强安全行车知识和业务技术知识的学习,使驾驶员在技术和经验上得到提高,成为合格的操纵者。

(3)强化和改善对行车设备的管理。许多行车事故的发生都留下了行车设备技术状态不良的痕迹,因而应不断进行相关行车设备的技术改造,使行车设备功能符合运营要求。

(4)提高驾驶员适应环境变化与处置突发事件的应变能力。由于运行环境的变化和行车中产生的突发事件难以预测,因而提高驾驶员在发生意外事件时的应变能力是防止与减少行车事故的重要因素。应在不断学习的基础上,以各类预案和规定为依据,开展定期和不定期的讲解、演练、培训,以提高应变能力。

(三) 列车安全驾驶的基本规定

(1)列车驾驶员必须牢记"安全第一"的宗旨,严格按照安全制度、行车规则执行驾驶任务,驾驶列车时做到"三严格"。

①严格遵守各种规章制度,正确执行各种作业程序,确保列车运行安全。

②严格按照运营时刻表及信号显示行车,工作时严守岗位,不得擅自离岗。

③严格遵守动车前认真确认"行车三要素":进路、信号、道岔。

(2)列车驾驶员必须掌握列车(车辆)的基本构造、性能,具有一般的故障处理能力,熟悉城市轨道交通线路和站场等基本设施情况,包括必须明确驾驶区段、站场线路纵断面等情况。

(3)列车驾驶员必须掌握其他相关的业务知识并具有一定的应变能力。在列车的运行过程中,一般情况下只有驾驶员一个人值乘,而运行中的突发事件有着不可预测性,在事件的初期往往只有驾驶员能够最早发现,所以一名职业素质较好的驾驶员应该而且必须掌握有关事件初期的处理方法,使事件能够在初期阶段得到控制和处置,减小损失,稳定现场局面。

(4)列车驾驶员上岗值乘的必要条件。鉴于列车驾驶员在整个运行过程中的重要作用,城市轨道交通管理部门规定了列车驾驶员上岗值乘的必要条件。首先,驾驶员必须经过考试合格,并取得列车驾驶证后方准独立驾驶列车;其次,脱离驾驶岗位6个月以上,如需再驾驶列车必须对业务知识和安全运行知识等进行再培训,并且考核合格,对其纪律性和身体状况、心理状况由相关管理部门及有关领导做出鉴定。

(四) 列车驾驶作业安全准则

列车驾驶员的操作应在正常情况下确保"准确",在非正常情况下确保"安全",所有操作均动作紧凑、快速正确。列车驾驶作业包括调车作业、整备作业、正线作业、折返作业、站台作业等,具体的作业安全准则有以下内容:

1.调车作业安全准则

(1)设置铁鞋防溜时,不拿出铁鞋不动车。

(2)凭自身动力动车时,没有制动不动车。

(3)机车、车辆制动没有缓解不动车。

(4)调车作业目的不清不动车。

(5)调车作业没有联控不动车。

(6)没有信号或信号不清不动车。

(7)道岔开通不正确不动车。

(8)侵限、侵物不动车。

2.整备作业安全准则

(1)整备作业前必须了解列车停放位置及列车状态。

(2)检查列车走行部位时,必须确认列车已降下受电弓。

(3)严禁跨越地沟,进行车底检查时戴好安全帽,应注意空间位置,避免碰伤。

(4)受电弓升起后,严禁触摸电气带电部分、进行地沟检查及攀登车顶。

(5)检查列车时必须佩戴检查灯、一字旋具,并严格按要求整备列车,列车没有经过整备严禁动车。

(6)车库内动车前,必须确认地沟无人和两侧无侵限物后方可动车。

3.列车运行安全准则

(1)驾驶员在取得驾驶员驾驶证并经鉴定合格后,方准独立驾驶。

(2)严格遵守各种规章制度,按照要求操作使用设备,正确执行各项作业程序,确保列车运行安全。

(3)严格按运营时刻表动车,动车前必须确认行车凭证。列车退行或推进运行时,运行前端必须有人引导。

(4)班前注意休息,班中集中精力,保持不间断瞭望。严禁在列车运行中打盹、看书或干与工作无关的事。

(5)接受调度命令或行车指示时,驾驶员必须认真逐句复诵并领会命令内容。

4.折返作业安全准则

(1)严格遵守交接班制度。

(2)关门前必须确认行车凭证、道岔、进路正确。

(3)动车前确认所有人员均在安全区域。

5.站台作业安全准则

(1)开关屏蔽门、车门时,必须严格执行开关门作业程序。

(2)列车到站停稳后,应先确认列车停在规定的范围内。

(3)跨出站台开关屏蔽门、车门时,应注意列车与站台间的空隙,避免摔伤。

(4)关闭屏蔽门、车门前应先确认车载信号或进路防护信号开放或者具有行车凭证。

(5)动车前,驾驶员应确认屏蔽门、车门关好,同时确认屏蔽门与车门间空隙无人无物,方可进驾驶室。

6. 人身安全准则

（1）升弓前,必须确认所有人员均在安全区域。

（2）严禁擅自带无关人员进入驾驶室,因工作需要有人登乘驾驶室时必须确认其相关登乘证件。

（3）在正线或出入厂线,禁止未经行调同意擅自进入线路。

三 车站作业安全

车站的行车组织工作是在调度统一指挥下,合理运用车站的各项技术设备,负责车站行车控制指挥、施工及其他作业。

（一）车站安全工作的基本任务

（1）建立健全各类行车作业、管理的规章制度。这些制度包括车站行车控制室的管理、交接班制度、行车值班员岗位责任制等,对车站的行车组织工作进行规范管理,确保行车安全。

（2）进行车站各项安全检查,检查车站安全隐患并落实整改。

（3）建立各类事故预案,开展演练,以提高车站员工的应急处理能力,有效处理车站突发事件。

（4）通过明确职责、落实责任、加强安全管理,确保车站行车、施工、治安、消防等工作以及车站员工、乘客人身安全和车站所辖设备运行安全。

（二）车站行车安全工作的基本要求

车站行车工作包括列车运行控制、车站的施工组织、接发列车作业等,其中各项作业均涉及行车安全。车站各项作业情况下的具体行车安全要求如下:

1. 列车运行控制

车站的列车运行控制根据整个系统列车运行控制方式的变化而变化。

（1）在调度集中控制方式下,车站行车组织的主要工作是监护行车运营状态。

（2）在自动控制方式下,车站除了对列车的运营状态进行监护外,如中控因故放权而由车站进行控制,则在有集中控制设备的车站应负责对列车的折返、进路排列等人工作业。

（3）在半自动控制方式下,车站负责列车运行控制的工作,人工操作信号设备进行接发车、调车等行车作业,并根据行调指令对列车运行进行调整。

（4）在非正常情况下,车站根据调度的指令,按作业办法要求负责列车在车站的接车、发车、调车等作业。

2. 施工组织

在车站管辖范围内的任何施工均应在车站行车控制室登记,在得到行车值班员的签字确认后方可进行;对影响运营的设备检修作业,如信号设备检修、道岔检修等作业,必须得到调度的同意后方可进行。

3. 接发列车作业

车站员工应确保在各种控制方式下车站的接、发列车组织工作安全、有序。

四 接发列车作业安全

接发列车是城市轨道交通行车工作中最重要的环节之一。接发列车的作业安全直接关系到城市轨道交通的行车安全，因此，所有参与接发列车的作业人员，均应以高度的工作责任感认真履行岗位职责，严格执行规章规范，保证接发列车作业安全。

【案例2-6】 非正常接发列车险些造成列车相撞

事件经过：2007年2月2日17时53分，行车调度员通过ATS工作站发现海光寺联锁区信号显示红光带，信号和道岔失去显示，无线调度台失去部分功能，行调立即通知维修调度派人前去维修。17时55分，控制中心行车调度员向西北角至南楼各站下达调度命令：西北角至南楼上下行区间行车方式改为电话闭塞。

收到调令同时，244次列车到达鞍山道站台，后经各站正确办理电话闭塞后运行至小白楼站台。246次列车在到达营口道车站后，由于小白楼车站有244次列车，不同意营口道车站闭塞请求，导致246次（102组）列车在营口道站停约6min，后244办理闭塞从小白楼驶出。246次办理闭塞后行至小白楼，行车值班员办理电话闭塞并填写路票（电话记录第1810号），交换路票时，司机发现路票中"小白楼"错写为"小白木娄"，按规定不能发车，要求车站重新填写，行车值班员A在将修改路票（电话记录第1810号）交与客运值班员后发车。小白楼同意营口道248次闭塞。结果248次（103组）列车在接近小白楼站台时，发现前方小白楼站台仍有列车[即246次（102组）列车]占用，司机操作列车紧急制动，停在小白楼小站台下路轨楼梯口处，距前方列车尾部约45m。246次（102组）列车由小白楼车站值班站长手信号正常发车。248次凭调令驶入小白楼站台，站停约6min。小白楼行未向下瓦房车站申请闭塞，自拟路票，由站务员用手信号将248次列车发出。248次在246次驶出下瓦房约2分钟后，进入下瓦房站台。

原因分析：

（1）车站人员紧急应对能力欠缺是造成此次事件的主要原因，小白楼值班员在车站线路有车占有的情况仍然同意营口道闭塞，自拟路票，违反电话闭塞"保证两站两区间空闲"的原则。

（2）其他车站行车人员行车时间观念较差，未能理解报点的真正含义。

（3）南楼至西北角所有车站，《车站值班员行车日志》填写混乱，存在严重的涂改记录现象；路票中电话记录号码全部填写错误，站名、车站值班员姓名等处亦有填写错误之处的问题。

（4）信号维修人员违规操作和设备抢修响应时间过长也是此次造成事件的原因之一。

整改措施：

（1）加强培训提高车站行车人员业务能力和应急处理能力。

（2）规范车站行车人员电话闭塞接发列车的作业标准。

（3）加强运营有关人员的应急演练。

（4）进一步完善突发设备故障应急响应机制。

(一)接发列车作业安全基本知识

车站在办理接发列车作业时,列车车次、列车运行方向及运行指挥系统等,都是安全保证体系中的重要条件。

1.列车车次与行车安全

列车车次具有区别列车种类、作业性质及其运行方向等重要作用,同时与行车安全密切相关。接发列车作业中,列车车次的误听、误传、误抄、误填,往往是造成行车事故的直接原因。为此,办理接发列车时,列车车次必须传准听清,复诵无误,防止误听误传;抄写或填记行车簿册、命令及行车凭证时,要认真核对,防止误抄误填。车次不清楚时,必须立即询问,严禁臆测行车。

2.列车运行方向与行车安全

列车运行方向也是保证接发车及行车安全的重要条件之一。尤其是一端有两个及以上列车运行方向的车站更须引起注意,在办理列车闭塞及下达接发车进路命令等作业事项时,均应冠以邻站方向或线路名称,以防止列车开错方向。

3.列车运行指挥与行车安全

行车工作必须坚持集中领导、统一指挥、逐级负责的原则。为安全顺利地组织列车运行,列车运行的指挥工作应注意两点,即正确指挥和服从指挥。列车运行的指挥工作首先应强调其安全正确性。日常行车作业中,行车调度错发、漏发调度命令,盲目指挥列车运行,或车站值班员错发、漏发接发列车命令,盲目指挥及错误操纵控制台等,往往都是造成列车事故的重要因素。因此,在指挥列车运行时,行车调度在发布命令之前,应详细了解现场情况,并听取有关人员的意见,以便正确下达指挥列车运行的调度命令和口头指示。

车站值班员在指挥及办理接发列车作业时,须认真遵守行车有关规章要求,严格执行接发列车作业规定,正确下达接发列车的有关命令,确保列车运行安全。

(二)接发列车作业惯性事故的种类及主要原因

车站在办理接车、发车和列车通过作业程序中发生的一切行车事故称为接发列车作业惯性事故。

1.接发列车作业惯性事故的种类

(1)向占用区间发出列车。

(2)向占用线路接入列车。

(3)未准备好进路就接发列车。

(4)未办或错办闭塞就发出列车。

(5)列车冒进信号或越过警冲标。

(6)错误办理行车凭证发车或耽误列车。

2.发生接发列车惯性事故的主要原因

(1)当班人员离岗、打盹或做与接发列车作业无关的事情。

(2)办理闭塞时没有确认区间处于空闲状态。

(3)不按规定检查确认接发列车进路。

（4）不认真核对行车凭证。

（5）错办或未及时办理信号。

（6）取消、变更接发列车进路时联络不彻底。

【案例2-7】 2007年2月9日32118次列车区间挤岔事件

事件经过：8时47分，行调通知32118次列车在广州东站和林和西站各多停1min，并要求司机到达林和西站后与行调联系（图2-15）。

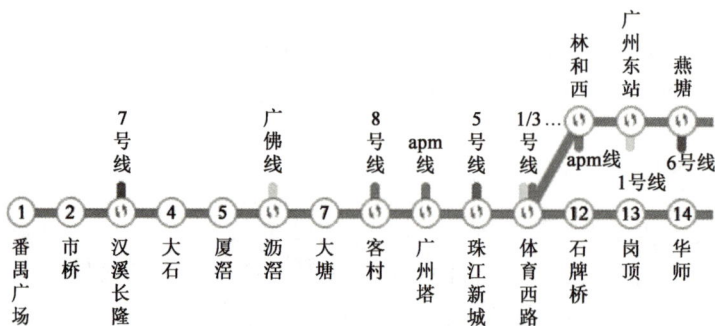

图2-15 事故线路图

8时48分，行调在CCOT上排列机场线至林和西下行线的进路完毕后，允许32216次列车司机越过X308信号机到林和西下行线。

8时53分，32118次列车在林和西上行站台停稳后，司机报告行调32118次在林和西站停稳，行调误以为是下行32217次列车司机在呼叫，于是通知32118次列车司机复位VOBC，允许越过林和西X202信号机蓝灯到广州东站。司机没有听清楚行调命令复诵为：复位VOBC，允许越过林和西到体育西路所有信号机蓝灯，行调也没有发现司机复诵命令时的错误。32118次列车司机转换驾驶模式为RM60，复位VOBC。

8时56分，32118次列车从林和西上行站台开出，越过S201和S302信号蓝灯后，以约35km/h的速度接近W304，距离W304道岔约30m时，司机发现道岔位置不正确，先拉快制后拍下紧急停车按钮。但列车凭惯性越过W304道岔，造成了挤岔。受事件影响，约一百名乘客在区间隧道进行了疏散。

定性定责：根据《行车事故管理规则》规定，本次事件定性为未准备好进路发车，险性事故。

原因分析：

（1）行调接到32118次列车司机在林和西站停稳的报告，误以为该车是下行的32217次列车，错误向32118次司机发布了"复位VOBC，允许越过X202信号机蓝灯到广州东"的命令，发布命令时也没有呼叫车次和地点。司机复诵为"复位VOBC，允许越过林和西至体育西区间蓝灯"时，行调也没发现司机复诵命令的错误，是导致本次事故的主要原因。

（2）32118次列车司机接听"复位VOBC，允许越过X202信号机蓝灯到广州东"命令时，没有听清调度命令的内容，没有发现行调命令中的错误，并主观臆测错误将命令复诵为"复位VOBC，允许越过林和西至体育西信号机蓝灯"，也是导致本次事故的次要原因。

（3）值班主任安全监控不到位，没有及时发现行调发布命令错误，没有发现上行林和西站台列车显示的错误信息,是导致本次事故的一定原因。

整改措施:

(1)加强调度命令发布的规范化管理,严格执行调度标准用语,优先使用有调度录音的通信设备。发布命令时,要确认受令的对象及内容,并确实通过复诵来确认调度命令发布对象正确、内容一致。

(2)司机、车站等接听命令时,必须确认命令的内容,有不清楚的地方或发现命令中存在错误,及时与行调确认并纠正,做到"听不清就问,看不清就停",严禁臆测行车。

(三)接发列车作业安全要求

接发列车作业,从办理闭塞、准备进路到开放信号、交递凭证,直至列车由车站发出或通过,其间任何一个环节的漏洞都可能埋下事故隐患,任何一项作业的差错往往都会危及列车安全。因此,日常办理每一趟列车接发事宜,均须高度重视,认真作业。

国内外城市轨道交通均采用信号系统控制列车运行,监控列车运行安全。列车正常行车时,由信号系统自动控制,信号正常时车站不需要接发列车,只需由车站值班员、站台人员完成站台安全监控和乘客乘降的服务工作。只有遇到特殊情况(如信号系统出现故障,需要人工排列进路组织列车运行或列车退回车站等)须办理接发列车,应注意以下安全要求:

1. 办理闭塞作业的安全要求

办理列车闭塞是接发列车的首要作业环节,是列车取得区间占用权的重要环节,也是较易发生列车事故的关键环节。

办理闭塞前,必须认真确认区间已空闲。车站值班员在办理闭塞时,为防止向占用区间发出列车,在确认区间空闲时必须认真做好以下工作:

①检查确认前一列车是否完整到达。

②通过闭塞设备确认区间空闲。

③检查确认区间是否有列车占用。

④检查确认区间是否封锁。

⑤检查确认区间是否遗留车辆。

⑥检查确认有关记录情况。

⑦检查确认其他占用区间的情况

⑧办理闭塞时,车次必须准确清晰。

⑨办理闭塞时,用语必须准确完整。

现场作业中,有的车站值班员承认闭塞时,仅简化回答"同意"两字而未复诵,未起到与相邻站互控、联控的作用,极易发生错办车次。为此,办理闭塞及承认闭塞时,均须完整按照行车标准用语执行。

2. 准备进路作业的安全要求

准备进路,泛指将列车经由车站所运行的线路安全开通。准备进路是接发列车工作中一项极为重要的作业环节,应注意以下方面:

(1)确认接车线路空闲。

①车站在准备列车的接车进路或通过进路时,首先必须确认接车(通过)的线路空

闲,以防止线路上存有机车、车辆及其他危及列车运行安全的障碍物等。

②车站值班员和现场作业人员必须对接车(通过)进路线路是否空闲进行检查和确认。

③设有轨道电路及控制台上设有股道占用标识的,通过控制台对股道是否占用进行确认。

(2)确认接发车进路正确无误。

接发列车进路的正确与否,直接关系列车运行安全。因此;在接发列车作业中,对列车进路的确认极为重要,切记不可疏忽。联锁设备正常时车站可通过信号设备的显示来确认接发车进路;遇有联锁设备停用时,对列车进路的现场检查则更须严密细致,对进路上的道岔逐个确认,确认道岔位置正确及按要求加锁后,方可报告接发车进路准备妥当。

(3)确认影响进路的其他作业已经停止。

3. 办理及交付行车凭证的安全要求

行车凭证是列车占用区间的依据,包括信号机显示、路票、调度命令等。有关作业人员办理行车凭证时,必须认真严谨,注意防止因差错而造成行车事故。

(1)防误操作信号设备。

信号是指示列车运行的命令。信号正常时,信号机上显示的准许列车运行的各种信号均为列车行车凭证。信号的开放和关闭至关重要。因此,车站值班员、信号员在操作信号设备时,必须全神贯注,精力集中,遵章守纪,严格坚持"眼看、手指、口呼"一致的确认操纵制度,确保信号指示准确无误。

(2)防误填写行车凭证。

使用路票、调度命令等书面凭证办理行车时,对其使用日期、区间、车次、地点、电话记录号码或调度命令号码等应特别注意。书面凭证填写后,必须逐字逐项复诵,认真进行核对经确认无误后,方可交付使用,以防止因填写错误而导致行车事故。

4. 接发列车作业程序及用语要求

为确保接发列车作业的安全稳定,尤其在应急处理中,车站接发列车作业应按规定程序办理,并使用规定用语。随意简化,甚至颠倒或遗漏作业程序及用语,将危及行车安全。

5. 接送列车及指示发车作业的安全要求

接送列车及指示发车直接关系接发列车作业安全。在信号正常的情况下,车站原则上不办理接发列车作业,遇特殊情况(指信号联锁故障需要人工排列进路组织列车运行时,或列车开到区间因故障要退回车站等情况)须接发列车时,车站接发列车人员应严格执行接发列车作业程序。

(1)确认列车整列到达。

(2)严密监视列车运行安全状态。站台岗人员随时注意站台乘客动态,当客车进站时应于站台扶梯口靠近紧急停车按钮附近站岗,防止乘客在关门时冲上车被夹伤,维护站台秩序,监督驾驶员按规范动作关门。发车时,站台岗(或驾驶员)若发现站台或屏蔽门异常,应立即用对讲机通知驾驶员(或站台岗)并及时处理。

（3）确认列车发车条件无误后,方可指示发车。

五 调车作业安全

【案例 2-8】 列车连挂发生撞钩

事件经过:2005 年 12 月 1 日 6 时 55 分,南京地铁小行—安德门上行区间,距安德门站 300m 处,2526 列车故障,7 时 40 分,行调指令基地内 1314 出库连挂故障车 2526 车,8 时 05 分,1314 车组出库,采用洗车模式与 2526 车连挂时,因列车处于小半径曲线位置,车钩对位不正,连挂失败,车钩发生碰撞。此次事故造成 2526A 端的防爬器轻微擦伤,2526A 端车头右侧的导流罩损坏。

原因分析:

（1）编写技术文件时,考虑得不充分,没有将"小半径曲线连挂作业要求"进行明确。

（2）反映作业人员和调度员安全意识不强,经验不足,缺乏特殊情况下的应变处理能力。

整改措施:事件后南京地铁重新修订了技术规程。在 2007 年版技术规程中,对小型基地内道岔区段及其 300m 以下曲线半径线路,原则上不得进行电客车连挂作业等进行比较详细的规定。

调车作业是指除列车在正线运行、车站（车厂）到发以外的一切机车、车辆或列车的有目的的移动。在调车作业中发生的事故称为调车事故。一般来说,调车作业惯性事故分为撞、脱、挤、溜四种类型,即冲突、脱轨、挤岔、机车车辆溜逸。

(一) 调车作业事故的常见原因

1.调车作业计划不清或传达不彻底

调车作业计划是信号员、调车组等调车作业相关人员统一的行动计划,如果调车作业计划本身不清,造成调车进路排错,机车车辆进入线路;或调车作业计划传达不彻底,造成信号员及调车驾驶员行动不一致,极易发生事故。

【案例 2-9】 赤沙车厂错排客车出厂进路

事件经过:2007 年 1 月 14 日 5 时 10 分,0402 次司机在派班室出勤后到 5A 准备作业（车辆编号为 7576）。

5 时 30 分,司机发现 2A75 车右侧司机室门故障,立即汇报车厂调度,此时轮值司机胡先林已到现场。

5 时 40 分,车厂调度通知司机换 4A 备用车（7374 车）出厂,0402 次司机马上到 4A 准备出车。

5 时 40 分左右,信号楼值班员接厂通知,5A 的 0402 次列车改由 4A 备用车 7374 车替换出厂（后台值班员收到更改通知后,未通知前台操作值班员）。

5 时 42 分,0402 次整备完毕,后台值班员指挥操作值班员:"04 车准备好了,可以排路"。

5 时 45 分 52 秒,操作值班员按原计划排列 5A 往转换轨Ⅱ道的进路,排列进路时未执行呼唤应答制度。

后台值班员也未认真执行"一人操作,一人监控"的联控制度,在看到黄灯开放后,未认真确认就通知 0402 次司机动车（实际开放的为 5 道往转换轨Ⅱ的进路）。

5时45分59秒,0402次司机发现4A信号未开放,马上通知乘务值班员:"0402次已换车,5A信号开放了,但4A未开放。"信号楼值班员通知0402次在4A待令。

5时46分29秒,乘务值班员核对计划后,取消5A出厂信号,于5时48分03秒开放4A往转换轨Ⅱ道出厂信号。

主要原因:

(1)乘务值班员(后台)在接收到更改发车计划时未通知前台值班员,未能确保前后台乘务值班员计划的一致性,是事件发生的主要原因之一。

(2)后台乘务值班员在前台乘务值班员排列进路时,未认真执行"一人操作,一人监控"的制度,未确认进路是否正确就盲目通知司机动车,也是本次事件发生的主要原因。

次要原因:

(1)后台乘务值班员在发布排列0402次发车进路指令时不规范,前台乘务值班员未认真确认接收排列发车进路指令,排列进路时未执行呼唤应答制度,是导致本次事件的次要原因。

(2)当班的车厂调度在变更发车计划时,虽然通知了司机和信号楼,但不够敏感,未能对接收变更计划的岗位人员彻底跟踪到位。

整改措施:

排列进路时,必须严格执行呼唤应答制度和"一人操作,一人监控"制度以及"干一勾,划一勾"制度。

车厂调度在变更调车或接/发车计划时,必须彻底跟踪到涉及计划的相关人员,确保变更计划落实、执行到位。

后台值班员在接到变更计划时,应做好记录并及时通知前台值班员,并确认其清楚变更计划内容及做好记录后。

进一步规范信号楼的标准化作业,赤沙信号楼前、后台值班员之间的作业联控采用手持行调电台进行呼唤应答。

2.作业前检查不彻底,准备不充分

调车作业前,必须按规定提前排风,摘解风管,核对计划,确认进路,检查线路、道岔和停留车辆情况,手闸制动时要选闸、试闸,铁鞋制动时要准备足够、良好的铁鞋。

3.误排进路或未扳、错扳、临时扳动道岔或错误转动道岔

信号员误排进路或未扳、错扳、临时扳动或错误转动道岔,调车员和驾驶员不认真确认信号及道岔位置,极易造成冲突、脱轨和挤岔事故。

【案例2-10】 2003年8月31日G201+平板车赤沙车厂挤岔、脱轨事件

事件经过:2003年8月31日,工程车司机驾驶工程车(机车G201+平板平N80、N85、N86)配合维修工程部工建二分部进行装载石渣作业。工程车在15B上把石渣卸完后,工程车司机通知信号值班员作业完毕。信号值班员询问工程车司机去哪一股道,司机说要去L29道,信号值班员就立即将原来封锁的进路解锁(15B至牵26),排列了牵26道至走行线2道的进路。信号值班员将进路排列好后,就通知司机牵26道到走行线2道的进路信号好了,而司机复诵为L15道到牵26道的进路好了,动车15km/h的速度从L15道开往牵26道。由于瞭望不及时,至4号道岔前时,才发现道岔不正确,采取紧急停车措施后,机车前方三辆平板车仍越过了4道岔,造成4道岔挤岔,车前第1、2节平板车脱轨。

定性定责:根据《行车事故管理规则》规定,本次事故定性为挤岔、调车脱轨,一般事故。

原因分析:

(1)信号操作值班员严重违反了《赤沙车厂运作手册》有关调车作业的规定,没有根据调车作业计划和现场作业情况,正确地排列进路,在不清楚工程车具体所在位置,也没有人监控的情况下,就盲目将封锁进路解锁并排列另一进路,是造成本次挤岔事故的主要原因。

(2)工程车司机在封锁进路上发现D15信号机显示红灯时,没有及时与信号楼联系,盲目越过该信号机是造成本次挤岔事故的直接原因。

(3)司机在运行过程中,没有与车长没有认真履行呼唤应答制度,严重违反《赤沙车厂运作手册》和《工程车司机手册》,未能阻止挤岔事件的发生。

改进措施:信号值班员在作业过程中,必须认真执行《赤沙车厂运作手册》的规定,加强与司机联系,准确了解现场情况,正确排列进路,坚持执行"一看、二按、三确认、四呼唤"制度和"一人操作,一人监控"等制度。

工程车司机、调车员在调车作业过程中,必须认真执行《赤沙车厂运作手册》和《工程车司机手册》的规定,动车前要认真确认三要素(信号、道岔、进路),并严格执行呼唤应答制度,同时做到"车动集中看,瞭望不间断",发现异常情况时,立即采取紧急停车措施。

车务部门各岗位员工在工作中,必须认真执行车务联控制度和标准化作业程序,加强沟通,协同动作。

4.调车手信号显示不标准

调车手信号显示不标准有三种情况:一是未按规定的要求显示信号;二是错过了显示信号的时机;三是错误地显示信号。上述情况都有可能导致事故的发生。

5.前端无人引导推进运行或推进车辆不试拉

推进作业时,前端无人引导,由于调车驾驶员无法确认线路和停留车情况,极易造成撞车和挤岔事故。推进车辆不试拉,一旦车辆中有假连接,制动或停车时车辆脱钩发生溜逸,也容易发生撞车、脱轨、挤岔和溜逸等事故。

6.没按规定采取防溜措施

调车作业在线路上停放车辆时,如不按规定采取防溜措施,极易发生车辆溜逸事故,一旦车辆溜入区间,后果不堪设想。

(二)调车作业安全的基本要求

1.调车作业指挥及各岗位作业要求

(1)场(段)调车工作由场(段)调度员集中领导、统一指挥,场(段)值班员负责办理接发列车、排列列车进路和调车作业进路控制,调车作业人员应按相关标准和调车作业计划单执行。

(2)场(段)调度员应根据机车车辆(包括客车,下同)、线路、设备检修计划和现场作业情况,科学、合理地编制调车作业计划,组织调车人员安全、及时地完成调车任务。

(3)调车作业由调车员单一指挥,根据调车作业计划单,正确、及时地显示信号,指挥调车驾驶员,并注意行车安全。

(4)调车驾驶员应根据调车员的信号准确、平稳地操纵机车,时刻注意确认信号,不间断进行瞭望,正确、及时地执行信号显示要求,负责调车作业安全。

(5)场(段)值班员根据调车作业计划单和现场作业情况、机车车辆停放股道,正确、及时地排列调车进路、开放调车信号,做到随时监控机车车辆运行、干一钩划一勾。

2. 编制和布置调车作业计划的基本要求

(1)编制调车作业计划

编制计划必须在确保安全的前提下,充分考虑调车效率,做到有调车机车名称,有编解或摘挂车次,有作业起止时间,有编制人员姓名、日期。一批作业超过 3 钩或变更计划超过 3 钩,应使用调车作业通知单。

(2)布置调车作业计划

调车作业计划要正确及时布置。调车领导人要将调车作业计划亲自传达给调车员,调车员亲自传达给参加调车作业的驾驶员。调车员必须确认有关人员均已了解调车作业计划后方可开始作业。

(3)变更调车作业计划

变更计划时,调车领导人必须停止调车作业,将变更内容重新传达给每一名作业人员,确认无误后方可作业。

3. 调车作业前准备工作的基本要求

认真检查线路、道岔、停留车情况:一是检查进行调车作业的线路上有无障碍物,二是检查停留车位置,三是检查防溜措施,四是检查确认道岔开通位置,五是检查"道沿"距离,检查确认无误后方可作业。

4. 调车作业显示信号的基本要求

目前,有部分城市轨道交通企业在车厂内调车作业和正线工程车推进运行时已采用无线调车电台进行现场指挥。正常情况下,使用无线调车电台指挥调车作业及进行调车作业人员相互间的联系,但在该设备发生故障时,则改用手信号指挥调车作业。因此,调车作业人员不但要熟悉信号显示内容,还必须熟练掌握显示方法。显示信号时,应严肃认真,做到位置适当,正确及时,横平竖直,灯正圈圆,角度准确,段落清晰。

(1)正确选择显示信号的位置

调车员应站在易于瞭望、能确认前方进路又能使驾驶员看见信号的位置上显示信号。

(2)正确显示连挂信号

在推进车辆连挂作业时,为了使驾驶员及时了解调车车辆与停留车之间的距离,调车员应显示连挂信号和距离信号,以做到平稳连挂。没有显示连挂信号和距离信号不准挂车。调车员显示信号后,没有听到驾驶员鸣笛回示信号时,要立即显示停车信号。机车车辆接近被连挂的车辆不少于 1m 处应一度停车,确认车钩位置正确后再连挂。确认连挂好后,推动车辆前应指挥驾驶员进行试拉。

5. 调车运行安全的基本要求

(1)设备或障碍物侵入线路设备限界时,禁止调车作业;禁止提活钩溜放调车作业;客车转向架液压减振器被拆除但空气弹簧无气时,禁止调车作业;禁止两组车组或列车同时在同一条股道上相对移动。

(2)场(段)值班员正确、及时地排列调车进路、开放调车信号,做到随时监控机车车辆运行。调车作业中,驾驶员与场(段)值班员保持联系,严格执行呼唤制度。

（3）调车作业中驾驶员要准确掌握速度，在瞭望条件差、天气不良等非常情况下应适当降低速度。

（4）在尽头线上调车时，距线路终端应有 10m 安全距离，遇特殊情况需小于 10m 时，应与驾驶员联系，严格控制速度并采取防溜措施。

（5）在机车、车辆移动中，作业人员禁止有下列行为：在平板车的侧板或端板、支架上坐立；站在车梯上探身过远；在装载易于窜动货物的车辆间和货物空隙间站立或坐卧；骑坐车帮，跨越车辆；进入线路内摘车或调整钩位；在机车前后端坐立。

（1）连接线、牵出线、洗车线、走行线（接发列车时除外）、试车线、咽喉道岔区禁止停放机车车辆。在其他线路存放车辆时，应经车厂调度员同意方可占用。机车车辆应停在线路两端信号机内一侧。

（2）工程机车、轨道车停放在带电区时，应在上车顶扶梯处悬挂"高压电，禁止爬上"标志牌。

（3）调车作业，应做到摘车时先做好防溜（电客车应恢复气制动和停车制动，工程车拧紧手闸，必要时放置铁鞋）后再摘车；挂车前应首先检查防溜措施状况，确认无误后才能挂车，挂妥后再撤除防溜。

（4）铁鞋应统一放置于机车车辆一侧的车轮下，撤除防溜后，铁鞋应及时放归原位。

【研讨与质疑】

你认为行车组织过程中包含哪些安全问题？用什么方法能保证实现运营安全吗？

子任务二　客运服务过程安全管理

【案例 2-11】　乘客晕厥跌落站台

事件经过：2012 年 12 月 8 日晚上 8 时 58 分，在八通线起点站四惠站候车时，突然有一名中年男子掉下地铁站台，他脸部朝下横卧在紧靠着站台一侧的一根铁轨上，二腿上下颤抖，疑是被铁轨上的电击所致。

两分钟后，一辆从四惠站开往土桥方向的地铁列车，隆隆开进四惠站，车站内气氛陡然紧张，候车乘客几乎异口同声地朝着徐徐开进站台的地铁挥手、喊叫，示意其停车，还有不少乘客不顾自身安危道理站台边缘挥手和呐喊，试图阻止列车开来。

大约两秒钟后，司机发现站内的异常情况，立即紧急制动，列车距离坠下站台男子约 20m 处停下来，站内乘客一片哗然。这时，有乘客想下去施救，有人反复高喊："轨道上有高压电，先断电！" 21 时 01 分，该站站务人员赶来排险施救，他们在乘客的帮助下，将遇险乘客抬至站台上。救援工作持续大约 3min，被救上来的乘客仰面躺在站台地上，满脸是血，几位工作人员一边帮助止血，一边呼叫救护车。由于救护及时，该乘客身体无大碍，经救治后自行离开。

经调查，该乘客是在站台等车过程中，因身体不适突然晕厥，随后跌下站台。由于这名乘客身体没有触及另一根带电的轨道，因此没有造成更大的伤害。

这起意外事件造成列车晚点和乘客滞留现象发生。

原因分析：乘客身体不适，造成跌落站台，险些酿成伤亡事故。

通过案例可以看出，旅客在地铁各个车站进站、购票、检票、候车、乘车、下车、出站

(中转)等环节中,由于突发事件或是潜在的危险,会对乘客人身造成伤害,也会影响地铁的正常运营秩序,造成列车晚点、乘客滞留,甚至引起乘客恐慌而引发严重的拥挤踩踏事件。因此,城市轨道交通为乘客提供客运服务过程中,除舒适、便捷、准时、速达外,其前提必须保证乘客的安全。

一 乘车导航

(一)乘车导航的作用与适用范围

为方便乘客,预告轨道交通系统内的重要事项及设备使用方法,便于车站组织旅客乘车,减少危险的产生。主要适用在旅客进站、购票、入闸、候车、乘车、出闸等环节。

(二)乘车导航的内容

1.进站

旅客进站,轨道交通运营部门应设置告知牌,提示旅客注意安全事项:

(1)站内禁止携带易燃,易爆,有毒,有放射性等危险物品。

(2)禁止携带腐败,变质,有异味的物品以及宠物。

(3)携带大型行李的乘客请勿乘坐地铁(轻轨)。

(4)禁止在车站内随意张贴,摆摊设点,从事未经允许的商业,娱乐活动,以及乞讨行为。

(5)禁止在车站内奔跑,嬉戏。

(6)禁止在车站、车厢内吸烟。

(7)禁止擅自进入企业非公共区域。

(8)身患传染性疾病和酒醉者请不要进站等。

在旅客使用设备时,提示旅客合理使用。如乘客在使用自动扶梯时,应靠近扶梯右侧站立,握紧扶梯扶手,小心摔倒;避免贴近自动扶梯边缘,以免脚或衣物被卡在夹缝中;身患疾病,及老、幼、病、残、孕等人士,乘坐自动扶梯应有人陪同;禁止非法操作自动扶梯的紧急停机按钮等。

2.购票

旅客购票,轨道交通运营部门应设置告知牌,提示旅客注意购票安全事项。

旅客购票需了解企业票务政策及购票使用设备注意事项:

(1)乘客可到车站客服中心处办理储值卡的购买和充值业务。

(2)乘客可免费带领一名身高1.1m以下(含1.1m)儿童免费乘车,带领两名以上儿童者,其他儿童应另行购票。

(3)身高1.1m以下(含1.1m)的儿童不能单独乘车。

(4)乘客应持有效的车票入闸,禁止翻越、攀爬闸机。

(5)乘客乘车应一人一票,禁止任何形式的逃票行为。

(6)乘客从入闸开始,须在120min之内搭乘完地铁,超出120min尚未出闸的视为超时,超时须按最高单程票价补交超时车费。

(7)乘客应按实际车程够买车票,如乘客所使用的车票,不足以支付所达到车站的实际车费时,须补交超程车费。

(8)乘客在入闸以后,禁止饮食。

如乘客到自动售票机处购买单程票,应按照自动售票机使用规则正确操作,禁止损坏自动售票机;乘客在自动售票机上购买车票时,如遇到异常现象不要擅自解决,可找工作人员帮助解决。

3. 入闸

旅客入闸,轨道交通运营部门应设置告知牌,提示旅客注意入闸安全事项:

(1)正确使用储值卡和单程票入闸。

(2)乘客遗失车票须到车站客服中心处办理补票业务。

(3)按进站指示牌指引进站,禁止在入口处逗留,以免阻塞通道等。

4. 候车

旅客入闸进入车站站台候车,轨道交通运营部门应设置告知牌,提示旅客注意候车安全事项:

(1)切勿在站台上奔跑,嬉戏。

(2)按照地面上候车指示标志排队候车。

(3)候车时站在安全门外,不得用手触摸安全门,不得擅自将手伸进安全门内进行操作,禁止向安全门内投掷物品。

(4)列车车门开启或关闭时禁止碰触车门。

(5)使用座椅,果皮箱等公共设施时,应该注意爱护,禁止踩踏座椅,损坏果皮箱等公共设施。

(6)非紧急情况下,禁止非法操作站台上的紧急制动按钮等。

5. 乘车

旅客上下车,轨道交通运营部门应设置告知牌,提示旅客注意上下车安全事项:

(1)上车时应注意先下后上,在车门关闭指示灯亮或是车门关闭提示音响起的时候禁止抢上抢下。

(2)上下车时请小心站台与车门之间的空隙。

(3)在车厢内禁止踩踏座椅,请给老、幼、病、残、孕等有需要的人士让座。

(4)禁止在车厢内进食,禁止乱扔垃圾,保持车厢卫生清洁。

(5)列车行进中,禁止倚靠车门,根据列车广播提示,在指定开启的车门一边下车。

(6)非紧急情况下,禁止随意碰触列车内紧急通话按钮等应急设施。

6. 出闸

旅客出闸,轨道交通运营部门应设置告知牌,提示旅客注意出闸安全事项:

(1)正确使用储值卡和单程票出闸。

(2)遗失车票应到客服中心处补办车票。

(3)按出站指示牌指引出站,禁止在出口处逗留,以免阻塞通道。

二 客运广播

客运广播是引导乘客、进行车站客运组织的重要手段,要用正确的态度对待客运广播,正确使用客运广播设备与用语。

(一)客运广播的分类与发布原则

1. 客运广播分类

(1)按照广播区域分为车站广播、列车广播。

(2)按照广播方式分为自动广播、人工广播。

(3)按照广播内容分为正常广播、应急广播。

2. 客运广播的发布原则及注意事项

(1)发布原则:客运广播的发布以"符合客观实际、服务大众乘客、精练、通俗、易懂"为原则。

(2)客运广播发布注意事项:

①客运广播人员须经专业培训。

②所有自动广播均为双语广播,普通话在前,英语在后。

③在发布广播时,要语调适中,语速保持在 4~6 字(词)/s。

④有咽喉病症人员不得发布人工广播。

(二)客运广播的使用规定

正常情况下,车站发布自动广播,广播频率依据乘客需求自主掌握。

(1)客运广播使用人员在使用人工广播系统完毕后,应立即将其关闭,不得利用广播传播私事。

(2)各车站应制定严格的广播管理制度,无关人员禁止开启和使用广播系统。

(3)对广播系统的调试等维护工作,应在晚间运营结束之后进行。

(三)自动广播

1. 安全提示

在旅客进出站时要提示如"为了您的安全,请不要携带易燃、易爆等危险品进站乘车,谢谢您的合作!""为了您的安全,请不要在车站内追逐打闹!""为了您的安全,请不要携带大件行李乘坐自动扶梯!""请您注意乘车方向,到指定的站台等候列车!""为了营造一个良好的出行环境,请不要在站台上吸烟、吐痰、乱扔杂物,谢谢您的合作!""请您注意乘车方向,避免上错列车!"等安全注意事项用语。

2. 票务提示

在旅客进出站时要提示如"购完票的乘客请您注意入闸方向,排好队按秩序检票入闸,入闸时请在右边的闸机检票!""使用储值票的乘客请您刷卡出闸后保存好您的车票,您的车费将从储值票中扣除!""本站今天的最后一班列车即将到达,没有购票的乘客请您抓紧时间购票候车!"等票务事项用语。

3. 应急提示

当出现特殊情况时,应发布车站应急广播。如列车晚点超过 3 分钟;列车越站通过;大客流爆满;雨、雪等恶劣天气;暑运;突发公共卫生事件爆发;火灾、爆炸;投毒;人质劫持;地震及其他危急状况等需要旅客理解、配合完成运营任务时,需要使用相关的应急提示用语。

如"乘客朋友们请注意,开往××方向的列车将晚点到达,请您注意安全,不要倚靠安全门。由此带来的不便,我们向您表示歉意!""为了您的安全,请不要拥挤,按秩序购票入闸!""为了您的安全,请不要拥挤。候车时请保护好您的个人财物!""由于路面湿滑,请您不要拥挤,小心慢行,注意安全,照顾好同行的老弱病残孕人士!""请您按秩序乘坐自动扶梯,乘坐时请注意脚下安全!""乘客朋友们请注意,请您不要慌乱,按照工作人员指挥和紧急疏散标志的指示尽快出站!""乘客朋友们请注意,本站所有的自动扶梯和电梯已经关闭,为了您的安全,请您从楼梯往外疏散。疏散过程中请照顾好同行的老弱病残孕人士!""乘客朋友们请注意,本站闸机现在已经全部开启,您可以不必刷卡,尽快出站!""乘客朋友们请注意,为了您的安全,本站现在临时关闭。请您抓紧时间出站,不要在车站内逗留"等。

(四)列车广播

列车客运广播分为:上行列车广播和下行列车广播,其中所列时间为普通话广播时间,英语广播时间。

列车广播时间控制在乘客可接受的水平,约占列车运行时间的30%。

列车客运广播依据广播内容分为安全提示、卫生提示、公德倡导、企业宣传四类。

安全提示用语如"下一站,××,请下车的乘客做好准备,下车时请注意列车与站台之间的空隙"。

在遇到紧急情况,如事故停车、火灾/爆炸、投毒、发现疑似爆炸物、紧急疏散、改变运行方向、突发公共卫生事件、延长站停时间、越站通过、清客等发生时,要及时告知旅客并应告知采取的措施。

【研讨与质疑】
你认为客运服务过程中包含哪些安全问题?用什么方法能保证实现运营安全吗?
【学生讲坛】
1.试述人员安全保障系统的内容。
2.举例说明在行车组织和客运服务过程中保障运营安全的意义及方法。
【知识测试】
重点内容:
1.行车组织过程的内容。
2.客运服务过程的内容。
【技能训练】

模拟操作:作业组织

实训目标:
1.培养现场指挥与操作的能力。
2.培养应变能力。
实训内容与方法:
1.以学习小组为单位,设定轨道运营列车运行或客运服务的情境,由学生即时进行指挥与操作。

2.建议所定情境最好体现运营正常作业的场景与程序。

3.学习小组在班级进行交流与研讨。

标准与评估：

1.标准：重点考察运用运营作业程序正确性以及操作指挥的果断性。

2.评估：学习小组写出评价总结，根据研讨会上表现评定成绩。

任务三　城市轨道交通运营设备安全管理

安危相易，祸福相生，缓急相摩，聚散以成。

——战国《庄子·则阳》

【案例2-12】　车辆设备故障影响正常运行秩序

事件经过：11月21日，某城市地铁列车在正线运行时，两节车辆连接处380V电缆线一端外部金属护套松动脱落，导致该端裸露线缆头垂落至轨道位置，造成瞬间火花及响炮声音，列车紧急制动。事件导致2列列车掉线，7列列车晚点，该组列车两节车辆连接处380V电缆线损坏。

原因分析：

（1）直接原因：两节车辆连接处380V电缆线一端外部金属护套松动脱落。

（2）间接因素：车辆日检及出车前司机整备两道检车程序均未发现车辆连接处存在异常情况。

整改措施：

（1）车辆检修及整备司机应切实加强检车的细致程度，做好配合工作，加强工作责任心，共同发挥两道把关程序的作用。

（2）车辆日检工作中，作业人员应提高设备部件动手检查的实操程度，对发现的问题，及时采取措施。

【案例2-13】　列车故障造成列车清客和晚点

事件经过：107号车组在地铁一号线××站上行站台故障，司机尝试牵引无果，司机初步检查车辆短时无法修复，立即报告行车调度员，行车调度员立即通知××站启动列车清客应急处理；同时通知相邻车站H站停车的154次列车清客后，担当救援列车前往××站；通知全线各车站及时播报列车晚点信息。26min后，救援列车将××站故障车组107号拖离××站运行至终点站停放。此事件造成152次、154次清客，902次、156次、158次晚点20min以上，160次、162次、164次晚点10min以上，造成部分车站乘客积压滞留。

原因分析：

（1）直接原因：152次列车HBTR保持制动继电器故障，导致牵引继电器PRR无法得电，常用制动不能缓解，列车无牵引。

（2）间接原因：

①154次列车（117号车组）于9:06:00与152次列车（107号车组）连挂成功后，由于152次列车（107号车组）司机漏切除第五节车厢的EBCUN，造成152次列车（107号车组）仍无法缓解，直到9:15:57才切除所有车厢的EBCUN，152次列车（107号车组）司机切除整车EBCUN用时过长耽误救援，共用时15分31秒。

②从整个事件的过程可以看出152次列车(107号车组)司机业务能力、处理突发故障应急能力不足,在处理列车故障、进行列车救援过程中出现慌乱,影响列车在站台停留时间。

整改措施:

(1)加强业务考核,提高操作水平。各部门结合目前各岗位职责和岗位需求,加强人员业务培训和考核,掌握现场安全作业方法,并不断加以练习、应用,进一步提高各岗位业务技术水平和安全技术水平,保证地铁运营安全稳定。

(2)加强应急演练,提高紧急应对能力。各部门加强对各类紧急情况的应急预案和措施的培训、学习,加强应急演练工作,提高员工对突发事件的应对能力和处理能力。

(3)加强制度落实,提高执行力度。各部门要严抓员工制度落实情况,严格要求执行安全作业流程,形成稳定有序的作业秩序,减少异常及突发事件的发生,确保地铁运营安全。

【学生分析与决策】

1.你认为案例中事故的真正原因是什么?

2.你知道运营安全问题体现在哪些方面吗?

【知识研修】

利用先进可靠的运输技术设备,可以排除或减少人为错误所产生的严重后果。城市轨道运营安全设备包括:防止和排除人为错误的设备、对各种固定和移动设备的技术状态进行检测和诊断的设备,兼有扩能和保证安全的装置和救援抢险设备。通过提高作业自动化程度,实训短边的控制环节,优化、通过人—机系统的安全可靠度。

车辆、线路、供电、通信信号、机电等行车基础设备是城市轨道交通运营的基础,行车基础设备和城市轨道交通重大、大事故的关系总结如下:

(1)车辆是影响安全运营的最重要因素,车辆在运营线路上发生故障,可能导致列车中断运行,也可能导致列车颠簸、脱轨,对乘客的人身安全造成影响。所以说车辆故障对城市轨道交通系统运营安全的影响最大。

(2)线路是轨道交通行车的主要设备,如果线路出现问题,可能导致车辆脱轨等重大事故的发生,影响乘客的安全。线路需要经常检测、维修,以保证及时发现伤损情况,并进行处理。

(3)供电设备故障可导致长时间停运,本身不会导致乘客的伤亡,但是如果疏散不当,可能导致拥挤踩踏事件。

(4)机电设备故障本身不会导致乘客的安全问题,但是一旦发生意外突发事件,机电设备尤其是通风排烟系统对于抢险救灾意义重大。

(5)通信信号系统是列车安全运行的重要控制设备,是列车正常运行的保障,故障本身不会导致发生乘客伤亡的事故;若不能短时间排除,可以采用电话闭塞法行车,但会拉大行车间隔,降低运行效率。

在运营服务过程中,需定期对系统中的设备、物料进行更新、维护、维修、更换等施工作业。做好施工组织工作、确保施工安全,才能保证城市轨道交通系统设备、物料等符合技术标准,保证城市轨道交通系统的正常运营。在维修施工作业中一旦发生事故,势必会影响城市轨道交通系统的运行,因此,要高度重视维修施工作业安全管理,从而为城市轨道交通安全运营提供良好的基础和保证。

子任务一　运营设备维修施工安全管理

在城市轨道交通运营中，与行车相关的设备由站台安全门、轨道线路、供电、机电、信号、通信、防淹门等组成。由于运营维修施工作业都集中在夜晚运营结束后至第二天首班车运营前1h内进行，在维修施工过程中，有的施工需要工程车配合，有的施工需要其他专业配合，有的施工是不同专业交叉作业，有的施工需要封锁区间等，这就要求城市轨道交通运营维修施工管理部门必须制定一套严格的、行之有效的维修施工管理办法，编制合理的、科学的施工组织计划。有了施工管理制度和施工计划后，必须有一个施工组织管理机构。

一　运营线路设备维修施工组织与管理

（一）运营线路设备维修施工流程

在城市轨道交通运营单位，一般由行车组织部门担任维修施工组织的管理部门。其行车计划分析室负责受理运营线路施工作业申请，安排各项运营线路施工计划；调度指挥中心负责按施工计划统一组织、协调、指挥全线各项维修施工计划，并审批临时调整的运营线路的施工计划，以确保施工作业做到安全、合理和高效，如图2-16所示。

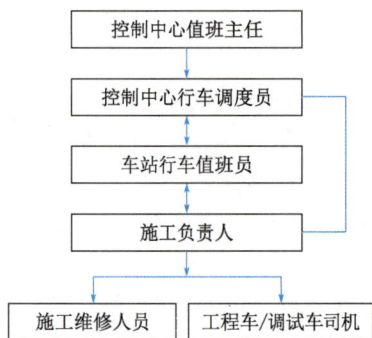

图2-16　运营线路维修施工组织管理流程图

（二）运营线路设备维修施工组织原则

（1）运营线路维修施工组织管理必须以"安全第一"为中心，坚持高度集中、统一指挥、逐级负责的原则。施工组织要高效、合理地安排运营线路的各种施工计划，确保全线列车的正常运行。

（2）采用接触轨供电方式时（又称"第三轨供电"），运营线路施工必须在接触轨停电之后，具备下路轨条件后才能进行；在特殊情况下，因行车设备故障或事故影响列车正常运行时所进行的各种抢修施工作业，在做好各种安全防护的前提下，才可以在接触轨不停电的情况下进行。

（3）为了保证地铁运营安全，任何人在任何时间内进入运营线路时，都必须向调度指挥中心申请。

【案例2-14】　两名维修人员被撞身亡

事件经过：2016年3月22日上午11时左右，新加坡地铁系统接获信号设备报警，行调立即通知维修部门，前往事故地点维修查验设备。维修施工获批准后15名检修人员进入巴西立站附近轨道检查设备。15名维修人员进入地铁正线赶往事故地点，一行人走在地铁轨道旁的维修专用道上，不幸的事件发生了，11时10分，两名年轻的维修人员24岁的莫哈默艾斯耶夫和26岁的纳斯鲁胡丁，被迎面驶来的列车撞击身亡（图2-17）。该列车当时载有35名乘客，乘客均未受伤。该起事件造成东西线地铁，也就是丹那美拉到巴西立的那条线被停止运行了超过2个小时。

图 2-17　事故现场

原因分析：

(1) 安全培训和安全教育不到位，两个维修员刚加入 SMRT 两个月，事发时正接受在职培训。

(2) 主管和安全员没有起到提醒监督的责任。两名维修员跟着主管，分别走在第二和第三位，后面尾随有 12 人，行进中两名维修人员当时想抄捷径，越过轨道，违规行为，没有人提醒和监督。

(3) 运营时间进入正线检查维修安全措施存在疏漏。

通过案例分析运营线路设备维修必须坚持施工组织原则，思想上不能马虎大意，行动上不能"三违"，作业上要严格执行标准化作业，管理上要扣紧"安全第一"这根弦。

二　运营线路设备维修施工计划安排

(一) 运营线路设备维修施工计划

1. 维修施工计划申请

对于运营线路上的维修施工计划，施工部门必须在每周规定的时间之前，向行车计划分析室上报下周运营线路施工计划申请。行车计划分析室根据"先重点后次要，先紧急后一般，先申请先安排"的原则，安排每周上报的运营线路维修施工作业计划，并在每周规定的时间之前将"行车通告"送达相关各单位和部门。"行车通告"是一周的施工计划，包括运营线路施工计划。

2. 维修施工计划内容

运营线路维修施工计划主要编写内容有：施工申请部门，施工工程范围，施工内容，施工负责人，施工作业人数，施工范嗣内的车站，施工作业有效期，施工作业注销日期，以及相关的说明。

有工程车开行的施工计划还应包括：工程车车辆编号，工程车的组成，所在的车辆段（或停车场），停车位置，工程车所配合的作业，工程车出发和到达时间，以及相对应的一些规定和说明。

（二）运营前设备维修施工线路出清检查

确定运营线路维修施工开始和结束时间一般在全线运营结束,全线接触轨停电完毕后,具备进行运营线路施工条件时,行调全呼全线各车站,通知可以办理施工作业的相关手续。此时,运营线路施工就正式开始。运营线路施工结束时间一般为首班车发车时间前1h。

（三）运营线路设备维修施工计划的落实与执行

已经被批准维修施工计划的施工负责人,在每晚末班车开行前半小时与控制中心核实当天施工作业的具体安排和相关注意事项。若在末班车发车前不与控制中心联系,则该项施工计划将自行取消,控制中心当日将不再予以安排。

控制中心行调根据运营线路维修施工计划中的各项内容,划分相应的施工作业工程区域。

施工负责人根据维修施工计划安排,在正常运营结束之后,到指定的车站申请施工;施工计划核实无误后,控制中心行调给以安排,下达施工特许证。若施工申请与施工计划不相符,则交由控制中心值班主任处理。

施工计划得到控制中心批准后,车站填写施工特许证(一式两份,分为正联和副联),并将正联交付给施工负责人,作为施工队伍占用线路施工唯一的凭证。施工单位持施工特许证才可进入施工区域开始施工作业。施工特许证副联由车站保存,作为存根。

由于每天运营线路的维修施工都比较多,为了方便施工作业申请和注销,施工特许证号码每月从001开始,按序号递增使用;次月施工特许证号码编号再从001开始,按序号递增使用。

施工作业完毕后,施工负责人负责对所维修、维护的运营设备和相关设施进行检测、调试,确保运营设备能正常工作。

施工作业全部结束后,施工人员要及时撤离施工现场;施工负责人应按规定要求清点进入现场人数、清点工具用品、清理现场和检查限界,以确保列车的安全运行。检查结束、施工人员全部到达规定车站的站台后,施工负责人可以到车站办理施工特许证注销手续。

车站核实相关内容无误后,与行调办理注销手续。注销手续完成后,车站要向施工负责人收回施工特许证,并在车站保存3个月,以备查验,如图2-18所示。

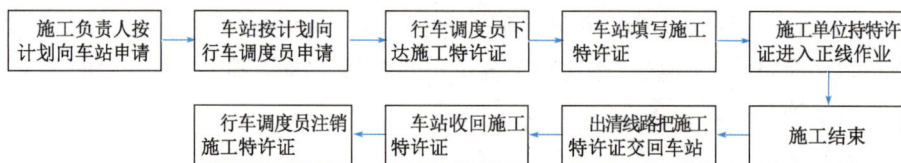

图2-18　运营线路维修施工作业流程图

（四）营线路设备维修施工作业异地注销办理

"异地注销"的施工是指施工登记车站与施工注销车站不一致的施工。

一般情况下可以做如下安排:

(1)施工登记车站在与行调办理完施工手续后,应及时用电话通知施工注销车站。

（2）施工注销车站在接到施工登记车站通知后，应及时做好相应施工登记。

（3）施工完毕，施工注销车站与行调办理完注销手续后，施工注销车站应及时用电话通知施工登记车站注销该项施工。

子任务二　车辆运行与维护安全管理

车辆是城市轨道交通系统的旅客运载工具，在保证运行安全、准点、快速的基础上，还要为乘客提供良好的服务条件。车辆部门与运营部门有着非常密切的关系。车辆的技术状态良好是保证列车运行安全的基本条件。

一　车辆部门应保证相应的安全措施

（1）针对设备老化的问题，在没有更新车辆设备之前，加强对职工的安全教育，强化质量问题就是安全问题的意识，对重点部位死看死守。检修部门加强对车辆的监控，制订严格的维修养护措施；派出专人在运营线上对车辆进行监控，及时向车间反馈故障信息。

（2）针对容易发生事故的隐患，认真贯彻"抓小防大、安全关前移"的思想，制订和完善各种规章制度及作业标准。

（3）对老化车辆进行更换，以此提高车辆的安全性、可靠性、稳定性，降低车辆的故障率。

（4）在客室内安装与驾驶员对讲装置，以保证在紧急情况下乘客能与驾驶员交流。

（5）在列车上安装安全监控设备，提高车辆自动化水平，以防止在运营过程中驾驶员误操作和车辆故障造成行车事故。

（6）提高备品备件质量，应选取有资质的生产厂家，统一进货，以保证备件质量安全可靠。

【案例 2-15】　列车故障影响正常运营

事件经过：2013 年 1 月 17 日，2033 次 TP401 车担当运营任务。列车运行至北苑路北站 TMS 显示时间 7 时 53 分，距离停车标约 30 厘米时，列车紧急制动。司机试验 RM 模式、EUM 模式推牵引，均显示 EB 紧急制动不缓解。断开 ATP 保险 1、2，ATO 保险 5 秒后闭合。再次试验 RM 模式、EUM 模式仍显示 EB 紧急制动不缓解。

7 时 54 分，与行调联系说明情况，处理故障，同时打开车门让乘客乘降。

7 时 55 分，司机接行调预清客命令。接到预令后司机先查看紧急按钮、查看风压表均显示正常。使用 ATP 切除仍不缓解，牵引制动控制保险断开后重新闭合仍不缓解。闭合 ESS 闸刀试验，仍显示 EB 紧急制动不缓解。闭合关门旁路、常用制动不缓解保险、开门旁路、带铅封闸刀破铅封后试验故障依然存在。

7 时 58 分 TP401 车 2033 次司机接行调命令 TP401 车在北苑路北站清客。司机向行调请求救援。清客完毕后司机关闭车门，8 时将头尾开关打到"尾"位，跑到尾车将头尾开关打到"头"位，进行尾车牵引制动试验，尾车试验正常。

8 时 11 分，2034 次司机使用电台联系不到行调，立即给行调打电话，接调度命令在北苑与 2033 次连挂，2034 次北苑清客。北苑路北站至天北回段，车次为 2701。复诵调度命令无误后 2034 次司机向乘客做好相应广播，使用风闸，建立 RM 模式，以 3km/h 速度进行连挂并进行了试拉。同时，2033 次司机返回头车，与救援列车司机联系，通知改按站间自动闭塞,对标停车后清客。救援车司机听从被救援车司机指挥按信号、线路情况走车。8时20分,连挂列车凭出站信号机闪动绿色灯光发车。

原因分析:

(1)事故发生直接原因:司控器警惕按钮行程开关接线存在断点,接线已断裂。

(2)间接原因:

①管理和维修人员对5号线车辆隐患重视不足,此类故障已经发生多次,未引起相关人员足够重视;

②未能完善单司机制实行后车辆故障的应急处置措施;

③部分维修人员对提高车辆维检修质量和水平的认识不足,未能避免此类故障再次发生。

整改措施:

(1)完善5号线车辆维修维护规程和标准,加强日常检查、测试等工作。

(2)完善相关车辆故障应急处置办法。

(3)结合1月其他事故开展安全大讨论。

本案例说明车辆的日常检修作业非常重要,车辆的安全状态是保证地铁运营安全的基础。正线运行的列车如果发生机电故障、脱轨、撞车等事件,轻者影响地铁运行,造成运行中断、晚点,给广大乘客出行带来不便;重者会影响广大乘客带来生命安全,国家财产受到损失。所以车辆维修维护要严格遵守规程和标准,落实检修工艺标准,加强日常检查、测试等工作。

二 电客车日检作业

电客车日检作业是指电客车每日入库后进行的日常检查,保证电客车安全无故障的运行。对于不能处理的故障及时上报工长和调度主管。

(一) 日检程序的工作流程

当电客车入库后,当值工长或其指定负责人向DCC申请日检作业,并在领取《日检记录单》后进行日检作业。日检过程中发现的故障及时记录在《个人手账》中,实行先检后修的方式作业,不能处理的故障及时上报工长和调度主管。作业人员需认真填写《日检记录单》。日检结束后,工长或指定负责应及时将所检列车的《日检记录单》返还DCC,同时申请下一辆车进行日检作业。

(二) 日检程序的注意事项

(1)员工作业前应按规定穿戴好安全帽等劳动保护用品,并携带作业工具,方可进入作业区域。

(2)日检车下作业前须严格确认受电弓是否已经降下,并确认车内无人作业后,将列车禁动牌悬挂于列车两端车钩处。

(3)车下作业完成后,方可进行车上作业;禁止车上车下同时作业。

(4)车上日检作业时,须在主控手柄处加挂禁止合闸牌。

(5)日检作业结束后,清理工作现场,撤除防护标志,方可撤离。

(三)电客车日检范围

1. 车下部分

车下部分的检查是保障电客车安全运行的根本。

(1)外观检查。检查车体外部有无异常;检查玻璃外观是否良好,有无破损;检查前照灯灯罩有无破损;检查雨刷外观是否良好,安装是否牢固,水管连接是否良好,有无破损;检查风挡外观有无异常。

(2)车钩检查。外观检查,有无裂纹;安装螺栓有无松动现象,开口销是否完好;连接环有无裂纹,连接螺栓螺母有无松动现象;空气连接器有无漏风声音,密封圈有无龟裂、老化、破损等。

(3)转向架检查。此检查项目对列车的运营安全有着直接的影响,检查的方面很多,主要的检查项目如转向架外观有无裂纹、损伤和不正常磨耗;检查辗钢轮踏面有无擦伤、裂纹、剥离,车轮踏面暗伤及局部凹下深度≤0.3mm;踏面剥离长度:一处时≤30mm,二处时(每一处)≤20mm,轮轴不得有肉眼可见裂纹,轮轴安装有无弛缓,注油堵安装是否良好,阻尼器安装是否牢固、有无损伤;检查横向减震器和垂向减震器是否有漏油现象,表面有无明显凹陷、变形及损伤,螺栓是否松动;检查闸瓦磨耗是否到限<15mm,(日本闸瓦<10mm)闸瓦销安装是否正确等。

(4)制动系统。检查所有阀门位置是否正确;检查车下气路、管路有无破损现象,连接是否牢固,有无明显泄漏;检查制动控制单元、空压机控制装置箱体后面连接管路有无漏气现象,吊挂安装是否牢固;检查空压机外观是否良好,连接管路是否牢固、有无漏气现象,油位是否在规定范围内,空压机油有无变色及乳化现象;检查主风缸、制动风缸外观是否良好,有无漏气现象。

(5)电气系统。检查车下电气箱表面是否有破损现象,吊挂螺丝是否牢固,箱盖锁闭是否良好,开口销是否完好无缺;检查电气箱引出线、插头与插座连接处是否牢固可靠;检查电器连接器是否安装牢固,金属保护管表面有无破损现象;检查各高压、低压接地线安装是否牢固,节点连接是否良好;检查车下所有走线表面有无异状,线夹板与导线是否可靠固定,金属保护软管有无破损现象等。

2. 车上部分

车上部分的检查是主要是从乘客服务方面着手,保证车内正常设备的安全运行,排除一切影响乘客安全的隐患。

(1)客室检查。检查扶手、立柱安装是否牢固;检查灭火器是否齐全,状态是否良好;检查客室内装饰板、通风隔栅、通道外观是否良好,安装是否牢固;检查 LED 终点站显示、LED 动态地图显示、LED 图文显示是否正确,外观是否良好;检查地板面有无破损,玻璃有无破损。

(2)电气系统检查。检查空调、电热(冬)工作是否正常,机组有无异常振动或噪声;检查列车广播系统各功能是否良好;检查车厢照明是否良好,检查应急照明灯是否工作正常,灯带有无破损等。

(3)车门系统检查。检查门开关动作是否灵活、无卡滞,开关门时有无异音,开关门时间约 3～4s;检查开关门指示灯及外侧指示灯显示是否正确;检查门外观有无破损,安装是否牢固,门罩板锁闭是否良好;检查紧急解锁手柄位置是否正确,罩板是否完整;检查驾驶员室手动塞拉门锁闭是否正常,开关门动作是否灵活。

(4)驾驶员室检查。检查刮雨器水箱是否缺水;检查驾驶员台外观是否良好,驾驶员台上各按钮、开关、仪表有无破损;检查驾驶员室座椅外观是否良好、无破损;检查地板面、玻璃、各装饰板外观是否良好,有无破损。

3. 对日检列车进行简单静调

(1)蓄电池:电压值不低于77V。

(2)升弓:时间<8s;升弓好指示灯亮、本车主控指示灯亮、它车指示灯亮;网压显示等。

(3)雨刷:有/无水(雨季检查动作灵活、喷水方向正确)。

(4)制动系统:紧急制动施加/缓解正常;1—7级制动和快速制动的施加与缓解正常;停放制动的缓解与施加正常。

(5)列车广播系统:功能检查,客室监视、报站功能等。

(6)空调:各工况工作正常。

电客车经过日检程序,由维修人员填写工作记录单及日检记录并签名确认后交给工长,由维修工长进行两种记录单一级审核,经审查合格交与调度主管进行二级审核,经审查合格后此日检电客车方可具备客运条件。

三 车辆走行部的检修工作

走行部的检查是保障电客车安全运行的基础。走行部设备检修从两大部分着手,分为转向架和制动系统。

(一)转向架检修

转向架是列车行走的基础,所以它的检修和维护是日检和月修、定修中必须进行的工作。检查的项目对列车的运营安全有着直接的影响,主要检查转向架构架外观有无异常,电机吊座、齿轮箱吊台可见部位有无裂纹。扫石器高度在35±5mm范围内有无损伤、变形,安装是否良好。电机外表面是否清洁,在转向架上是否固定,孔盖是否固定,有无松动或丢失螺栓,电动机导线和速度传感器导线的表面有无破损,过滤器有无异物堵塞和黏着转速传感器导线接头有无破损。轴承有无漏油,外部有无破裂,变形和受损。

整个转向架检修后按规定必须达到:

(1)齿轮驱动单元。螺钉无松动,防松件完好,齿轮箱无漏油现象,有足够的润滑油,润滑油无乳化或变质现象。

(2)轮对。车轮表面无异常,安装无弛缓。车轴表面无裂纹。轴箱组装表面无明显裂纹,前盖安装螺丝无松动。

(3)一系悬挂装置。一系钢簧无折断、碰圈。垂向油压减振器无漏油现象,表面无明显凹陷、变形,安装螺栓无松动。转臂无裂纹,安全吊安装牢固。

(4)二系悬挂装置。空气弹簧空气无泄漏。侧滚扭杆表面无裂纹,安装牢固。高度调整阀、差压阀无漏泄、安装牢固、表面无异常。高度调整杆不需拆下,球轴承清洁,并涂润滑脂。

（5）牵引装置。横向挡外观无异常,安装状态良好。横向挡更换标准;横向油压减振器无漏油现象,表面无明显凹陷、变形,安装螺栓无松动。中心销与车体安装螺栓无松动。中心销压盖螺母紧固良好,开口销完好。

（6）联轴节。无漏油,且所有的螺钉和螺母都处于锁紧状态,表面无硬伤。橡胶堆的裂纹。

（二）制动系统的检修

制动系统在轻轨的运行安全中占有很大的比重,面临雨季行车的组织,除了信号系统要完善外,制动系统也十分常重要的一环。

（1）检修制动缸。

（2）制动系统:检查所有阀门位置是否正确;检查车下气路、管路有无破损现象,连接是否牢固,有无明显泄漏;制动系统出现问题,一般我们要检查空气压缩机有无漏油、乳化现象;油量处于 max ~ min 之间。空压机进气滤尘器应清洁,各风缸、过滤器排水排污应正常。

（3）吊挂瓷瓶清洁。外观无异常。吊挂螺栓无松动,防缓线清晰、无错位。

（4）在所有的走行部都检修完毕后,则进行电客车架车,将其各部件装回去。测试完毕后,列车才能投入使用。

检修工作是在日常检修中经常进行的,每一天的运行后,日检班组都要进行详细的检查,发现问题及时处理,对日常运营提供强有力的保障。

四　车门故障的处理办法

列车在站台开关门作业时,如有车门打不开,驾驶员是无法第一时间得到信息,只能由站务人员先发现一个或几个车门没有打开,然后通知驾驶员,当驾驶员获取列车车门故障后,副驾驶员及时用手持台和车载台将列车编号、担当车次、当时位置、故障处所以及故障详情汇报运转值班员及 OCC 行车调度员。

（一）列车车门故障情况

（1）一侧车门有一个或几个无法打开。

（2）同一侧车门全部不能打开。

（二）车门故障处理办法

当驾驶员发现有车门未能打开时,应立即到该车门前,察看车门的情况,是否可以立即处理,确认可以处理后将故障车门隔离。主要分为以下几个步骤:

第一步:驾驶员打开该门上的门罩板,门罩板内有电源开关按钮,将按钮按下,就可以将该门断电,使该门处于独立状态并与其他门隔离,不受控制台上开关门按钮的控制。

第二步:驾驶员要将故障门打开,手动将故障门复位,再检查确认是否已将门关好。

第三步:确认门关好后,将故障门隔离。使用三角钥匙在门的左下角的钥匙孔内旋转至"关"位将故障门锁闭。这样可以保证车在运行途中,车门不会因外力影响而打开,保证列车的运行安全。

第四步：待上述工作做完后，要将车罩门关好，以免对乘客造成伤害。

第五步：确认车门锁闭好后，在故障车门上加贴无效标，要车门内外一起贴，对上下车的乘客提到提醒的作用，使乘客可以远离故障车门，确保乘客的乘车安全。

第六步：驾驶员进行故障处理后，将处理结果及处理后列车状态及时汇报运转值班员和OCC行车调度员，等待检修人员上车处理或回段处理。

当出现一侧车门都不能打开的情况时，驾驶员首先要分析造成这种情况的原因，判断是否可以处理。如在正线无法处理，就回段处理。驾驶员检查空气开关是否脱扣，如开关跳开，驾驶员可以打开电器柜将空气开关复位，然后再进行开关门作业，就可以恢复。如故障原因不明，由副驾驶员到后端驾驶室采用开左门作业打开车门，这样做会延长各站的停站时间，造成列车晚点。所以通常在车门无法恢复情况下，安排故障列车回段处理。

【研讨与质疑】

你认为车辆部门应如何保证实现运营安全吗？

子任务三　供电系统运行与维护安全管理

城市轨道交通供电系统，尤其是地铁供电系统，是保障运营的动力能源，是安全运营的重要设施。若断电，地铁列车将不能运行。停电本身不会导致乘客的人身安全问题，但是若疏散引导不利，会造成乘客的拥挤踩踏事故。

主要考察的问题有：设备服役期限、设备老化情况、设备技术水平、设备与环境的适应性、设备结构设计、备件备品情况等。

【案例2-16】　供电设备出现故障造成车辆"趴窝"

事件经过： 2013年9月8日晚，杭州地铁1号线近江站至江陵路站区间发生了开通以来最惊险的1h，地铁行驶至近江站至江陵路站区段时，突然停了下来，无法行驶，而它的上方正是汹涌的钱塘江。原因是"供电系统故障"（图2-19），导致其中一辆列车停在隧道无法运行，结果导致地铁全线延误48min，25趟列车不同程度受影响。除了113名乘客在隧道里走了十多分钟才出站外，各站点数百名乘客出行也因此受到影响，有的甚至因此没能赶上高铁。

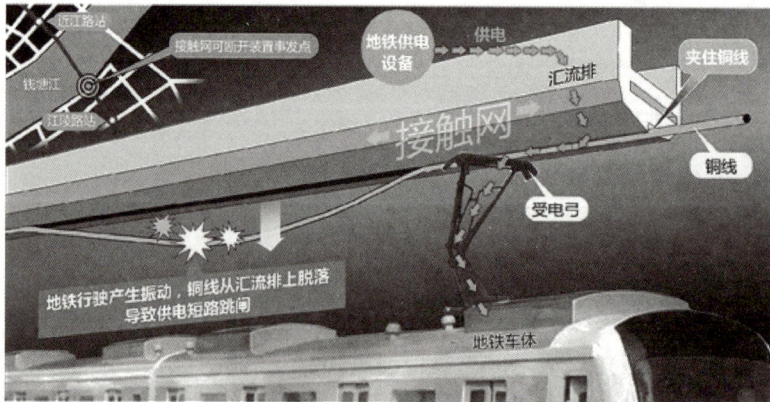

图2-19　运营线路供电短路、跳闸

原因分析：

（1）供电设备故障，导致供电短路、跳闸。隧道潮湿导致接触网可断开装置腐蚀引起的。

(2)地铁设计存在瑕疵,隧道环境影响地铁安全考虑不够周全。

(3)日常检修发现问题,要求厂家更换,但厂家没有及时处理。

制订完善的供电系统安全管理制度和维护检修制度,对供电的重点部位加强监护,保证各系统持续、稳定、可靠地供电;及时改造存在火灾隐患的供电设备。这样做才能保障城市轨道交通供电系统的正常运行。

一 供电系统作用与功能

(一)供电系统的作用

城市轨道交通供电系统是城市轨道交通系统中最重要的基础能源设施,其作用是为轨道交通系统中的各种用电设备提供动力电源,确保轨道交通列车车辆和各设备系统的正常运行。

供电系统包括:

(1)供电局地区变电所与轨道交通主变电站之间的输电线路。

(2)轨道交通供电系统内部牵引降压输配电网络。

(3)直流牵引供电网和车站低压配电网。

(4)电力监控系统。

(5)防雷设施和接地系统。

(二)供电系统的功能

供电系统的功能是向城市轨道交通各机电设备系统提供安全、可靠、优质的电力供应,满足各系统的用电要求。

接触网(接触轨)是轨道交通供电系统中向电动车组供电的直接环节,它是牵引供电系统的一个重要组成部分。

电力监控系统是实现供电系统自动化调度管理的重要工具,电力监控系统的优劣,直接关系到全线供电系统的安全与可靠运行。实现对沿线各变电所内主要电气设备的"五遥"功能:遥控、遥信、遥测、遥调、遥视。

为保障供电可靠性,各沿线牵引变电所、降压变电所、牵引/降压混合变电所均采用两路电源供电。

二 供电系统维护与检修安全措施

(一)变电设备日常维护与检修安全措施

变电设备维检修和预防性试验,因为涉及供电运行方式转换,因此对信号系统、通信系统、机电系统、AFC系统的设备,对沿线车站、控制中心、车辆段、停车场的办公、生活用电都会造成影响。

变电设备日常维护和检修主要围绕设备的机械和电气性能检测、电气参数检查、软件升级、元件紧固、更换和清洁等工作开展。安全要求如下:

（1）变电所的所有电气设备自第一次受电开始即认定为带电设备，之后，上述设备的一切作业必须按安全工作规定严格执行。

（2）若有停电的甚至是因事故停电的电气设备，在未断开有关断路器和隔离开关并按规定做好安全措施前，不得进入相关设备区，且不得触摸该设备，以防突然来电。

（3）任何人发现有违反规程的情况应立即制止，经纠正后才能恢复作业。各类作业人员有权拒绝违章指挥和强令冒险作业；在发现直接危及人身、电网和设备安全的紧急情况时，有权停止作业或者采取可能的紧急措施后撤离作业场所，并立即报告。

（4）在设备因故障停电时，若已经派人员到现场检查，在未与现场人员取得联系前，不得对停电设备重新送电。

（5）当作业人员进入电容器室（电器柜）内或在电容器上工作时，要将电容器逐个放电，并进行接地和做好其他安全措施后方可作业。

（6）当电气设备着火时，要立即将该电气设备电源切断，然后按规定采取有效措施灭火。

（7）在变电所内作业时，带电部分严禁用棉纱、酒精等物品擦拭，以防起火。

（8）在所有供电设备附近搬动梯子或长大工具、材料、部件时，要时刻注意与带电设备部分保持足够的安全距离，并防止碰伤六佛化硫封闭式组合电器等设备的外壳。

（9）在室内给设备充装六氟化硫（SF_6）气体时，周围环境的相对湿度应不大于80%，同事必须开启通风系统，并避免六氟化硫气体泄漏到工作区。

（二）接触网日常维护与检修安全措施

接触网的日常维检修除步行巡视和乘电客车巡视外，由于需要动用轨道车作业，还需要与电客车调试、线桥、信号、机电及其他线路施工作业进行协调，来确保安全。安全要求如下：

（1）接触网的各导线（如接触线、承力索、馈线、吊弦等）及其相连部件（如腕臂、定位器、定位管、拉杆、避雷器等）都带有高压电，禁止直接或间接（指通过任何物件，如棒条、导线、水流等导电体）与上述设备接触。

（2）当接触网的绝缘不良时，在其支柱、支撑结构及其金属结构上，在回流电缆与钢轨的连接点上，都可能出现高电压，因此，平常应避免与上述部件接触；当接触网绝缘损坏时，禁止与之接触。

（3）为保证人身安全，任何人员及其携带的物体（经检测合格的绝缘工具除外）应与带电接触网、受流器保持足够的安全距离。1500V接触网的安全距离为700mm。

（4）进行在接触网或与接触网距离小于其安全距离的作业前，接触网必须停电，并做好安全措施后方可工作。一般来说，其安全措施是停电、验电、挂接地线和悬挂标志牌。

（5）接触网断线及其部件损坏或接触网上挂有异物时，不得与之接触，并对该处加以防护，任何人均应与断线落下点保持8m以上距离，以防跨步电压触电。

（6）当行人持有木棒、竹竿、彩旗和皮鞭等高长物件，过道口走近接触网下时，不准高举挥动，须使物件保持水平状态走过道口。

（7）汽车过平道交口时，货物装载高度不得超过4.5m；在装载高度超过2m的货物上，通过道口时严禁坐人。

（8）当区段内接触网停电接地时，不得向该区段接发电客车；当司机发现接触网异常或出现故障时,要立即停车并降下受电弓。

(9)在接触网没有停电并接地的情况下,禁止到电客车、内燃机车及工程车车顶上面任何作业。检修库内,在接触网停电并接地以前,禁止登上车顶平台。

(10)凡可能进入轨道区域的地方必须张贴"当心触电"警告标志。

(11)所有进入接触轨区域的人员必须穿绝缘鞋(或绝缘靴)和有高可见度的反光背心。

(12)接触网专业人员按规定检修接触轨设备外,其他任何人员,即使在接触轨已经停电挂底线的情况下,也不得擅自接触、碰摸接触轨及其附件。

(13)安装有接触轨的轨行区需疏散乘客时,原则上接触轨应停电,做好安全防护后再组织疏散。

(14)道闸操作、验电、挂拆接地线、处理接触网(轨)上异物时,操作人员必须戴高压绝缘手套。

(15)带电更换低压熔断器时,操作人员要戴防护眼镜,站在绝缘垫上,并要使用绝缘柄钳或绝缘手套。

三 对维修人员的要求

(一)基本要求

(1)值班人员必须熟悉电气设备。单独值班人员或值班负责人还应有实际工作经验。

(2)设备不停电时工作人员应保持安全距离。

(3)不论高压设备带电与否,值班人员不得单独移开或越过遮栏进行工作。

(4)变、配电室内应有良好的照明设备,值班室内安装长明灯,事故照明应与普通照明分开,且切换功能良好。

(二)高压设备的巡视

(1)单独巡视高压设备的值班员,巡视高压设备时,不得进行其他工作,不得移开或越过遮栏。

(2)雷雨天气,需要巡视室外高压设备时,应穿绝缘靴,并不得靠近避雷器和避雷针。

(3)高压设备发生接地时,室内不得接近故障点4m以内,室外不得接近故障点8m以内。

(4)巡视配电装置,进出高压室,必须随手将门锁好。

(三)倒闸操作

(1)发布命令应准确、清晰、使用正规操作术语和设备双重名称,即设备名称和编号。

(2)发令人使用电话发布命令前,应先和受令人互报姓名。

(3)值班调度员发布命令的全过程(包括对方复诵命令)和听取命令的报告时,都要录音并作好记录。

(4)倒闸操作由操作人填写操作票;每张操作票只能填写一个操作任务。

(5)停电拉闸操作必须按照断路器(开关)—负荷侧隔离开关(刀闸)—母线侧隔离开关(刀闸)的顺序依次操作,送电合闸操作应按与上述相反的顺序进行。严防带负荷拉合刀闸。

(6)在发生人身触电事故时,为了解救触电人,可以不经许可,即行断开有关设备的电源,但事后必须立即报告电力调度员和上级。

(四)悬挂标示牌和装设遮栏

(1)在一经合闸即可送电到工作地点的断路器(开关)和隔离开关(刀闸)的操作把手上,均应悬挂"禁止合闸,有人工作!"的标示牌。

(2)如果线路上有人工作,应在线路断路器(开关)和隔离开关(刀闸)操作把手上悬挂"禁止合闸,线路有人工作!"的标示牌,标示牌的悬挂和拆除,应按调度员的命令执行。

(3)部分停电的工作,安全距离小于规定距离以内的未停电设备,应装设临时遮栏。临时遮栏与带电部分的距离,不得小于规定数值。临时遮栏可用干燥木材、橡胶或其他坚韧绝缘材料制成,装设应牢固,并悬挂"止步,高压危险!"的标示牌。

(4)在室内高压设备上工作,应在工作地点两旁间隔和对面间隔的遮栏上和禁止通行的过道上悬挂"止步,高压危险!"的标示牌。

(5)在室外地面高压设备上工作,应在工作地点四周用绳子做好围栏,围栏上悬挂适当数量的"止步,高压危险!"标示牌,标示牌必须朝向围栏里面。

(6)在工作地点悬挂"在此工作!"的标示牌。

(7)严禁工作人员在工作中移动或拆除遮栏、接地线和标示牌。

【研讨与质疑】

你认为如何使用供电设备保证运营安全吗?

子任务四　通信信号系统运行与维护安全管理

通信信号系统是轨道交通企业迅速、准确、可靠地传递和交换语音、图像、数据信息的内部通信网,是列车安全运行的重要辅助设备。城市轨道交通必须配备专用的、完整的、独立的通信系统,以集中统一指挥,构成城市轨道交通各部门之间的有机联系,保证城市轨道交通列车运行的安全、可靠、准点,实现行车调度和列车运行自动化。

【案例2-17】　信号系统故障影响正常运行

事件经过:2015年10月23日7时35分,北京地铁10号线因角门西至火器营区段信号故障,导致该区段双方向列车间隔较大,部分列车晚点,其后果就在整条10号线蔓延开来。不仅这条线路部分列车晚点,而且1号线、6号线、13号线和15号线都受到波及。

当年有多次由信号故障或者列车车载信号故障导致,地铁不能正常运营,造成乘客滞留,影响了乘客出行。

原因分析:

(1)主要原因在于10号线建设周期较短,几期地铁贯通之后形成庞大的系统,运营压力巨大。

(2)10号线信号系统由西门子公司提供,而其核心技术并不由地铁公司掌握,造成维修较难。

对通信信号设备,主要检查设备故障数量、设备故障率、自动化水平及设备稳定性等。

对信号设备、车载设备、电视系统、调度集中等发生故障频率比较高的设备,制订专门的规章制度,保证通信信号故障发生后快速解决。

一 通信信号系统

城市轨道交通通信信号系统由无线通信系统、专用调度电话、时钟系统、广播系统、电视监控系统、大屏幕信息显示系统、电源系统、综合数据处理系统、光纤数字传输系统、数字电话交换系统、闭路电视监控系统,无线通信系统以及车站广播系统等组成。

1. 无线通信系统

无线通信系统主要解决固定人员(调度员、值班员)与流动人员(驾驶员、维修人员、检修人员等)及其相互之间的通话及数据传输问题。

2. 专用调度电话

专用调度电话是控制中心调度员组织、指挥所辖范围内的值班员的一种专用通信设备,为控制中心调度员与车站、电力、防灾部门的工作人员提供专用的直达通信工具,确保调度指挥命令迅速下达、可靠执行,为安全、准确、快捷的轨道交通提供重要保障措施。

3. 时钟系统

时钟系统为全线运营组织、客运管理各部门、车站及其他系统提供统一的时间基准。

4. 广播系统

广播系统具有中心级广播系统和车站级广播系统两级控制方式,并可设置四级优先权。在它们之间通过 OTN 传输系统提供的通道连接,其中一路传输语音,一路传输数据(控制指令和网管信息)。

5. 电视监控系统

电视监控系统作为轻轨交通运营的重要设备之一,主要用于车站值班员、控制中心调度员监视站台站厅、辅助指挥车辆安全进站出站及当发生灾情或突发事件时监视疏导客流。

6. 大屏幕信息显示系统

大屏幕信息显示系统是调度指挥中心重要的监视设备,可以监视各车站站台,站厅等部位现场情况;监视沿线车辆运行状况,包括线路轨道和道岔的示意图,信号灯的工作状况,车辆在线路上的具体位置等;监视电力控制系统信息。

7. 电源系统

电源系统为通信各系统提供稳定、可靠的电源保障,在外电发生故障的情况下,依靠不间断电源设备 UPS 继续保证通信系统正常运行。

8. 综合数据处理系统

综合数据处理系统对通信各系统及通信设施进行在线监测。监测的内容包括:
(1)光纤监测:光纤状态。
(2)动力环境监测:UPS 电池电流、电压,机房温湿度、窗破等信息。
(3)综合网管:通信各系统告警信息。

二 信号系统

城市轨道交通信号设备是城市轨道交通的主要技术装备，它担负着指挥列车运行、保证行车安全、提高运输效率的重要任务。城市轨道交通的信号系统通常由列车运行自动控制系统(ATC)和车辆段信号控制系统两大部分组成，用于列车进路控制、列车间隔控制、调度指挥、信息管理、设备工况监测及维护管理，如图 2-20 所示。

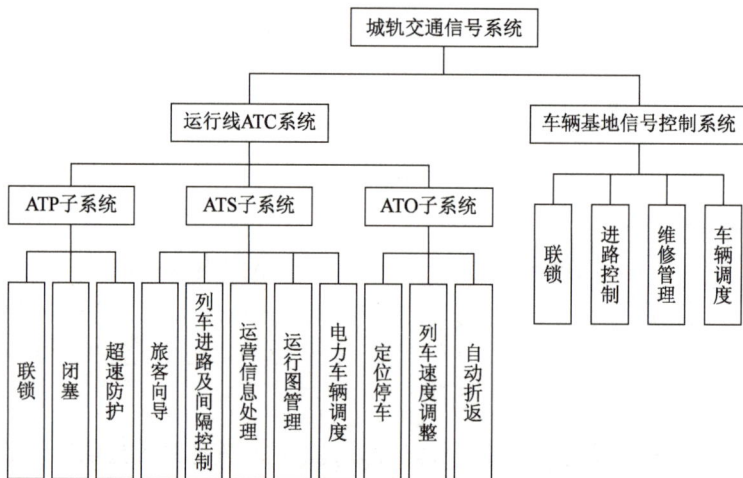

图 2-20　城市轨道交通信号系统

列车自动控制(ATC)系统是城市轨道交通信号系统的最重要的组成部分，它实现了行车指挥和列车运行自动化，最大程度地保证列车运行安全，提高了运输效率，减轻了运营人员的劳动强度，提高了城市轨道交通的通过能力。ATC 系统运用了许多当代重要的科技成果，技术含量高。

信号设备是保障顺利运营的重要设备之一，在自动信号系统下列车的运行、停站和发车等都是靠信号设备来控制的。

（一）正常情况下的列车运行安全措施

1. 防止撞车

防止撞车即防止撞上前面的列车，防止进入未开通的进路，防止冲出尽头线，防止进入封锁区段，防止进入发生故障的进路。

2. 防止超速

防止超速即防止超过线路限速，防止超过列车允许最高速度，防止超过道岔限制通过速度，防止超过限速区段限速，防止超过临时限速，防止超过其他限速。

3. 安全门控

安全门控有信号和车辆共同完成。列车不在指定位置停车，不允许打开车门；如果列车未停稳，不允许打开车门；列车停车后车门没关好不允许发车。

4. 联锁

防止排列敌对进路；排列进路后必须锁闭道岔；列车占用道岔区段后应锁闭道岔；列

车接近时实施延时解锁;紧急停车按钮;其他联锁功能。

5. 其他防护

其他防护是指某些特殊气候和情况,例如台风、地震、暴风雪等等,一旦发生影响列车运行安全的情况,可以通过 ATC 系统使列车停止运行,以保障旅客生命和国家财产安全。

(二)建立设备故障报修程序

设备故障报修程序如图 2-21 所示。

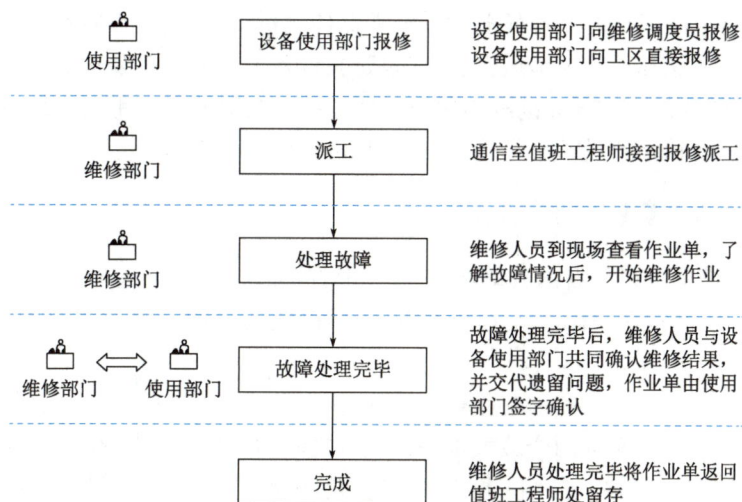

图 2-21　设备故障报修程序

【研讨与质疑】

你认为通信信号部门如何保证实现运营安全?

子任务五　线路桥隧设施运行与维护安全管理

线路与桥隧是轨道运输的基础设施,是连接各个车站,跨越、穿越城市,将城市轨道交通连接成网络的重要组成部分,是列车运行的基础,是安全运输的保障。线路的安全应对措施有:

(1)对于线路不满足现行规范要求的问题,通过制定列车限速标准,设置标识,以保证行车安全。

(2)按钢轨探伤周期,严格执行《工务维修规则》,以保证及时发现轨道的各种伤损情况,及时采取各种措施进行处理。

(3)对道床开裂、破损地段定期监测,及时进行修复,及时处理线轨枕墩松动等问题。

【案例 2-18】　道岔故障影响列车运行

事件经过:2012 年 6 月 25 日上午 8 时 41 分,某地铁四惠东站 1、2 号道岔发生故障,导致列车无法正常进出站,部分列车在四惠、王府井折返,四惠东站采取临时限流措施。该事件导致换乘乘客积压至四惠站,由于地铁在王府井站折返,导致王府井站从西向东方向上车客流增大。5 分钟后故障排除吗,地铁恢复运行。

原因分析:四惠东站 1、2 号道岔故障,导致列车无法正常进站,造成客流积压。

道岔作为线路的重要部分，担负着列车折返、换线任务，由于构造因素，道岔存在很多薄弱环节，该设备的状态是否良好安全，直接关系到行车安全。

一 线桥维修工作的基本任务

支承、引导车轮运行的轨道，在机车、车辆荷载等因素的作用下，它的几何形位（轨距、方向、高低）经常变化，从而形成轨道的各种不平顺。轨道的平顺状态不仅直接影响运行安全、行车速度、平稳舒适性、车辆轨道部件的寿命，还关系到环境噪声和运营维修成本。

因此，线桥维修工作的基本任务就是经常保持线桥设备完整和质量均衡，使列车能以规定速度安全、平稳和不间断地运行，并尽量延长设备使用寿命和安全储备能力。

轨距是钢轨顶面下16mm范围内两股钢轨作用边之间的最小距离。目前世界上的铁路轨距，分为标准轨距、宽轨距、窄轨距三种，标准轨距为1435mm。

（一）线路水平参数对行车安全影响

（1）水平：是指线路左右两股钢轨顶面的相对高差。

（2）水平差：是指在一段规定的距离内，一股钢轨的顶面始终比另一股高，高差值超过容许偏差值。

（3）三角坑：是在一段规定的距离内，先是左股钢轨高于右股，后是右股高于左股，高差值超过容许偏差值，而且两个最大水平误差点之间的距离，不足18m。

（4）对行车安全影响：在一般情况下，超过允许标准的水平差，只是引起车辆的摇晃和两股钢轨的不均匀受力及磨耗。但如果在不足18m的距离内出现水平差超过4mm的三角坑，就会出现车轮不能全部压紧钢轨的情况，在最不利的情况下甚至可以爬上钢轨，引起脱轨事故，所以三角坑对行车危害程度更大，必须立即消除。

（二）平顺性参数对行车安全影响

（1）平顺性：轨向是指轨道中心线在水平面上的平顺性。

直线方向用10m弦绳量测，误差不超过4mm，曲线用20m弦绳量测每10m测点的正矢，根据规定的正矢标准判定是否需要整正。相对轨距来说，轨向往往是控制性的，也就是说要轨向偏差保持在容许范围之内，轨距变化对车辆振动的影响就不会很大。

（2）前后高低：是指轨道沿线路方向的竖向平顺性。

前后高低用10m弦绳量测，误差不超过4mm。车辆通过存在前后高低不平地段，冲击动力增加，使道床变形加速，从而进一步扩大不平顺，使车辆对轨道的破坏力增大。

（三）无缝线路维修养护特点

无缝线路夏天防胀轨跑道，冬天防断轨；进行无缝线路作业，必须掌握轨温，分析锁定轨温，根据作业轨温条件进行作业，严格执行两清（维修作业半日一清，临时补修作业一撬一清）、三测（作业前、作业中、作业后测量轨温）、四不超（作业不超温，扒渣不超长，起道不超高，拨道不超量）、五不走（扒开道床不回填不走，作业后道床不夯实不走，不组织回检不走，质量不合格不走，发生异状不处理不走）制度；在维修作业时起、拨道机不得安放在铝热焊缝处。

二 线桥设备日常维检修安全措施

日常维检修分为:线路设备检查、综合维修、经常保养、临时补修四种方式。

(一)线路设备检查

线路设备检查分为动态检查与静态检查。

(1)静态检查。采用轨距尺、弦绳、钢尺等测量轨道几何尺寸

(2)动态检查。采用便携式添乘仪进行。目前线桥室每月对全线线路、道岔进行一次几何尺寸的静态检查,每天进行一次动态检查。

(二)桥梁检测养护

1. 桥梁养护关键

(1)桥梁支座锚栓的检查复拧,防止螺栓脱落。

(2)伸缩缝检查、防水:保证桥梁伸缩功能,防止雨水腐蚀支座、侵入封锚混凝土腐蚀预应力锚具。

(3)进行桥梁观测,及时监控桥梁基础沉降情况。

(4)桥面防水:及时疏通雨水管,及时修补破坏防水层。

(5)防止车辆撞击桥梁:因为桥梁上部结构一般不考虑横向力,横向撞击影响桥梁安全,为此,线桥室几年来采取了一系列的桥梁防撞措施。

(6)防止混凝土腐蚀及钢筋锈蚀。

2. 桥梁检测

主要是对桥梁技术状况的调查,即对桥梁缺陷和损伤的性质、部位、严重程度及发展趋势调查,找出产生缺陷和损伤的主要原因,分析和评价其对桥梁质量和承载能力的影响,为桥梁维修和加固设计提供可靠的技术数据和依据。桥梁检测项目包括:

(1)外观检查:桥面系检查、梁体检查。

(2)结构材料检测:混凝土强度检测、炭化深度检测、钢筋锈蚀检测。

(3)混凝土裂缝检查:包括裂缝宽度检测和裂缝深度检测。

(4)沉降观测:采用国家二等水准测量标准进行,测量桥墩的沉降。

(5)变形观测:观测梁体位移,桥梁支座的变形情况。

(6)桥梁荷载试验:静力荷载试验、动力荷载试验。

【研讨与质疑】

你认为土建部门如何保证实现运营安全吗?

子任务六 机电系统运行与维护安全保障

机电设备主要包括低压配电、照明系统,通风、空调系统,给、排水系统,环控自动化系统,防灾自动报警系统,自动灭火系统,自动扶梯等。

机电设备数量繁多,种类复杂,主要考察通风和排烟设施、管路锈蚀问题、电缆阻燃能力、区间隧道应急照明等设备。

对于老化设备及其地铁最初设计、布局造成的一些安全隐患的历史遗留问题,通过加

强对设备的巡视,提高巡检、维修质量来确保设备的安全运行。机电公司除了加强平时的巡视、巡检、巡查,还要不断加强安全管理方面的建设,完善、演练应急救援预案,修改维修、操作规程,确保机电设备处于良性运行状态。

一 机电系统的运行与维护安全保障

机电系统包括低压配电及照明系统、电梯系统、空调系统、消防系统、环控系统、BAS系统、屏蔽门与安全门系统。

(一)低压供电及照明系统

低压配电及照明系统为站台、站厅和设备及管理用房的消防、电梯、自动售检票、通信、信号、环控等系统设备供配电。巡视检查时以"望、闻、问、切、嗅"为主要手段,必要时使用仪器进行检查。

(1)望:以眼观察各类照明灯具工作是否正常,指示灯指示是否正常,电流表、电压表指示是否正常,转换开关及空气开关位置是否正确,接触器和继电器及开关触点是否有电弧灼痕,水位及水位指示是否正常。

(2)闻:以耳听接触器和继电器线圈及灯具镇流器交流声是否正常,接触器和继电器吸合声是否正常,各类电机及相关机械工作声音是否正常等。

(3)问:询问车站值班人员是否存在设备故障及故障现象。

(4)切:以手转动各开关和按压各按钮检查其功能是否正常,触摸蓄电池侧面温度是否正常。

(5)嗅:以鼻嗅检查是否有电气烧焦臭味、机械摩擦产生异味等。

(二)电梯系统

自动扶梯的驱动装置在梯子的头部,并以链条为牵引构件,它以一系列的梯级与两根牵引链条链接在一起,运行在按一定线路布置的导轨上。

垂直升降梯由曳引系统、导向系统、轿厢、门系统、重量平衡系统、电力拖动系统、电气控制系统、安全保护系统组成。

轮椅升降梯是一种新型的运载设备,专供行动不便,身体有严重残疾的特殊人群使用的升高工具。

1.设备运行故障原因分析

(1)电梯使用过程中常常因乘客使用不熟练。

(2)整机运行性能不可靠;行程开关比较多等出现故障。

2.电梯设备维修管理

(1)自动扶梯检修。自动扶梯在检修保养时,主要检查扶梯安全装置、地坑、上/下平台踏板、扶手带部分是否正常。

(2)直梯检修。直梯在进行检修保养时,主要检查直梯层门位置是否移位,振动是否过大,机房声音是否过大、牵引机械磨损是否过大,钢丝绳是否有断股现象,轿厢、轿顶、井道、底坑等机构是否可靠。

(3)轮椅升降台检修。轮椅升降台在检修保养时,主要检查轮椅升降台配电柜、升降台、操作盘及其他部件的工作状态是否正常。

自动扶梯、直梯:每年定期由特种设备检测研究院进行年检,取得年检合格证方可连续运行。

近几年来,地铁自动扶梯伤人事件时有发生,给乘客人身安全造成危害,给地铁运营安全埋下隐患,给地铁形象带来负面影响。北京地铁、上海地铁、广州地铁等多个城市地铁自动扶梯发生伤人事件。

【案例 2-19】 地铁自动扶梯逆行造成事故

事件经过:2011 年 7 月 5 日上午 9 时 36 分,北京地铁四号线动物园站 A 出口上行自动扶梯突然逆行,人全往下倒,致一名 12 岁男童在运送医院过程中抢救无效死亡,29 名乘客受伤,其中 3 人伤势较重,其余乘客均无生命危险。如图 2-22 所示。

图 2-22　自动扶梯故障示意图

原因分析:

(1)电梯逆行,自动扶梯往上走的过程中,扶梯上有很多人,几十人都往上行。

(2)自动扶梯在行驶过程中,突然停了,由于乘客及电梯本身的重力作用,电梯就自由落体加速往下滑,越滑越快,上边的人都倒下来了,最下边的人就被压下来,相当于一种踩踏事件。

(3)自动扶梯质量问题:一是驱动的链条断裂;二是曳引机由于螺栓松掉而位移。

事件延伸:如果说问题仅在电梯安全部件失灵或老旧,解决办法很简单:检查,更新。在业内人士看来,这却都不容易:没看到事故时,没人关心;事故发生时,才发现这没做到,那没想到,但为时已晚。或许电梯背后才是根本祸首。

(1)生产厂家没有把好关。电梯是成熟的安全设备,设计上一般没什么问题,往往在制造、出厂检验等方面没有把好关,比如固定主机曳引机的螺栓,数量是不是够? 长度是不是够? 有没有固定紧? 这就牵涉到生产厂家。

(2)市场的恶性竞争导致低价维保单位的出现。业主希望保养费越少越好,但生产及维保成本一直在上升,导致很多低价维保单位的出现,维保没有保证,没有系统性。保养单位对厂家的电梯是不是很熟悉? 有没有充分理解设计人员的意图? 或在保养过程中有没有用人为的,明明知道有故障,还带病运行,把一些开关,或一些保护装置短路了,使电梯失去保护?

(3)业主对电梯安全的重视程度不够。很可能维保公司已经反复提醒,但业主不予重视。比如维保单位检查发现链条断了,链条断掉可能是因为电梯太老了,维保单位可能会提出疲度报告,但能引起业主重视的不到10%。

自动扶梯,结构简单,平时很少出事,但一旦出事,就是造成重大伤害的事故。2010月12月14日深圳地铁扶梯逆行,2011年5月5日的淮海路百盛扶梯逆行致多人受伤的往事,除了伤者,或许没有多少人去特意记得。"前车覆,后车戒",今天覆的是前车,如不戒,明天覆的还有很多后车。

(三)空调系统

空调定期检测,主要进行电气线路检查、系统氟压检测、空调遥控器功能检查、管路保温层、风扇轴承更换,空调效果检测。

室内机接水盘清洗主要对室内机接水盘污泥清除。室外机清洗主要进行空调室外机冷凝器清洗。冷凝器化学清洗主要用化学药剂清洗冷凝器铝氧化层。

(四)环控系统

环控系统可以对地下车站内部的空气温度、湿度、空气流速、空气质量等进行控制,为乘客创造一个往返于地面至列车内的过渡性舒适环境,可以满足车站内各种设备及管理用房不同的温湿度要求,保障工作人员的工作环境和机电设备的正常运行,以确保列车的正常、安全运营。

在火灾或列车堵塞等事故工况下能根据事故位置进行有效通风或排烟,为乘客安全撤离事故现场和消防人员灭火提供条件。

环控系统组成主要由大系统(站厅、站台公共区的空调、通风、防排烟系统)、小系统(设备及管理用房的空调、通风、防排烟系统)、U/O系统(车站隧道排热系统)组成。

1. 区间隧道通风系统运行模式

(1)早间运行——运营前半小时纵向推挽式机械通风。

(2)夜间运行——收车后进行半小时纵向机械通风。

(3)正常运行——利用活塞作用换气通风。

(4)阻塞运行——列车在隧道内停车超过4min。

(5)火灾事故运行——隧道风机排烟或隧道内火灾模式。

2. 组合空调系统正常运行模式

包括最小新风空调运行模式、全新风空调运行模式、无冷机送风运行模式、"只排不送"运行模式、"只送不排"运行模式、空调系统停止运行。

3. 事故运行模式

(1)火灾通风原则:当区间隧道发生火灾时,应能背着疏散方向排烟,迎着乘客疏散方向送新风;当车站站台发生火灾时,应能及时排烟,并防止烟气向站厅和区间隧道蔓延;当车站站厅发生火灾时,应能及时排烟,并防止烟气向站台和出入口蔓延。

(2)阻塞:列车离开的车站风机全部送风,前方的车站风机全部排风。

(五)BAS系统

BAS系统即环境与设备监控系统,通过对全线地下车站的通风空调系统设备、给排水设备、自动扶梯、电梯、车站公共区照明、广告照明、车站应急照明电源、屏蔽门、人防密闭隔断门及低压400V监控等机电设备进行全面、有效的自动化监控及管理,确保设备处于高效、节能、可靠的最佳运行状态,创造一个舒适的地下环境。并能在火灾等灾害或阻塞事故状态下,更好地协调车站设备的运行,充分发挥各种设备的作用,保证乘客的安全和设备的正常运行。

BAS 系统分中央级、车站级和就地级三级,在中央级、车站级进行系统监控。同时在车辆段设置工作站,对 BAS 设备进行维护。

中央级监控系统设置在 OCC 内,为两台互为热备用的监控主机,保证系统的安全可靠,其主要用于环控调度人员的日常操作、监视和调度管理工作。

(六)屏蔽门与安全门系统

1. 组成与作用

(1)屏蔽门系统组成。屏蔽门与安全门系统由门体框架、滑动门、应急门、端门和固定门等组成。

(2)屏蔽门系统作用。安全门起到安全和美观的作用。屏蔽门系统隔离了列车运行时所产生的噪声、活塞风,保证了站内良好的乘客候车环境,在地下部分中更避免了活塞风所造成的站内空调冷量的损失,节约了运营成本。

2. 控制方式

屏蔽门系统具有系统级、站台级和就地级三种控制方式。

(1)系统级控制方式(最低级):列车到站并停在允许的误差范围内时,由列车驾驶员在驾驶室内进行开门操作,控制命令经车底的无线通信系统发送到控制盘自动控制滑动门开/关,实现屏蔽门、安全门的系统级控制操作。

(2)站台级控制方式:当系统级控制不能正常实现时,列车驾驶员在站台就地控制盘(PSL)上进行开门、关门操作,控制命令经安全继电器进行控制,实现屏蔽门的站台级控制操作。

(3)手动操作控制方式(最高级):当控制系统电源故障或个别屏蔽门操作机构发生故障时,站台工作人员在站台侧用钥匙或乘客在轨道侧用开门把手打开屏蔽门。

3. 在各种情况下的操作

(1)自动控制:屏蔽门受列车车门控制及连动;当列车停止位置不符合标准(+/ - 500mm)时,列车车门及屏蔽门皆不能开;屏蔽门关妥前列车不能启动。

(2)手动控制:车控室可在监控界面上操作开关门,站台两端门外设有 PSL 紧急操作箱,可紧急手动操作。

(3)个别操控:在系统电气出现故障时,可个别操作单个门;单个门出现故障时,可操作退出系统运行。

(4)紧急疏散操控:在列车出现故障不能准确停站或屏蔽门故障的紧急时刻,可从轨道侧推开应急门。每侧站台设置两扇应急门;列车或隧道火灾情况下,端门、应急门、滑动门全打开。

近年来,屏蔽门系统故障造成乘客无法上下车、乘客死伤、影响列车正点运行的事件时有发生。

【案例 2-20】 地铁屏蔽门伤人事件

事件经过:2007 年 7 月 15 日下午 3 时 34 分,上海轨道交通一号线上海体育馆站下行站台上,一名男性乘客在上车时被夹在屏蔽门和列车之间,列车正常启动后,该乘客不幸被挤压坠落隧道不幸身亡。事故发生后,车站立即拨打急救电话,将这名男子送往医院。不过,这名男子在送往医院前已经死亡(图2-23)。

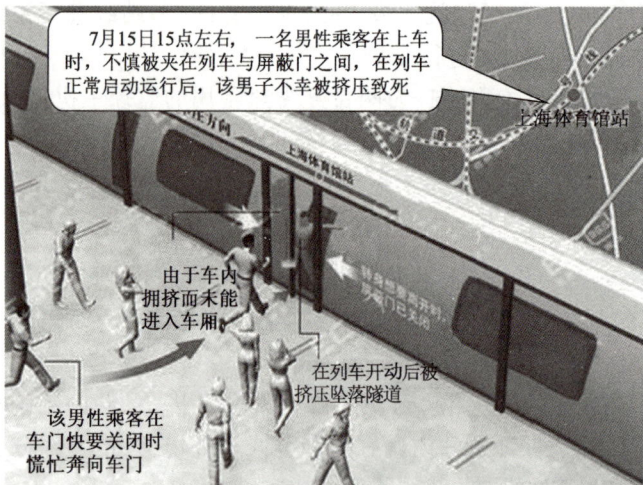

图2-23 地铁屏蔽门伤人事件

上海地铁运营有限公司表示,当时,列车蜂鸣器与屏蔽门灯光已经发出警示,列车即将开动。

在这种情况下,这名乘客仍强行上车,由于车内拥挤,他未能挤进车厢。这时,屏蔽门已经关闭,列车正常启动,这名男子遂被挤压坠落隧道。

地铁运营商提醒乘客,一旦发生危急状况不要慌张,一是车门内的紧急拉手可以应对突发情况,二是屏蔽门内也有紧急拉手,可以帮助受困乘客解围。

类似事件还有,2014年2月,在南京地铁一号线,一名男子强行挤进地铁,结果被夹在了地铁门与屏蔽门之间;所幸站台值班保安及时发现,强行拉开屏蔽门,将他拽了出来,得以逃生。2014年11月6日下午,晚高峰时间,在北京地铁5号线惠新西街南口站,一名乘客在乘车过程中不幸被夹在地铁屏蔽门与列车门之间,列车运行后导致该乘客不幸身亡;该事件发生后,引起了社会的强烈反响,而对于地铁屏蔽门的安全讨论也再一次引起业内的广泛关注。

原因分析:

(1)屏蔽门感应器设计缺陷,防止夹人(物)的安全措施存在问题。

(2)站务员和当值司机工作存在疏漏,标准化作业,未落到实处。

(3)乘客缺少安全乘车常识,地铁安全宣传教育薄弱。

子任务七 消防系统运行与维护安全保障

一 城市轨道交通消防系统概述

(一)城市轨道交通火灾特点

(1)建筑物空间狭小,火灾救援困难。

(2)地下车站和隧道火灾产生大量有害烟气无法快速排出,容易造成乘客和工作人员窒息伤亡。

（3）人员疏散困难，火灾引起恐慌，容易引起拥挤踩踏事件，造成人员伤亡。

（4）火灾引起城市轨道交通连锁反应，影响整条线路甚至其他线路正常运营，造成部分轨道交通瘫痪。

（二）城市轨道交通消防安全的危害因素

（1）车站、隧道以及列车内存在大量的电气线路和设备故障、老化等引起火灾。

（2）车站、列车内的建筑装饰材料、广告牌等为可燃材料，遇火可能会发生火灾。

（3）乘客携带危险品或人为纵火、恐怖袭击等引起的火灾。

（4）地铁车站与城市商业、闹市区结合部，容易引起火灾。

【案例2-21】 电气设备短路引发地铁火灾

事件经过：2005年8月26日早上7时许，上班高峰期，内环一列车运行到建国门站时，发现第4节车厢顶部冒出烟雾，乘客摁报警器，司机也跑了过来，查看之后，马上让第4车厢的乘客转移到其他车厢，列车短暂停留后继续前行，到达崇文门站时，烟雾越来越浓，车站内广播也响起，要求大家尽快疏散。司机下车检查后，判定是一电风扇短路所致，经请示后司机将乘客清空回库检修。列车所有乘客被疏散下车，列车空车前行过了前门站，到达和平门站时，烟雾变成火苗，列车被迫停靠。地铁轨道等已经断电，和平门站内一名地铁人员，用灭火器扑救了约十分钟，随后赶来的消防员很快将火彻底扑灭。其间，公安封锁了和平门地铁站各进出口。

由于处理及时，内环地铁停运近50min，一号线地铁未受影响，在此期间，只在环线和平门站暂时采取封站措施，外环地铁保持正常运营。8时30分，地铁内的现场基本清理完毕后，和平门站重新开放，几分钟后，双向列车驶入站内，恢复正常运营。

原因分析：起火原因为一电风扇短路所致，由于及时启动应急预案，事故没有造成乘客伤亡，但导致环线地铁内环全线停运近50min，环线地铁沿线的地面交通部分路段出现拥堵。

二 关于火的知识

1. "火"的概念

所谓的"火"，其实是物质燃烧第一种现象。燃烧是指可燃物与氧气或是氧化剂作用发生的放热反应，通常伴随有火苗和冒烟现象。燃烧必须同时具备三个条件：

（1）可燃物，如汽油、液化石油、火药、木材、纸张、棉布等。

（2）助燃物，空气中氧气，氧化剂。

（3）着火源，如明火、电火花、雷电等。

只有以上三个条件同时具备，燃烧才会发生。燃烧根据表现形式不同分为着火、自燃、闪燃、爆炸。

火灾具有极大的危害性，主要表现在两个方面：一是人员伤亡；二是财物损失。

2. 防火基本知识

一切防火措施都是以防止燃烧的三个条件同时结合在一起为目的。

（1）防火基本方法：控制可燃物、隔离助燃物、消除着火源。

（2）化学危险品。根据国家标准《危险货物分类和名品编号》（GB 6944—2012），所谓危险品是指具有爆炸、易燃、毒害、腐蚀、放射性等特性，在运输、储存、生产、经营、使用和处置过程中，容易造成人身伤亡、财产或环境污染而需要特别防护的物质和物品。而其中的化学物品则称为化学危险品，具体包括：

①爆炸品。如黄色炸药、烟花爆竹、枪弹和雷管等。

②压缩气体和液化气体。指乙炔、一氧化碳、二氧化碳、石油气、压缩空气、氟利昂、氢气、氧气、液化石油、煤气和各类压缩气体等。

③易燃液体。如汽油、酒精、丙酮、油漆香蕉水、煤油等。

④易燃固体、易自燃物质和遇湿放出易燃气体的物质。如磷、钾、铝粉等。

⑤氧化剂和有机过氧化剂。如亚硝酸钠、高锰酸钾、漂白粉、硝酸钠等。

⑥毒害品和感染性物品。如六六六、敌敌畏、杀草丹、敌百虫等。

⑦放射性物品。如钴60、夜光粉、锆英石等。

⑧腐蚀性物质。如盐酸、硫酸、磷酸等。

⑨其他危险物品。

3. 灭火基本知识

火灾通常都有一个从小到大、逐步发展、直到熄灭的过程。火灾过程一般可分为初起、发展、猛烈、下降和熄灭五个阶段。在火灾初起阶段（一般为着火后 5～7min），燃烧面积不大，火焰不高，辐射热不强，是扑救的最好时机，主要发现及时，用较少的人力和应急消防器材就能将火控制或是扑灭。

灭火的基本方法是根据起火物质的燃烧状态，为破坏燃烧必须具备的基本条件而采用的一些措施。灭火的基本方法有以下几种：

（1）冷却灭火法。将灭火剂直接喷洒在可燃物质上，使可燃的温度降低到燃点以下，从而使燃烧停止。用水救火的主要作用就是冷却灭火。

（2）窒息灭法。采取措施，阻止空气进入燃烧区，或是惰性气体降低空气中的含氧量，使燃烧物质因缺乏氧气而熄灭。如用湿棉被、湿麻袋覆盖在燃烧的液化石油气瓶上。

（3）隔离灭火法。将附近的可燃物质与正在燃烧的物品隔离或者疏散开，从而使燃烧停止。如在火源与未燃烧区间拆除所有可燃物质，建立防火隔离带，阻止火势蔓延。

（4）化学抑制灭火法。将灭火剂喷向燃烧物，抑制火焰，使燃烧过程产生的游离基（自由基）消失，从而导致燃烧停止。最常见灭火剂有干粉灭火剂和七氟丙烷灭火剂。

三 城市轨道交通消防设施与设备的使用方法

（一）灭火流程

每一名地铁运营人员都要牢记灭火的基本方法，掌握常用的消防设备的使用方法，熟悉灭火流程。

（1）首先要确认是否发生火情，有必要到现场确认。

（2）根据火势大小采取最佳的灭火方式。

灭火流程如图 2-24 所示。

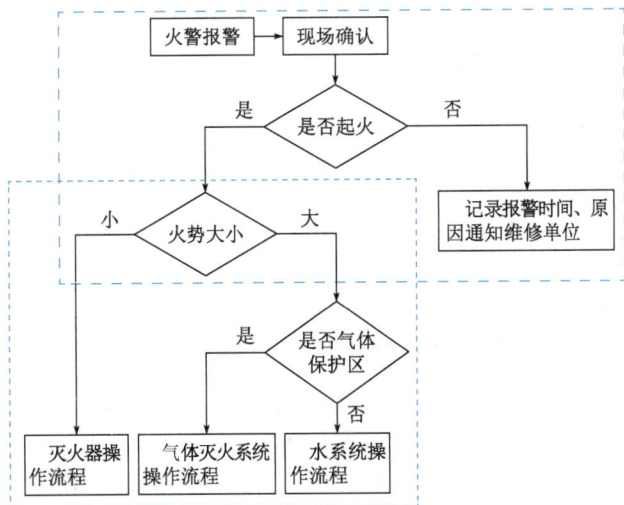

图 2-24　灭火流程图

(二) 灭火器使用方法

灭火器是一种轻便有效的灭火器材, 是扑救初起火灾最常用的灭火设备。城市轨道交通系统主要用干粉灭火器、二氧化碳灭火器和泡沫灭火器。

灭火器的作用是由人操作的能在其自身内部压力作用下, 将所充装的灭火剂喷出实施灭火的器具。

1. 手提式干粉灭火器

手提式干粉灭火器(图 2-25)主要用来扑救固体火灾、液体火灾、气体火灾和电气火灾。

灭火器箱内干粉灭火器
(3kg手提式)

灭火器架内干粉灭火器
(4kg手提式)

二氧化碳灭火器
(干冰)

图 2-25　手提式灭火器

(1)使用方法:扑救火灾时, 手提或肩扛干粉灭火器到现场, 上下颠倒几次, 离火点 3~4m时, 撕去灭火器上的封记, 拔出保险销, 一只手握紧喷嘴、对准火源, 另一只手的大拇指将压把按下, 干粉剂可喷出, 并迅速摇摆喷嘴, 使粉雾横扫整个火区, 由近而远, 将火扑灭。

(2)注意事项:灭火要果断迅速, 不要遗留残火, 以防复燃;扑灭液体火灾时, 不要冲击液面, 以防液体溅出, 造成灭火困难。

（3）检查方法：发现指针指在红色区域或开启使用过，就表明已失效，应送修。有效期一般为 5 年。

2. 二氧化碳灭火器

二氧化碳灭火器适用于扑救液体、气体、电气设备的初起火灾，如带电的电路、贵重设备、图书资料等。

（1）使用方法：首先将灭火器提到距起火地点约 5m 处，放下灭火器，一只手抓住喇叭形喷筒根部的手柄，把喷筒对准火焰，另一只手迅速旋开手轮或压下压把，气体就喷射出来。当扑救液体火灾时，应使二氧化碳射流由近而远向火焰喷射，如果燃烧面较大，操作者可左右摆动喷筒，直至把火扑灭。当扑救容器内火灾时，操作者应手持喷筒根部的手柄，从容器上部的一侧向容器内喷射，但不要使二氧化碳直接冲击到液面上，以免将可燃液体冲出容器而扩大火灾。总之，使用二氧化碳灭火器灭火时，应设法把二氧化碳尽量多地喷射到燃烧区域内，使之达到灭火浓度而使火焰熄灭。

（2）注意事项：灭火器在喷射过程中应保持直立状态，切不可平放或颠倒使用；不要用手直接握喷筒或金属管，以防冻伤；在室外使用时应选择在上风方向喷射，在室外大风条件下使用时，喷射的二氧化碳气体被风吹散，灭火效果很差；在狭小的室内使用时，灭火后操作者应迅速撤离，以防被二氧化碳窒息而发生意外，火灾完全扑灭后应打开门窗通风。

（3）检查方法：定期对灭火器称重，如泄露的灭火剂质量大于总量的 1/10 时，应补充灭火剂。

3. 机械泡沫和合成泡沫灭火器

（1）使用范围：泡沫灭火器用来扑灭固体、液体火灾，不能扑灭带电火灾。

（2）使用方法：离火点 3 ~ 4m 时，撕去灭火器上的封记，拔出保险销，一只手握紧喷嘴，对准火源，另一只手的大拇指将压把按下，泡沫即可喷出，此时迅速摇摆喷嘴，使泡沫横扫整个火区，由近而远，将火扑灭。

（3）检查方法：发现指针指在红色区域或开启使用过，就表明已失效，应送修。有效期一般为 2 年。

4. 灭火器型号选择

灭火器型号分布表见表2-4。

灭火器型号分布表 表2-4

名　称	具体型号	主要分布
ABC 干粉灭火器	3kg 手提式	①各区灭火器箱内； ②设备间走道、消火栓箱内
	4kg 手提式	①各区灭火器架内； ②车站公共区域配置，站台、站厅
二氧化碳（干冰）灭火器	3kg 手提式	①车站管理用房区； ②通信机械室、信号机械室门口

（三）消火栓使用方法

1. 消火栓组成

城市轨道交通系统消火栓给水系统由消防水源、消防管道、室内消火栓箱（图 2-26）、室外消火栓(图2-27)、消防水泵、稳压泵、消防泵控制柜、消防水泵接合器组成。

图 2-26　室内消火栓　　　　图 2-27　室外消火栓

2. 消火栓操作流程

（1）当火势比较小的时候，可以选择水喉灭火。

（2）当火势比较大的时候，可以选择启动消防泵，利用消防带和水枪灭火。

消火栓操作流程图如图 2-28 所示。

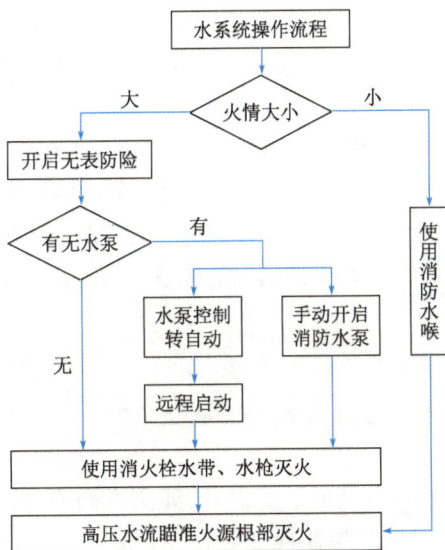

图 2-28　消火栓操作流程图

3. 消火栓的使用

（1）打开消火栓箱，取出水带。

（2）抛水带——右手握住水带，然后用力向正前方抛出，使水带向正前方摊开。

（3）接水带——右手将水带接头与消火栓接头对接，并顺时针转动至卡紧为止。

（4）接水枪、打开水龙头——迅速拿起另一头水带接头，一手拿着水枪向着着火部位冲去，将水枪头接上水带接口，并将水龙头打开。

（5）灭火、射水时，采取包围灭火战术阻止火势和烟雾向四周扩散，以便有效控制，直至将火扑灭。如遇电气火灾，应先断电后灭火。

4. 消防水喉的使用。

使用消防软管卷盘时，首先打开箱门将卷盘旋出，拉出胶管和小口径水枪，开启供水闸阀即可进行灭火。消防软管卷盘除绕自身旋转外，还能随箱门旋转，比较灵活，不需将胶管全部拉出即能开启阀门供水。使用完毕后，先关闭供水闸阀，待胶管除积水后卷回卷盘，将卷盘转回消火栓箱。

（四）火灾自动报警系统

火灾自动报警系统是为了及早发现、通报火灾，以便及时采取措施扑灭火灾而设置于建筑物内的一种自动消防设施。

通常，城市轨道交通每一条线的火灾自动报警系统以环网方式将各车站的报警控制器构成一个整体的网络，在控制中心能对全线报警系统实行监控管理，随时掌握全线动态情况。在其所管辖范围内，对火灾状况进行监测报警和实施有关消防操作。火灾自动报警系统主要是先火灾监测的报警、其他系统消防设备的监视及控制、系统故障报警、消防电话通信等重要功能。

1. 火灾自动报警系统的设备及分布

在城市轨道交通各车站、主变电所、车辆段、区间风机房和控制中心大楼均设有火灾自动报警系统，分为车站级和中央级两级。

（1）车站级设备包括火灾报警控制盘与站级计算机图形中心、站内的自动报警设备、手动报警器、消防紧急电话等。

（2）中央级设备为安装在控制中心的中央级计算机图形中心，作为全线火灾自动系统的操作管理和资料存档管理平台，随时接收显示各车站传送来的报警信号，对车站报警点按全貌、全区等逐级进行图形显示，并打印、存档各类信息资料。

（3）现场外部设备包括智能烟感器、智能温感器、普通烟感器、普通温感器、敢问电缆、对射探头、手动报警器。

2. 火灾自动报警器的功能

（1）火灾报警功能：系统通过现场火灾探测器监测到火灾情况时，控制盘便产生火灾报警信号。

（2）消防设备的监视功能：对其他系统设备，如防火阀、气体灭火系统、消防水泵等进行监视，当设备动作或异常时便产生监视报警。

（3）系统故障报警功能：当系统本身存在故障时，车站级控制盘及中央级计算机进行故障报警，如烟感器"极脏"等。

（4）消防设备的控制功能：当发生火灾需要对某些消防设备进行控制时，系统可以通过控制模块（辅助继电器）对其他系统的某些消防设备进行强行启动，如关闭防火阀、启动消防水泵、降下防火卷帘门等。

（5）消防通信功能：通过电话插孔、挂箱电话使现场与车控室进行直接通话。

【研讨与质疑】

你认为机电部门如何保证实现运营安全？

【学生讲坛】

1. 试述车辆、供电、通信信号、土建、线路及机电设备对运营安全的影响。

2. 举例说明设备维修的主要措施。

【知识测试】

设备维修的主要措施。

【技能训练】

模拟管理：制订安全保障项目方案

实训目标：

1. 增强对设备的认识。

2. 掌握对安全管理的理解。

实训内容与方法：

1. 以学习小组为单位，选定运营的某项设备，正确制定设备故障时，安全保障的措施。

2. 所定方案必须体现运营安全的特点与要求。

3. 学习小组在班级进行交流与研讨。

标准与评估：

1. 标准：能正确运用设备特点，结合运营企业安全要求，制订具有科学可行的方案。

2. 评估：学习小组写出评价总结，根据研讨会上表现评定成绩。

任务四　城市轨道交通运营环境安全管理

安危相易，祸福相生，缓急相摩，聚散以成。

——战国《庄子·则阳》

【案例2-22】　伦敦地铁遭受恐怖袭击

事件经过：2005年7月7日早上8时50分，一辆地铁驶离了伦敦最繁华的国王十字车站——圣潘克拉斯地铁站(King's Cross-St. Pancras)，忽然间，第3节车厢里砰然一声巨响，随即浓烟密布，车厢里到处都是惊恐万分、头破血流的乘客。几分钟后，另一枚炸弹在刚离开埃其维尔路站(Edgware)的216次地铁上爆炸。第三枚炸弹在311次地铁离开国王十字车站1分钟后爆炸。3枚炸弹总共造成了43名地铁乘客不幸遇难(包含3名袭击者)，上百人受伤。

原因分析：袭击都是自杀式攻击，炸弹被袭击者随身携带；一个恐怖组织机构声称对此负责，并说这是袭击者的报复行为。英国警方随即展开了一系列的搜捕行动，抓获多名恐怖分子，并查获了大量的用于制造爆炸物的化学物质。

教训及措施：

(1) 要加强对重点部位、重点场所的安全管理，关注可疑人、可疑物，对可能出现的恐怖袭击事件进行预判，确保紧急情况下应急处置工作的顺利进行。

(2) 车站应按要求认真组织开展安检工作，排查并及时发现可疑人员、可疑物品。

（3）车站应积极开展反恐演练，加强与外部相关单位的协调联动，确保紧急情况下处置及时、得当。

【学生分析与决策】

1. 你认为案例中事故的真正原因是什么？

2. 你知道运营环境对安全有哪些影响吗？

【知识研修】

子任务一　环境对运营安全的影响分析

一　外界环境影响

（一）乘客（人文环境）对城市轨道交通系统安全影响

乘客是城市轨道交通运营企业服务的对象，同时也是城市轨道交通运营的参与者。乘客的素质及对城市轨道交通运营安全要求的了解，给运营安全工作带来不同的影响。从近年来地铁运营安全事故致因可见，乘客由于不了解或不遵守乘车守则等种种原因，携带禁带品乘坐城市轨道交通工具、乱动设备设施、人为故意破坏（主要表现有恐怖袭击、蓄意破坏、偷盗等）、无应急技能或应急技能低（主要表现在发生突发事件时不能自救、不能在工作人员指引下沉着冷静、紧张有序的疏散等）、跳轨自杀等，严重威胁轨道交通系统的运营安全。

乘客携带禁带品种类主要有：笨重物品、危险化学品、动物、超长物品、易燃易爆危险品、易碎物品、危险工具等。

【案例 2-23】　乘客擅自跨越轨道换乘

事件经过：2013 年 1 月 7 日，四名外地乘客发现坐错方向后，做出令人吃惊的"选择"：他们直接穿越轨道去对面站台，此行为导致当日 3 号线列车运营受到 15min 影响。

【案例 2-24】　乘客暴力行为

事件经过：2012 年 5 月 7 日中午 12 时左右，某地地铁 1 号线科学馆站正处于平峰期，候车乘客稀少，就在这时一名男子进入站乘车，但是行为举止表现非常异常。从监控中看到，当列车开走后，站台就剩下这名男子，男子抡起灭火器朝着地铁屏蔽门一顿狂砸，见到屏蔽门没有破损，接着走到不远处有砸一下，这时值班人员马上跑过来对其进行劝阻。对方不但不听，还对女性工人员大打出手。殴打完地铁人员后，该男子巡视逃离现场。据描述，该男子浑身酒气，在实施暴行过程中，围观乘客很多，却没有人上前制止。

【案例 2-25】　乘客擅自按动列车紧急停车按钮

事件经过：2014 年 2 月 8 日 15 时 17 分，郑州地铁行车控制中心得到系统指令，桐柏路站内发生紧急事故，列车不能进站。调度室紧急通知桐柏路站，站长第一时间赶到现场查看，发现是小女孩误按。"现场与调度室联系确认站内无事故，是误按所致，得到同意后复位按钮，行车系统恢复正常。"由于处置及时，加上列车还有一定距离才进站，在减速并停车数秒后恢复行驶，未造成列车延误。据了解，这个小姑娘 12 岁左右，她是因好奇按下了紧急停车按钮。事故发生后，车站值班人员分别对小女孩和她爷爷进行了现场教育，由于小女孩还属于未成年人，最后让她写了保证书后离开，"如果属于成年人，我们会交给地铁公安，依据运营管理办法和治安管理条例进行处理，严重事故还需要承担相应的法律责任。"乘客擅自按动紧急停车按钮，在其他城市的地铁都有发生，反映出乘客对地铁应急设备的作用不了解，地铁安全常识存在欠缺。

【案例 2-26】 乘客携带危险品酿成火情

事件经过：2014 年 1 月 5 日，南京地铁 1 号南延线列车中发生车厢火情，数百乘客被紧急疏散，列车紧急停运十余分钟。1 月 16 日，引发这场火情的乘客刘华天被南京市雨花台区检察院以涉嫌非法携带危险物品危及公共安全罪批准逮捕。某空调服务公司员工刘华天准备到一单位进行中央空调水质处理。当他从公司仓库内拿取工作用化学制剂时，未进行认真检查，将氨基磺酸误当成硼砂，装取了约 3.5kg，并将其与大约 4kg 亚硝酸钠混合，用塑料袋包裹后放置在背包内。随后，刘华天乘坐 1 号线地铁前往目的地。当地铁列车即将行驶至河定桥站时，刘华天携带的背包开始冒烟、产生明火，并散发出大量刺激性烟雾。车厢内乘客四散躲避，经地铁公司紧急处理，并未造成人员伤亡和财产损失。事后经鉴定，刘华天携带的亚硝酸钠和氨基磺酸混合后，在摩擦、撞击等条件下发生强放热固相反应，产生的氮气在封闭体系中易爆炸，有可燃物时易爆燃。

由于车站工作人员无权对乘客所携带的物品进行盘查，目前只能依靠观察，发现明显的禁带品时予以制止。因此，车站存在乘客伪装携带危险品进入地铁的潜在威胁。目前很多城市地铁都设置了安检设备，在一定程度能够对乘客携带物品进行检查，发现问题能够及时处理，确保危险源进入地铁，确保广大乘客和国家财产免受损害。

（二）水、电、气、热等生命线工程对安全影响

城市轨道交通系统，特别是地铁，修建于地下，周边敷设大量的水、电、气、热管网。但由于地铁公司无法掌握详细资料，所以无法对周围管网的安全进行监控。

外界的停电会导致地铁运营的中断，若疏散不利，可能导致乘客的拥挤踩踏等事故发生。外界停电，将引起地铁大面积停电停运；水管若发生意外泄漏，可能导致轨道受淹而停运，用电设备进水而短路、起火；煤气管道泄漏，有导致地铁发生火灾的可能。

线路下的过管工程较多，可能造成桥隧沉降、轨道变形，给运营工作造成一定的困难，且后期的恢复变形难度很大。

轨道交通建设要和城市规划的稳定性相一致，应统筹规划、分步实施，不允许城市规划的随意性。要以人为本，资源共享，以绿色环保进行规划、设计、建设和经营管理。

（三）自然环境对安全影响

温度、湿度、风雪、照明、视野、噪声、振动、通风、色彩等环境因素都会引起设备故障或人员失误，也是发生失控事件的关键因素。

（四）社会环境对安全影响

社会环境主要是指通过组织管理所营造的系统内的协调关系和通过法律、行政法规构筑的系统外部环境。任何事件的发生都是由外因和内因同时作用下产生的。

任何灾难的发生都不是孤立的偶然事件，它是在各种内在的或外在的因素共同作用下发生的。因此，防止突发事件必须进行综合整治。运营企业必须制定良好预防措施，才能最大限度地降低自然环境和社会环境对运营的影响。

（五）其他城市交通环境对城市轨道交通运营安全的影响

当发生交通类突发事件时，不能有效疏导市民、不能快速安全地疏散乘客是其他公共交通工具给城市轨道交通运营安全带来的一大隐患，尤其是上下班高峰期城市其他道路交通不便时（如暴风雪天气）。市民交通主要依靠城市轨道交通运输工具，大客流的爆满同样给城市轨道交通运营安全带来隐患。

二 运营环境安全保障系统

企业安全环境是安全生产的根本。

（1）关注和掌握城市轨道交通企业所在区域的地理、人文、风俗。

充分研究分析城市轨道所在地域地形环境、地理因素、气候环境等是城市轨道交通运营安全风险预控的前提。

（2）加强内外安全宣传教育工作。

普及安全常识，强化全社会的安全意识，以及乘客的自我保护意识，营造运营安全大环境是确保城市轨道交通运营安全的根本。

（3）建立灾害环境的预警、预报系统及灾后救援和修复系统。

地质条件、地震灾害等所带来的损坏不言而喻，为了降低其危害需建立灾害环境的预警、预报系统及灾后救援和修复系统。同时由于雷电造成运营设备损坏事件也时有发生，应该对雷电防护设备设施进行检查。

子任务二　运营环境安全因素的评价与管理

针对噪声、振动等环境影响因素问题，国家要求新建、扩建、改建城市轨道交通项目必须严格执行环境影响评价、城市轨道交通安全评价制度，从设计、施工、竣工验收，直至运营管理等方面全过程控制，减少城市轨道交通对环境的影响。

城市轨道交通运营项目在验收时，必须进行安全验收评价，对于自然灾害类的地震、暴风雪、洪涝灾害等问题必须建立完善的应急救援体系，确保突发事件下的紧急应对。

城市轨道交通运营项目在对外运营前，必须做好法规制定、社会宣传和乘客引导，同时与上级管理部门制订好综合管理措施，建立好包括公安、消防、急救中心、公共交通客运管理、电力、自来水等部门组成的完善的社会支援体系，确保运营过程中没有或减少因社会因素造成的环境不安全因素。

城市轨道交通运营企业在筹备阶段，就必须制订好相应的运营管理流程，保证职责明确、架构清晰、管理有序，杜绝因企业管理环境造成对运营安全的影响。

一 环境因素安全评价

城市轨道交通运营单位应定期进行运营安全评价，环境因素安全评价主要分为内部环境安全评价和外部环境安全评价。

内部环境安全评价包括安全管理评价、运营组织与管理评价、设备设施系统评价、环境监控系统评价等。

外部环境安全评价包括基础设施安全评价、土建安全评价、自然灾害和保护区安全评价等。

二 城市轨道交通环境安全影响因素评价

国家规定城市轨道交通项目建设前,必须进行环境、劳动卫生与安全预评价。要规范城市轨道交通安全预评价工作,做好安全设施"三同时"工作,科学评价城市轨道交通安全生产的条件和能力,促进城市轨道交通的安全建设与运营。

根据城市轨道交通建设与运营的特点,结合污染特性和环境特征,国家对轨道交通工程建设项目环境影响评价的原则、内容、方法和要求做出全面的规定,力求原则系统性、内容完整性、程序规范性、方法科学性,为从事轨道交通建设、运营、环境影响评价的单位,以及行业主管部门、环境保护主管部门,实施轨道交通建设项目环境影响评价和环境监督管理提供依据。

城市轨道交通虽然在城市客运交通中发挥了骨干作用,但其对环境的负面影响,尤其是轨道交通在施工期和运营期所产生的噪声和振动影响,引起了社会广泛的关注。对于地面或高架线路,噪声对环境影响最为突出;而对于地下线路,其振动影响是首要的环境问题。因此,在城市轨道交通环境影响评价中,噪声环境影响评价和振动环境影响评价通常作为评价重点被列为专题,它是环境影响报告书的重要组成部分。

对于评价范围内的环境保护目标应进行充分的调查,从敏感保护目标的类型、功能、时间、区域、分布及特点等方面,做到内容全面、调查充分。

噪声环境影响和振动环境影响的评价范围根据评价等级来确定。评价范围内的声环境保护目标分为受列车噪声影响和风亭、冷却塔噪声影响两类。受列车噪声影响的保护目标一般分布在高架线和地面线尤其是区间线路两侧,或出入段线两侧及车辆段或停车场周围;而受风亭、冷却塔噪声影响的保护目标一般分布在地下线路车站周围。评价范围内的振动环境保护目标基本分布在地下线路或高架线路,尤其是区间线路两侧。因此,对于高架线路和地面线路,其线路两侧的环境保护目标在评价中可同时作为声环境保护目标和振动环境保护目标;而对于地下线路,声环境保护目标和振动环境保护目标分别为不同的保护目标。

地上线路包括高架线、地面线、出入段线及车辆段或停车场,对环境保护目标的噪声影响主要是列车行驶过程中所产生的,并且受到车辆、运营、轮轨、轨道、桥梁、行车组织,以及敏感点与声源的相对位置关系等因素的影响;地下线路对地面建筑物的噪声影响主要是风亭、冷却塔等设备设施所产生的噪声,并且受到设备及其运行与安装方式、安装位置、设备数量、运行时间、敏感点至噪声源的距离、高度等因素的影响。

地下线路对环境保护目标的振动影响主要由于列车在隧道中的运行而产生,并且受到车辆、运营、轮轨、轨道、隧道、桥梁、土壤、建筑物结构类型,以及敏感点与振源的相对位置关系等因素的影响。

三 环境影响安全因素评价

1. 内部环境影响安全因素

企业安全管理因素,包括安全管理机构与人员、安全生产责任制、安全管理目标、安全生产投入、事故应急救援体系、安全培训教育、安全信息交流、安全生产宣传、事故隐患管理、安全作业规程、安全检查制度等11个项目。

（1）安全管理机构与人员包括安全管理机构、安全管理专职和兼职人员、安全管理人员资质。

（2）安全生产责任制包括主要责任人、安全管理人员、安全生产责任制档案管理等。

（3）安全管理目标包括安全生产控制指标、各级安全生产目标、目标实现所需要的资源等。

（4）安全生产投入包括安全投入保障制度、安全投入落实、安全奖惩制度等。

（5）事故应急救援体系包括预案制定情况、应急救援组织机构、应急救援设备和应急救援人员配备情况及救援设备的维护体系、事故应急培训与应急救援演练、预案管理情况、当年紧急事故处置等。

（6）安全培训教育包括安全培训教育制度、特种作业人员安全培训、临时工安全培训、租赁承包人员安全培训等。

（7）安全信息交流包括信息交流机构、乘客意见反馈、员工意见处理。

（8）安全生产宣传包括安全法规宣传、安全规章宣传、安全生产技能宣传、安全信息宣传、典型事故案例宣传、安全文化宣传、安全思想宣传、安全道德宣传等。

（9）事故隐患管理包括事故隐患清查、隐患治理、隐患监控、事故隐患档案管理。

（10）安全作业规程包括作业过程安全注意事项、作业安全管理规定等。

（11）安全检查制度包括安全检查制度、复检制度、安全检查档案等。

城市轨道交通运营组织与管理因素，包括系统负荷、调度指挥、列车运行、客运组织等4个项目。

（1）系统负荷包括线路负荷、车站设施负荷等。

（2）调度指挥包括调度规章、指挥系统、调度人员培训、调度人员素质等。

（3）列车运行包括列车运用规章、列车操作规程、驾驶员培训、驾驶员素质等。

（4）客运组织包括乘客安全管理、乘客安全监控、乘客安全宣传教育、站务人员培训、站务人员素质等。

城市轨道交通设备设施因素，包括车辆系统、供电系统、消防系统与管理、线路与轨道系统、机电设备系统、通信系统、信号设备、环境与设备监控系统、自动售检票系统、车辆段与维修基地、土建设施等11个项目。

（1）车辆系统包括车辆安全性能与安全防护设施、车辆防火性能、车辆可靠性、维修制度、维修人员、维修配件等。

（2）供电系统包括主变电站设备、主变电站安全防护设施、运作与维护，牵引变电站设备、牵引变电站安全维护设施、运作与维护，降压变电站设备、降压变电站安全维护设施、运作与维护，接触网，电力电缆，维修配件等。

（3）消防系统与管理包括火灾自动报警系统及联动控制、气体灭火系统、消防给水系统、应急照明及疏散指示、灭火器配置与管理、车站消防管理、消防值班人员与设备管理、建筑与附属设施防火等。

（4）线路与轨道系统包括线路及轨道系统、维护管理和维修配件等。

（5）机电设备系统包括自动扶梯、电梯与自动人行道设备、屏蔽门系统设备、防淹门系统设备安全防护标识、给水系统、排水系统、通风和空调设备、风亭、管理与维护、维修配件等。

（6）通信系统包括通信系统技术、传输系统、公务电话系统、专用电话系统、无线通信系统、图像信息系统、广播系统、通信电源、通信系统接地、管理与维护、维修配件等。

（7）信号设备包括信号系统技术、安全防护设施、管理与维护、维修配件等。

（8）环境与设备监控系统包括环境与设备监控系统、安全防护标识、维护与管理、维修配件等。

（9）自动售检票系统包括自动售检票系统、维护与管理、维修配件等。

（10）车辆段与维修基地包括车辆段与综合维修基地设施、防灾设施等。

（11）土建包括地下、高架结构与车站建筑和车站设计等。

2. 外部环境影响安全因素

外界环境包括防自然灾害、保护区等 2 个项目。

（1）防自然灾害包括防风灾、防雷电、防水灾、防冰雪、防地震、放地质灾害 6 个分项。

（2）保护区包括城市轨道交通运营线路附近界定区域的管理。

四 环境影响因素控制措施

城市轨道交通噪声振动采取措施的基本原则：对初期、近期、远期分别进行预测，根据近期预测结果采取措施，按远期预测结果预留。夜间运营时段轨道交通噪声的实际贡献量超标与否，是城市轨道交通工程是否需要采取措施的判定依据。城市轨道交通噪声振动值超标，环境本底值不超标，则必须考虑采取措施，其降噪量为城市轨道交通噪声振动的超标值。城市轨道交通噪声振动值超标，环境本底值也超标，视二者超标量的差值大小，若城市轨道交通超标量大于环境本底超标量 5dB 以上，或超标量相同，则必须考虑采取措施，其降噪量为城市轨道交通噪声振动的超标值；若考虑城市轨道交通与背景噪声的叠加作用，降噪量也可在超标值的基础上再减去 3dB。对需要采取的措施，必须进行明确说明。对于声屏障降噪措施，应明确给出保护目标的名称、与线路的相对位置关系，声屏障的地段、里程、位置、长度、高度、形式、形状、单侧或双侧以及达标效果、资金投入等。对于轨道减振措施，应明确给出保护目标的名称、与线路的相对位置关系，减振措施的地段、里程、位置、长度、种类、方式、单线或双线以及达标效果、投资等。代表性敏感点处的声屏障插入损失能满足要求，则该区域的声屏障插入损失亦能满足要求。代表性敏感点通常是环境影响最严重的点位。

城市轨道交通噪声振动控制措施的指导原则为在建成的城市轨道交通区域，根据城市轨道交通噪声和振动的影响，从环境保护的角度，论证线路选线、站段选址、设备选型及设施布置，以及建设方案的合理性。根据城市轨道交通噪声和振动的实际预测结果，包括影响程度、范围及超标情况，提出噪声和振动环境保护措施。从经济技术角度论证拟采取的噪声和振动环境保护措施的可行性。通过城市根据轨道交通噪声和振动的实际预测结果，分析工程设计中提出的环境保护措施的适用性。区分工程设计的环保措施和环评增加的环保措施，并分别进行投资预算。在未建成的城市轨道交通区，对于城市轨道交通线路穿越的待规划区域，通过对轨道交通噪声和振动影响进行预测［如：噪声（水平或垂直）等值线］，根据各环境功能区的环境标准，提出建筑物防护距离的要求，为城市建设规划与城市环境规划提供依据。根据城市轨道交通噪声和振动影响的预测结果，结合城市区域规划，进一步对建筑物的类型、功能、楼层、朝向等提出要求，以达到环境保护的目的。

对于尚未做规划的区域,对未来的环境保护目标应考虑采取环保措施,并为可能采取的环保措施预留实施的条件。

【研讨与质疑】

你认为环境对运营安全有多大影响?如何解决?

【学生讲坛】

1.试述外界环境的影响。

2.举例说明运营环境安全管理保障的意义及措施。

【知识测试】

重点内容:

1.运营环境安全管理的因素。

2.运营环境安全保障系统的构成。

【技能训练】

模拟管理:制订天气不良安全管理方案

实训目标:

1.增强对环境安全管理的理解。

2.掌握运营环境安全保障系统构成。

实训内容与方法:

1.以学习小组为单位,选定雨雪雾天气,正确制定安全保障的项目与标准。

2.所定方案必须体现运营安全的特点与要求。

3.学习小组在班级进行交流与研讨。

标准与评估:

1.标准:能结合环境安全管理因素,制订具有安全、科学可行的方案。

2.评估:学习小组写出评价总结,根据研讨会上表现评定成绩。

任务五　城市轨道交通运营企业安全管理

子曰:人无远虑,必有近忧。

——《论语·卫灵公》

【案例2-27】　道岔故障影响正常运营

事件经过:某城市地铁一折返车站2/4号道岔反位无表示。行车调度员安排车站人员手摇2/4号道岔至定位,利用6/8号道岔组织列车折返。17时05分该站报4号道岔无法手摇操作,行车调度员调整行车方案,安排4号道岔手摇至反位钩锁,手摇2号道岔组织列车折返。17时16分行车调度员下达011号调令某站至某站下行区间采用电话闭塞法行车。18时06分行车调度员授权信号人员利用行车间隔入轨抢修。18时12分故障修复。本次道岔故障造成14列次客运列车未兑现;13列次客运列车晚点,最长晚点32分钟。

原因分析:风将塑料袋刮入该车站4号道岔第二个滑床板与尖轨之间,经多次道岔转换,被挤入尖轨底部,致使该尖轨无法移动。

预防措施:

(1)设备保障部门应分析借鉴此次事件中应急响应的薄弱环节,提升故障判断、检查、处置、恢复等环节的效率。

(2)车务部门应借鉴此次事件中车站员工应急响应过程、行车调度员行车组织中存在的问题,进一步压缩应急处置时间,提升应急处置效率。

【学生分析与决策】

1. 你认为案例中发生的问题有哪些?发生的原因是什么?如何防范?

2. 你知道安全管理模式的方法有哪几种?如何选择?

【知识研修】

子任务一　运营企业管理结构分析

一　城市轨道交通企业的定位和性质

城市轨道交通作为城市重要基础设施,从 1965 年修建北京地铁开始,我国一直由政府发展轨道交通,政府与城市轨道交通企业是"母子"关系,是典型的政企结合式的国有控股企业。

大陆内地城市轨道交通运营企业一般为城市轨道交通企业的分支或子公司,城市轨道交通企业代表政府投资建设并管理国有资产。香港地铁是政府对地铁建设以财政拨款的形式认购公司股份,政府与地铁公司的关系为纯粹的商业性持股关系。

城市轨道交通运营企业是提供准公共产品的企业,公益性明显,不以营利为目的。政府对其既有特殊政策,又实行严格的监管。企业是安全的主体,政府有监管职责。国外还有安全承诺和安全认证的制度。一般采用独立法人性质,但一般由上级单位领导兼任,即独立核算的子公司。

二　城市轨道交通企业结构

城市轨道交通企业作为国家的基础设施,在计划经济时代为了便于统一指挥和管理,一般采用的是直线职能制组织结构。随着市场经济的发展,城市轨道交通企业组织结构也呈现出多元化,如图 2-29 和图 2-30 所示。

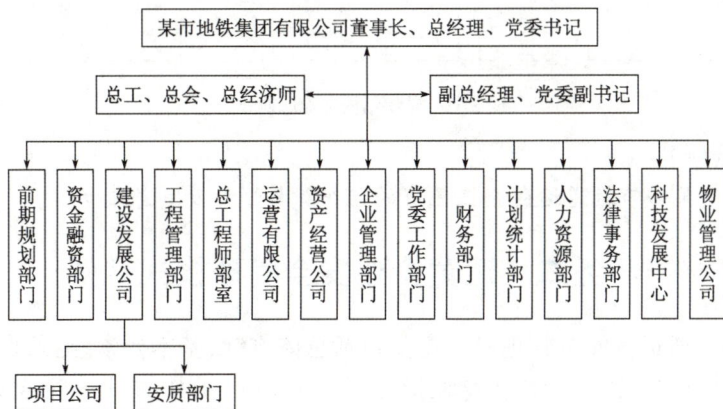

图 2-29　某市地铁集团有限公司结构图

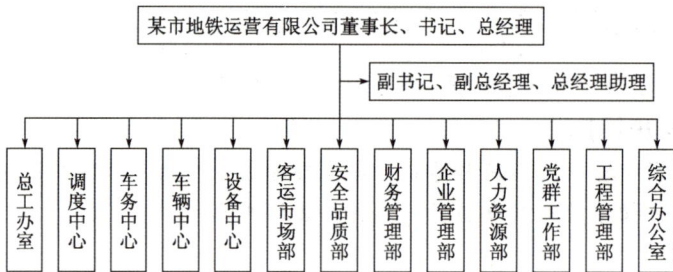

图 2-30   某市地铁运营有限公司

三 城市轨道交通运营企业安全管理结构

组织结构及责任划分是为了确保项目现场员工的职责、权限得到规定和沟通,确保安全管理体系得到有效运行,并不断提高管理绩效。本节只提供一种组织机构及责任划分的方法,各运营公司也可以根据已有组织结构划分其原则。划分原则时应当覆盖所有危险因素,并避免同一危险源的管理者的重复。如图 2-31 所示。

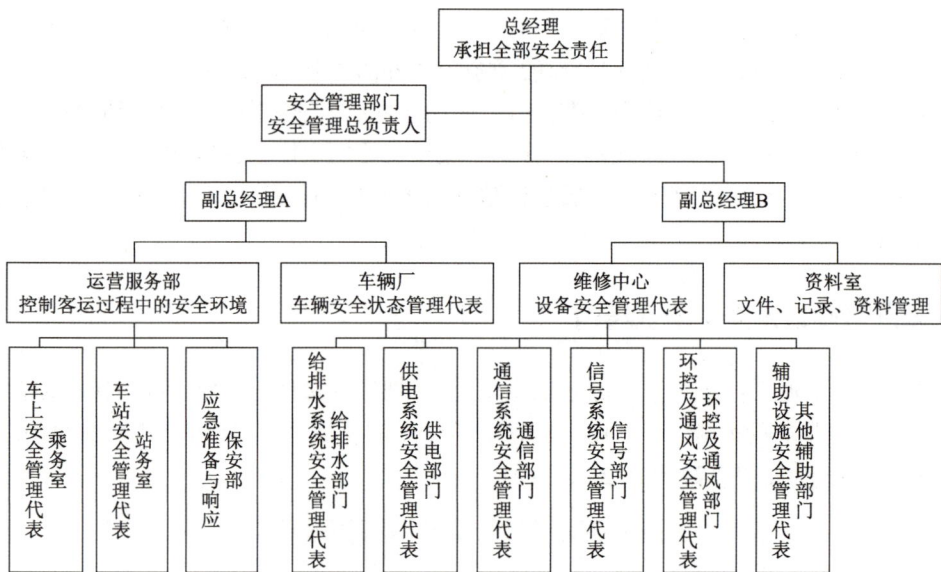

图 2-31   组织结构及责任划分

【研讨与质疑】

举例来说明某城市轨道运营企业已有的组织结构划分及其原则。

子任务二   运营企业安全管理模式认知

城市轨道交通运营安全管理模式主要包括总体方针、基本要素、运行模式三方面内容,分别体现了安全管理系统中宏观指导、结构分析、操作方式三个层面的内容与方法。

一　城市轨道交通运营安全管理模式总体方针

(一) 意义

城市轨道交通运营安全管理模式的总体方针是城市轨道交通运营企业对其在安全管理方面的意向和原则的声明,实施城市轨道交通运营安全管理体系的全过程是在这个方针的指导下进行的。

安全管理模式的总体方针通常是组织的最高管理者制订的,是指导思想和行为准则,全体员工与安全管理的全部活动,无不在这一大前提下进行。所有的计划、措施、行动都应符合方针,为实现安全管理的方针服务。安全管理方针需要指明企业在安全方面的努力方向,提供规范企业行为和制订具体目标的框架。良好的安全管理方针,能指导组织有效地实施和改进它的安全管理体系;同时,安全管理方针也在这样的过程中得到必要的修正。

(二) 要求

城市轨道交通运营安全管理模式的总体方针的制订及管理应该符合以下几个要求:

(1)方针应当遵循法律法规,没有相关规定时,可以选用城市轨道交通行业标准。

(2)方针应当包含对在城市轨道交通运营安全水平改进绩效承诺,并说明方针适用期。

(3)方针需要体现运营全过程中的安全管理思想。

(4)安全管理方针应当与城市轨道交通运营的其他方面管理的方针一致,并且具有相同的重要性。

(5)安全管理方针应当形成文件,例如写在安全管理手册的开头部分。

(6)方针应当包括对持续改进的承诺,因为使风险最小化的努力是没有穷尽的,应当根据安全管理体系实施的情况及时地改进安全管理的总体方针。

(7)全员参与是实现方针的保证,所以方针要传达到每一个员工,是每一位员工意识到自己在安全运营方面的义务。

(8)方针应当公之于众,接受上级及广大乘客的监督。

(9)作为安全管理模式的核心内容,方针也应当定期评审,确保其适用性。

二　城市轨道交通运营安全管理模式基本要素

城市轨道交通运营安全管理模式共包括 4 个方面,14 个基本要素(图 2-32)。

(一) 危险识别、风险评价及风险控制计划

危险源来自人、设备、环境和管理四方面,也即人的不安全行为、设备的不安全状态、不良环境因素以及管理缺陷。当危险具有造成损失的时候,风险就出现了。对危险的识别应当包括以下范围:

(1)日常运营活动;

（2）周期性的检修活动；

（3）所有工作人员及乘客的活动；

（4）可以预见的紧急情况；

（5）所有的设施设备。

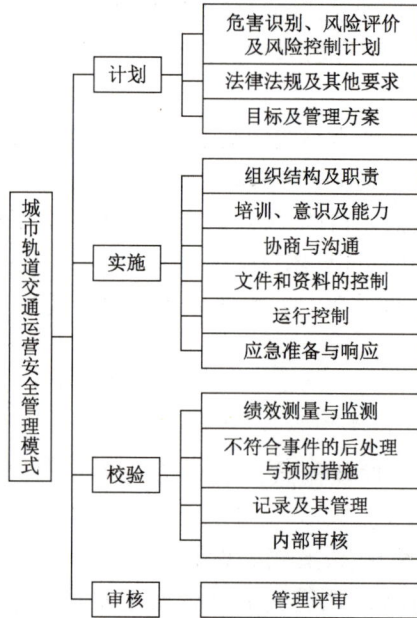

图 2-32　安全管理模式要素

对所有识别出来的危险，评价其风险程度，确定不可容许的风险，并对这些不可容许的风险制订控制计划，将他们降低为可以容许的风险。这些控制计划应当是预防型的而不是事后性的。对于评价的结果以及控制方法实施的效果，应当形成文件，并保持这些信息的实时更新。

（二）法律法规及其他要求

守法是安全管理的最基本要求，所以应当及时准确地获取相关的法律法规。城市轨道交通运营安全管理模式对获取到的法律法规应指出其哪些条款适用于哪些部门，并将这些信息记录在案，保持信息随时更新。应将法律法规传达给每一个员工，必要时可以进行法律法规及其他要求的培训，保证员工对其的遵守。

（三）目标及管理方案

1. 目标

建立安全管理的目标，目标既要针对运营过程中各职能部门的共性安全问题，也要指明各职能部门的特殊安全问题。

对于目标的要求有：目标要针对所确定的不可容许的风险，使其降低到可以允许的程度；目标应当尽量量化；要考虑资源的充分性和选择技术方案的可操作性；目标要定位于相关的职能部门；有开始和完成的时间限制。

2.管理方案

对应每一个安全管理的目标,应当有一个相应的管理方案,方案的内容包括:确定担任各项任务的职能部门及人员,以及他们的职责和权限;对各项任务分配适当的人力、财力、设备、技术等资源;完成任务的方法及进度。

(四)组织结构及职责

对活动管理、实施和检验的人员对于城市轨道交通运营安全的活动、设备设施、过程的安全风险有很大的影响,所以应当规定他们的职责、作用和权限,并形成文件,予以沟通,便于安全管理的实施。具体规定如下:

(1)最高管理者应当具有承担安全管理责任,批准安全管理方针,任命安全管理代表以及为安全管理提供资源和主持评审的职责。

(2)安全管理者代表需要得到安全管理体系绩效的汇报,注意安全管理的职责与运营职责不相矛盾。

(3)各职能部门的业务经理清楚本部门的任务,管理和协调各岗位的工作。

(4)安全培训人员,对不同人员制订系统化的规划并对其进行培训。

此外对特种设备负责人,设施设备操作人员等,也要制订相应的职责和权限。

通过职责的划分最终要达到:对于所有的安全管理事务,要事事有人管,一事一主管。不能有的事务没有人管,有的事务多头管理。

(五)培训、意识和能力

在安全管理过程中,全体人员都应该具备完成影响安全目标任务的能力,这就需要根据适当的培训对其能力进行判定。培训时需要确定每一个职能级别的人员所需要的能力,并针对不同人员制订系统化的规划对其进行培训。要定期评审培训的效果,并对培训内容进行实时的改进。通过培训使所有员工都意识到执行安全管理方针、程序和安全管理体系的重要性;工作活动中实际或潜在的安全后果,以及个人行为的改进所带来安全管理的效益;在执行安全管理方针、程序和实现体系的要求,包括应急准备与响应要求方面的作用和职责;偏离规定的运行程序产生的潜在后果。根据具体情况制订一套人员安全能力评价的方法和标准,并以此作为培训需求确定和绩效考核的依据。

(六)协商与沟通

沟通包括与外部的沟通和内部信息的沟通。其中内部沟通包括各职能部门及单位之间的横向和上下级之间的纵向安全信息的沟通。沟通的内容方式应在安全管理文件中做出明确的规定。外部沟通包括接收并传达来自执法机构的法律和其他要求信息,并向执法机构汇报检测结果,应急计划、事故处理以及就安全管理事务进行沟通并取得支持;接收乘客投诉并进行记录,认真调查研究、处理和回复;向外界展示安全管理的方针和绩效。城市轨道交通运营方应当建立与员工协商和沟通的专门组织,通过该组织实现同员工的制度化、无障碍沟通和协商。

(七)文件和资料控制

建立文件的目的是把安全管理的要求化为具体的实践,文件可以确保安全管理得到充分的理解和有效的运行。文件需要提供对管理核心要素及其相互作用的描述和查询相关文件的途径。当然在满足有效性和效率的前提下,文件应该力求最小化。安全管理体系应当对其文件和资料进行有效的控制,从而确保文件能够准确定位;对他们进行定期评审,必要时予以修订并由授权人员确定其适用性;凡是对安全体系的有效运行具有重要作用岗位,都能得到有关文件和资料的现行版本;及时废止失效的文件和资料或采取其他方式防止误用;出于法律和保留知识的需要而归档的文件和资料,要予以适当标识。

(八) 运行控制

运行控制的目的是对所有需要控制的风险的运行和活动实施有效控制,使与这些运行和活动有关风险都处于受控的状态。对于经过评价需要进行控制的风险(主要是不可容许的风险),应建立文件化的程序。运行标准应当清楚到现场操作人员可以看懂并知道怎么去做的程度。这些运行标准可以来自相关法律法规、标准、规范、惯例等规定。当然为了保证本质安全,应当从设施设备设计时抓起。

(九) 应急准备与响应

应急系统用来确定发生事故或紧急情况的可能性以及对于这些突发事故或紧急情况做出响应,以预防或减少事故或紧急情况造成的伤害和损失。应急管理应当包括预防、预备、响应和恢复四个方面,因此应急准备与响应不仅是为了减轻后果,还可以预防更大规模的事故发生。应急计划应当包括以下内容:

(1)应急机构,应急期间负责人以及所有人员职责,特别是起特殊作用的人员职责(如消防人员);

(2)对内警报、对外通报和联络;

(3)疏散程序;

(4)重要记录和设备的保护以及危险物品的处理;

(5)应急期间必要的信息:装置布置图、危险物质数据、程序、作业指导书、联络电话号码等;

(6)必备的应急设备有:报警系统、应急照明和动力、逃生工具、安全避难场所、重要的隔离阀、开关和切断阀、消防设备、急救设备和通信设备等。

(十) 绩效测量与监测

绩效是指依据安全管理的方针和目标控制安全管理方面所取得的可以测量的成效。绩效的测量用来说明方针和目标是否正处于实现之中;控制措施是否已经得到实施并且行之有效;从失败中吸取教训;对员工的意识、培训、协商与交流的计划是否行之有效;可用于评审或改善的信息是否正在产生和被使用。

监测是指对于每个重要的监测项目,规定监测的场所,监测的频次,监测的方法或依据的标准、测量设备、监测实施者和监测的结果。监测与测量的内容应当包括安全管理需要的定性和定量的测量;对目标达到程度的测量;预防性的绩效测量,监测遵守安全管理方案、运行标准及适用法规的要求的情况;事后性的绩效测量,监测事故、事件(包括未遂事件)和安全管理绩效其他不良表现的历史证据;要保留足够的测量数据和结果的记录,以便对以后的纠正和预防措施进行分析。当然,运营单位应当及时对测量和监测需要的设备进行维修和校准,保证监测和测量结果的准确性。

(十一)不符合事件的后处理与预防措施

不符合事件发生后应立即采取减轻后果的措施包括:

(1)采取一切必要的措施,控制事态的发展,限制事故规模和影响范围,必要时启动应急程序;

(2)抢救伤员、实施急救并传送医院;

(3)迅速按规定的程序向有关部门的管理者报告事故情况;

(4)必要时隔离以保护现场。

除此之外,不符合事件发生后应对不符合事件展开调查。根据不符合事件的性质和严重程度,由不同的部门组成不符合事件调查组。调查组成员需要经过不符合事件调查的培训,具备响应资格。选择纠正与预防措施时,要按照先考虑消除危害,再考虑降低风险,最后才考虑防护措施的原则;措施实施前要进行风险评价,避免纠正了原来的不符合却带来新的风险;要请一线人员参与评审措施的有效性和可行性;如果措施对相关文件有更改,应当遵照实施并记录;要对纠正措施和预防措施情况进行检查和验证。

(十二)记录及其管理

记录反映管理绩效的情况、反映符合有关要求程度的证据,用以证明安全管理的有效性,使得运营在安全条件下进行。安全管理记录应填写完整,字迹清晰,恰当标记。对记录的保存时间予以规定。记录应保存在安全的地点,易于恢复。记录管理中应当注意:处理记录的权限;记录的保密性;有关记录保留的法律要求和其他要求;使用电子记录会出现的问题。

(十三)内部审核

用人单位应当定期对安全管理体系进行内部审核,以保证体系的符合性、实施性和有效性。审核可以通过抽样的方式查看运营环境、访谈、查阅文件、资料、记录的方法。审核应当有计划性,制订实施安全管理内部审核的年度计划,审核应该覆盖安全管理体系的全部范围。如果出现了特殊审核的状态,可以实施附加审核,并通知审核部门、上级管理单位及其他相关单位。为了体现审核的公正性,内部审核员应当由与所审核活动直接负责人无关的人员来担任。审核员应具备运营相关知识,了解安全管理体系并熟悉相关的法律法规及其他要求。对于不符合管理体系的人员和部门应采取纠正措施,确定完成日期并进行跟踪审核。审核报告需要包括:审核目的;审核范围;审核准则;审核日期;审核计划;审核员名单;不符合及整改和验证报告;审核组关于体系符合性、实施性、有效性的评价;审核报告分发。

(十四)管理评审

运营的最高管理者应该定期对安全管理体系进行评审,以确保体系的持续适宜性、充分性和有效性。管理评审采用会议的方式,要保证员工安全管理代表的参加率。这个体系范围内的评审应当一年一次,增加的评审可以针对整个体系范围,也可以针对局部。评审与内部审核不同,应集中于管理体系的整体绩效,而不是具体细节。管理评审主要依靠内部审核的结果，自上一次审核到现在对安全管理体系实施的纠正措施完成情况；绩效的测量和监测结果；事故统计、应急响应等情况；管理代表以及各部门负责人对其管理部分的绩效报告；内外部的变化（例如设施设备的更新，防护措施的改变等）。

管理评审应当得到的结果是对方针、目标及其他要素的修改（各要素具体内容的调整）；针对影响整体绩效的共性问题、重要问题的整改计划。

三 运行模式

为了保证城市轨道交通运营安全管理模式的持续有效性，本模式采用持续改进的运行模式，如图2-33所示。

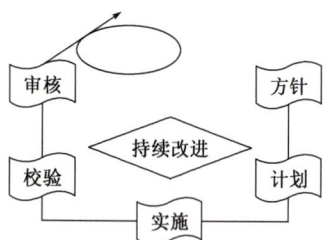

图2-33 安全管理的运行模式

按照该模式运行可以使得安全管理的绩效随着时间不断提高，每一次新的循环开始时的绩效水平都比上一次循环要高，具有螺旋上升的效果。危险程度也就随之不断降低。

实施城市轨道交通运营安全管理模式的核心是建立一个动态循环的管理过程，并以持续改进的思想指导城市轨道交通运营系统地实现安全的最终目的。在实施过程中各个安全管理要素的关系如图2-34所示。

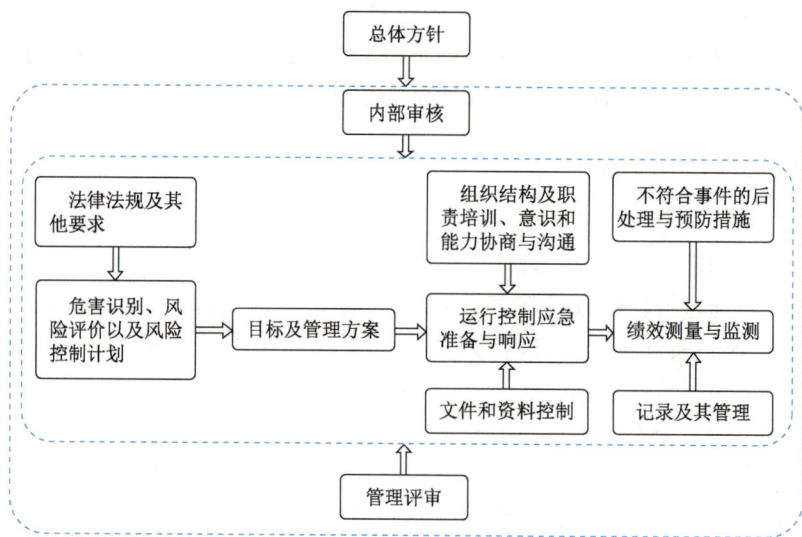

图2-34 城市轨道交通运营安全管理模式流程图

其中安全管理的总方针是指挥整个安全管理模式的主要思想，内部审核和管理评审监控整个体系的运行，保证其有效性。从流程图可以看出，危险辨识、危险评价及控制计划是整个安全管理体系的基础，目标及方案的制订则是安全管理体系的核心内容。所有的要素都是目标和方案能够得到实施的保证。

【研讨与质疑】

你认为城市轨道交通运营安全管理模式所包括基本要素能否有效地降低事故的风险？并说明理由。

【学生讲坛】

1. 举例说明城市轨道交通企业结构。

2. 举例说明适合保证城市轨道运营安全的模式。

【知识测试】

重点内容：

1. 城市轨道交通企业结构。

2. 城市轨道交通运营安全管理模式总体方针、基本要素、运行模式。

【技能训练】

模拟管理：制订安全管理模式的方案

实训目标：

1. 增强对安全管理的理解。

2. 掌握运营安全管理模式的构成。

实训内容与方法：

1. 以学习小组为单位，选定运营的某项作业过程内容，正确制订适合城市轨道安全管理的一种模式。

2. 所定方案必须体现运营安全的特点与要求。

3. 学习小组在班级进行交流与研讨。

标准与评估：

1. 标准：能正确运用安全因素，结合运营企业特点及要求，制订具有科学可行的方案。

2. 评估：学习小组写出评价总结，根据研讨会上表现评定成绩。

项目三　城市轨道交通运营事件预防与应对

【项目导入】

我国安全生产的方针是:安全第一,预防为主。这一方针告诉我们:安全工作的实质就是要深入做好事件的预防工作,杜绝重大伤亡事件的发生。实际生产安全管理中,要做好企业生产中事件的预防工作,就必须熟知事件的特性,掌握事件的致因、预防理论,并在生产实践中科学运用,以便把事件消灭于萌芽状态。运用管理体系的方法和原理达到安全事件预防的目的,已日渐成为安全管理领域中的重要趋势。

【知识目标】

1 掌握事件预防与管理的基本知识。

2.熟悉事件的预防理论,并掌握事件预防的方法。

3.掌握城市轨道交通事件划分及危险度计算。

4.掌握城市轨道交通运营事件调查、报告及处置的流程。

【能力目标】

1.具备运用预防理论预防城市轨道交通事件的能力。

2.具备计算城市轨道交通事件危险度,并进行分析的能力。

3.具备书写城市轨道交通运用事件调查报告的能力。

【素质目标】

1.提高安全意识,让"安全第一"的安全观深入脑髓。

2.培养学生遵章守纪,严谨细致的职业素养。

3.提高理性分析问题、解决问题的能力。

4.提升理论结合实践,意识到理论实践统一的重要意义。

5.重视应变能力,培养处理发突发事件能力。

任务一　事件预防与管理

宜未雨而绸缪,毋临渴而掘井。

——清代·朱用纯《治家格言》

【案例3-1】　香港地铁纵火案

事件经过:65岁老翁严金钟于某天上午7时30分至9时期间,在地铁荃湾站入闸,登上一列往中环站方向的荃湾线061号列车。

当列车离开尖沙咀站,驶进维多利亚港下的地铁隧道前往金钟站时,严金钟用打火机燃点一个盛有天拿水(Thinner,即稀释剂)的胶瓶。当时任职政务主任的社会民主连线前秘书长季诗杰即时喝止对方,但胶瓶仍然成功被点燃,火势顺易燃液体迅速蔓延,并且产生大量浓烟。

驾驶列车的车长决定将列车驶往金钟站,并广播通知乘客准备疏散。逃生期间,季诗杰曾经与其他乘客试图截住严金钟但未成功,严金钟于 9 时 15 分逃离金钟地铁站。火灾造成 14 人受伤,车辆受到一些损失。

应急处理:

(1)乘客行动:有两名乘客上前制止,另外有一名男乘客警告其他乘客有人纵火,但是乘客没有最终制服纵火者。

(2)地铁司机:司机在缝隙中发现烟气及火苗,感觉不对,立即启动乘客对讲系统,通过对讲系统,确定发生火灾,理解用无线电联系 OCC 控制中心。通过对讲系统 2 次向乘客广播,远离火源,安抚乘客。距离金钟站 1.2km,司机控制列车行驶。

(3)控制中心:得到 061 司机报告后,立即采取行动。

①9 时 12 分紧急通知 061 后续列车 043 次列车停车,退回尖沙咀站。

②9 时 13 分通知金钟站值班站长前去救援。

③9 时 14 分通知消防、警署前往救援,并宣布重大事件。

(4)金钟车站。

①061 次到达金钟站后,司机立即启动车门和屏蔽门,由于烟大,无法辨别是否打开,司机立即到站台开启屏蔽门,及时疏导乘客。

②值班站长在车控室通过监控,对现场进行指挥,安排人员,在第一节车厢处,用灭火器进行灭火,其他站务员,及时疏导乘客。车站督导员和二名车辆维修人员到达现场后对失火车辆再一次灭火。

③9 时 16 分车站闸机全部打开,站务员及时疏导乘客。利用广播及时播报疏导,在入口处放"火警不准进入"标识牌提示广大乘客。

④控制中心通知另一方向列车金钟站跳停。

事件启示:乘客、司机、调度、车站等人员对待事件处置得当,没有形成大的恶性事件,地铁的应急预案完善,与韩国大邱火灾相比,地铁安全管理措施落实到位。

【学生分析与决策】

1. 认真分析案例,比较韩国大邱地铁火灾案和香港地铁火灾案,都是人为纵火,但是造成的后果和损失却明显不同,你认为是什么原因?

2. 事件是可以预防和控制的吗?

【知识研修】

一 事件预防与管理基本知识认知

(一)事件的特性

1. 事件的定义

在安全系统中,事件一般是指人们在进行有目的的活动过程中,突然发生违反人们意愿,并可能使有目的的活动发生暂时性或永久性中止,同时可能造成人员伤亡或财产损失的意外情况。

2. 事件的特性

与其他事物一样,事件也有其本身特有的一些属性。掌握这些特性,对认识事件、了解事件及预防事件具有指导性作用。概括起来,事件主要有以下5种特性。

(1)因果性。因果性是说一切事件的发生都是由各种危险因素相互作用的结果。生产中的意外事件是由人的不安全行为、物的不安全状态、管理缺陷以及对突发的意外事件处理不当等原因引起的。掌握事件的因果关系,采取适当的措施中断事故因素的因果联锁,就消除了事故发生的必然性,从而可能防止事故的发生。

(2)偶然性。偶然性是说事件的发生是随机的。但是偶然性寓于必然性之中,事件的随机性表明它服从于统计规律,因而可用物理统计法进行分析预防,找出事件发生、发展的规律,从而为预防事件提供依据。

(3)潜伏性。潜伏性是说事件在尚未发生或还未造成后果之时,是不会显现出来的,一切都处于正常和平静状态。但是生产中的危险因素是客观存在的,只要这些危险因素未被消除,就随时都有可能转化为事件。

(4)可预防性。无论是工业生产系统还是运输系统,都是人造系统,因此从理论上和客观上讲任何事件都是可以预防的。认识这一特性,对坚定信念,防止事件有促进作用。应该通过各种合理的对策和努力,从根本上消除事件发生的隐患,把事件的发生降低到最小限度。

(5)复杂性。现代的生产系统和运输系统等都是复杂巨系统,涉及的要素非常多,要素之间的相互关系非常复杂。事件的发生可能是方方面面的原因造成的,这就决定了事件具有复杂性。

(二)事件的预防与管理

1. 造成事件的主客观因素

事件发生的原因有很多:人的因素、设备的因素、环境的因素及管理因素等。造成事件的主客观因素主要以下几个方面:

(1)企业领导和职工普遍存在安全意识淡薄,"三违"现象严重,一些企业的安全生产责任制尚未得到落实,规章制度执行不严,治理事件隐患措施不得力,安全投入不足。

(2)安全生产管理体制不顺、机制不健全、安全生产宣传、教育、培训力度不够,效果不好,对发生事件查处不严,同类事件重复发生。

(3)安全法规不健全,不落实等。

2. 事件的预防与管理的含义

为实现安全,首先必须防止或消除各种危险因素,防止事件的发生。一旦发生事件,就要处理好事件,调查分析事件发生的原因,提出安全措施,以防止事件的再次发生。这就是事件的预防与管理。

(1)事件的预防,是指通过采用技术和管理手段使事件不发生。

(2)事件的管理,是综合运用管理技术、专业技术和科学方法,平时从事件预防的基础工作做起,发生事件后做好调查、处理、分析、统计、报告等各项工作,进一步采取有效的整改措施,达到完善安全系统和实现安全生产的目的。

3.事件的预防与管理之间的关系

(1)事件的预防是事件管理的出发点,是带动各项安全工作的首要环节。

(2)事件的预防也是事件管理的归宿点,因为处理已经发生的事件,最终必然要落实到今后事件的预防。

(3)预防和管理是密不可分的,只有做好事件的预防与管理,才能稳定生产秩序,提高劳动生产率,实现安全生产。

【研讨与质疑】

想想事件是可以预防的吗? 如何对事件进行预防和管理呢?

二 事件预防方法及应用

事件的发生是有随机性的,也是有规律的,事件的发生规律一般经历隐患、征兆、发生、发展四个阶段,掌握了事件的规律,事件就可以得到预防和控制。

(一)事件预防的目标和任务

(1)事故预防的目标。通过对生产活动和安全管理进行监测与评价,警示生产过程中所面临的危险程度。

(2)事件预防的任务。针对各种事故征兆的监测、识别、诊断与评价,并及时报警,以便根据预警分析的结构对事件征兆的不良趋势进行矫正、预防与控制。

(3)事件预防特点。快速性、准确性、公开性、完备性、连贯性。

(二)事件预防原则

事件预防应遵循以下原则:

(1)连贯原则。事物发展的各个阶段具有连续性和稳定性,采取这种连贯原则进行分析和研究应可以从过去和现在推测未来,做出准确的预防。

(2)系统原则。把预防对象及所涉及的各种事件或因素,视为一个系统,进行综合考察和研究。可以全面地分析问题,从而克服片面性,提高预防的科学性。

(3)实事求是原则。在预防过程中,从客观事实出发,尊重历史资料,认真分析研究现状,如实地反映可能出现的问题和结果。只有从客观事实出发,参照已往事物发展变化的规律性,分析未来发展趋势才能获得比较准确的预防结果。

(4)大量观察原则。预防要从大量调查研究中求得一般的规律,避免以偏概全。

(三)事件预防过程

事件预防的对策是提前预防、及早发现、果断处理、防止蔓延。

1.尽早发现征兆

企业的预防人员应该经常注意那些可能对企业生产和经营造成较大影响的意外事件,争取尽可能早地发现它们发生的征兆。当出现征兆时,需要预防事件是否会出现、会在什么时间出现。

2.采用合适的方法

对意外事件进行分析和预防,主要是利用得到的资料和信息,根据日常的经验,采用因果关系分析和逻辑推理的方法。

3. 向专家请教

企业工作者由于所处环境和地位的限制，往往对许多事情的了解和认识有局限性。为了能够对意外事件的发生及其造成的影响做出正确判断和预防，可采用专家调查法，向有关专家请教，请他们根据自己的知识、经验、智慧和判断能力，帮助进行分析和预防。

4. 制订对策

企业不但应预防意外事件对本身生产经营造成的影响，而且要制订相应的对策。

（1）不同的意外事件对企业生产经营在时间上的影响有差别企业在进行预防和决策分析时，应注意不同的意外事件对企业生产经营的影响在时间上的表现有所不同。

有的意外事件对企业生产经营的影响是暂时的，过一段时间就不存在了。如，自然灾害、一般性工伤事件，一些临时性的政策和法令等。有些意外事件对企业生产经营的影响则是长久的，如，特别重大的伤亡事件、科技新成果的应用等。

（2）注意事件的间接影响

这种间接影响的传递往往不只是一级传递，还可能是多级传递，这种间接影响的传递一般需要一个传递的时间过程。

（四）事件预防方法及应用

在事件预防中，常用的方法主要有以下几种：

1. 直观预防法

直观预防法以专家为索取信息对象，是依靠专家的知识和经验进行预防的一种定性预防方法。它多用于社会发展预防、宏观经济预防、科技发展预防等方面，其准确性取决于专家知识的广度、深度和经验。专家主要指在某个领域中或某个预防问题上有专门知识和特长的人员。直观预防典型的代表方法有头脑风暴法、德尔菲法等。

2. 事故隐患辨识预防法

企业生产过程中的事故隐患辨识预防方法主要有经验分析法、故障树分析法、事件树分析法、因果分析法、人的可靠性分析法、人机环系统分析法等。在优选方法时，可在初步分析的基础上，采用人机环与事故树分析相结合的方法进行分析预防。

人机环与事故树分析相结合方法的预防对象是以人为主体的人—机—环分析预防，能直接分析人的不安全行为、物的不安全状态、环境的不安全条件等直接隐患，同时还能揭示深层次的本质原因，即管理方面的间接隐患。

3. 趋势外推法

趋势外推预防法是建立在统计学基础上，应用大数理论与正态分布规律的方法，以前期已知的统计数据为基础，对未来的事件数据进行相对精确定量预防的一种实用方法。这种方法对于具有一定生产规模和事故样本的系统具有较高的预防准确性。

趋势外推预防数学模型为：

$$X = A \cdot \lambda \cdot X_0$$

式中：X——未来事故预防指标；

A——生产规模变化系数，$A =$ 未来计划生产规模/已知生产规模；

λ——安全生产水平变化系数，λ = 未来安全生产水平/原有安全生产水平；

X_0——已知事故指标（如当年事故指标）。

趋势外推预防法可以预防的指标是广泛的。如绝对指标——生产过程中的火灾事故次数、交通事故次数、事故伤亡人次、事故损失工日、火灾频率、事故经济损失等；相对指标——千人伤亡率、亿元产值伤亡率、亿元产值损失率、百万吨公里事故率、人均事故工日损失、人均事故经济损失等。

【例 3-1】 已知某企业 1999 年工业产量 5000 万单位，千人伤亡率是 0.25；如果来年产量计划增加 20%，但要求安全生产水平提高 10%。试预防 2000 年本企业的千人伤亡率是多少？

解：已知 $A = 6000/5000 = 1.2$，$\lambda = 1/1.1 = 0.9$，$X_0 = 0.25$，则 2000 年千人伤亡率 = $1.2 \times 0.9 \times 0.25 = 0.27$。

【研讨与质疑】

想想城市轨道交通事件预防适用什么预防方法？

三 事件预防理论认知

事件有其固有规律，除了人类无法左右的自然因素造成的事件（如地震、洪水、泥石流等）以外，在人类生产和生活中所发生的各种事件都是可以预防的。

（一）工业安全公理

美国安全工程师海因里希在《工业事故防止》一书中，对事件预防工作进行了深入研究，提出了工业事件预防的十项原则，称为海因里希工业安全公理（Axioms of Industrial Safety）。如下：

1. 具体内容

（1）工业生产过程中人员伤亡的发生，往往是处于一系列因果连锁之末端的事件的结果；而事件常常起因于人的不安全行为或物的不安全状态。

（2）人的不安全行为是大多数工业事件的原因。

（3）由于不安全行为而受到了伤害的人，几乎重复了 300 次以上没有造成伤害的同样事件。换言之，人员在受到伤害之前，已经数百次面临来自物方面的危险。

（4）在工业事件中，人员受到伤害的严重程度具有随机性质。大多数情况下，人员在事件发生时可以免遭伤害。

2. 造成人不安全行为的原因

（1）不正确的态度——个别职工忽视安全，甚至故意采取不安全行为。

（2）技术、知识不足——缺乏安全生产知识，缺乏经验或技术不熟练。

（3）身体不适——生理状态或健康状况不佳，如听力、视力不良，反应迟钝、疾病、醉酒或其他生理机能障碍。

（4）物的不安全状态及不良的物理环境——照明、温度、湿度不适宜，通风不良，强烈的噪声、振动，物料堆放杂乱，作业空间狭小，设备、工具缺陷等不良的物理环境，以及操作规程不合适、没有安全规程和其他妨碍贯彻安全规程的事物。

3.防止事件的四种有效的方法

(1)工程技术方面的改进。

(2)对人员进行说服、教育。

(3)人员调整。

(4)惩戒。

(二)事件预防的3E准则

根据海因里希工业安全原理,对于事件的预防,应从安全技术、安全教育、安全管理三个方面入手,采取相应措施。因为技术、教育、管理三个英文单词的第一个字母均为E,因此成为3E对称。如图3-1所示。

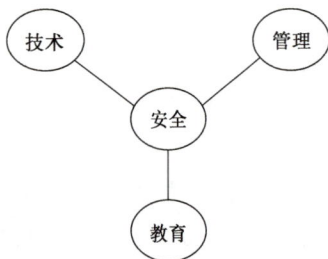

图3-1　事件预防的3E准则

(1)工程技术(Engineering),即利用工程技术手段消除不安全因素,实现生产工艺、机械设备等生产条件的安全。

(2)教育(Education),即利用各种形式的教育和训练,使职工树立"安全第一"的思想,掌握安全生产所必需的知识和技能。

(3)管理(Enforcement),即借助于规章制度、法规等必要的行政乃至法律的手段约束人们的行为。

这里,安全技术对策着重解决物的不安全状态的问题;安全教育对策和安全管理对策则主要着眼于人的不安全行为的问题,安全教育对策主要使人知道应该怎么做,而安全管理对策则要求人必须怎么做。

(三)事件预防工作的五阶段模型

海因里希定义事件预防是为了控制人的不安全行为、物的不安全状态而开展的以某些知识、态度和能力为基础的一系列相互协调的综合性工作。

掌握事件发生及预防的基本原理,拥有对人类、国家、劳动者负责的基本态度,以及从事事件预防工作的知识和能力,是开展事件预防工作的基础。在此基础上,事件预防工作包括以下5个阶段的努力:

(1)建立健全事件预防工作组织,形成由企业领导牵头的,包括安全管理人员和安全技术人员在内的事件预防工作体系,并切实发挥其效能。

(2)通过实地调查、检查、观察及对有关人员的询问,加以认真的判断、研究,以及对事件原始记录的反复研究,收集第一手资料,找出事件预防工作中存在的问题。

(3)分析事件及不安全问题产生的原因。包括弄清伤亡事件发生的频率、严重程度、场所、工种、生产工序、有关的工具、设备及事件类型等,找出其直接原因和间接原因,主要原因和次要原因。

(4)针对上述分析得出的原因,选择恰当的改进措施。改进措施包括工程技术方面的改进、对人员说服教育、人员调整、制订及执行规章制度等。

(5)实施改进措施。通过工程技术措施实现机械设备、生产作业条件的安全,消除物的不安全状态;通过人员调整、教育、训练,消除人的不安全行为。在实施过程中要进行监督。

以上对事件预防工作的认识被称作事件预防工作五阶段模型。该模型包括了企业事件预防工作的基本内容。但是,他以实施改进措施作为事件预防的最后阶段,不符合"认识—实践—再认识—再实践"的认识规律以及事件预防工作永无止境的客观规律。因此,对事件预防工作五阶段模型进行改进,得到如图3-2所示的模型。

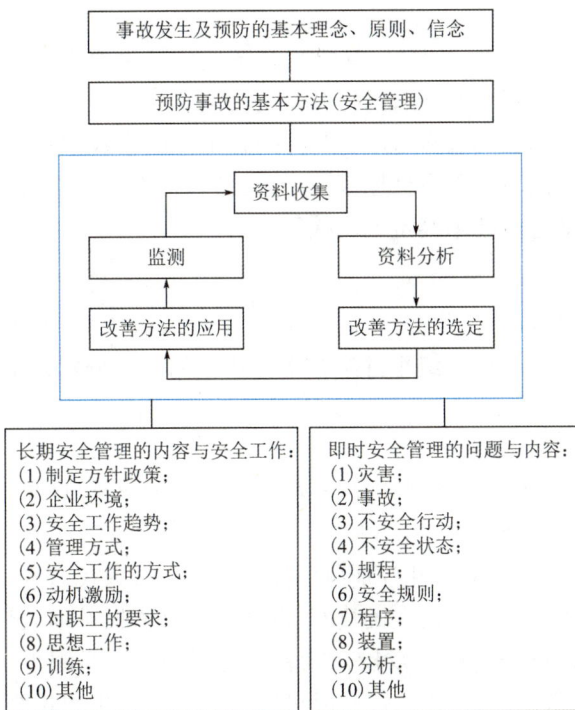

图3-2　事件预防的5阶段模型

事件预防工作是一个不断循环进行、不断提高的过程,不可能一劳永逸。在这里,预防事件的基本方法是安全管理,包括资料收集,对资料进行分析来查找原因,选择改进措施,实施改进措施,对实施过程及结果进行监测和评价,在监测和评价的基础上再收集资料,发现问题。

【研讨与质疑】

无危则安,无损则全,安全是生产企业永恒的话题,对于轨道交通行业尤为如此。德国人帕布斯·海因里希曾经提出著名的海因里希法则:每一起重大的安全事故背后都有29个事故征兆,每个事故征兆背后都有300个事故苗头,每个事故苗头背后都有1000个安全隐患。海恩里希法则告诉我们:事故案件的发生看似偶然,其实是各种不安全因素积累到一定程度的必然结果。思考如何将事件预防的3E准则运用到城市轨道交通运营企业的安全预防中。

四　事件调查及整改措施

(一)事件调查

在生产过程中发生意外事件,要进行调查分析,目的是掌握情况、查明原因、分清责任、拟定改进措施、防止事故重复发生。所谓事件调查就是对事件物证、事实材料、证人材料的收集以及相关的工作。

1. 事件调查的原则

根据《生产安全事件报告和调查处理条例》第四条的规定，事件调查工作必须坚持以下两条原则。

（1）实事求是的原则。实事求是，是唯物辩证法的基本要求。事件调查工作必须坚持实事求是，坚决克服主观主义，保证做到客观、公正。

（2）尊重科学的原则。尊重科学，是事件调查工作的客观规律。事件调查工作具有很强的科学性和技术性，特别是事件原因的调查，往往需要做很多技术上的分析和研究，利用很多技术手段，如进行技术鉴定或试验等。

2. 事件调查工作的职责划分

我国生产安全事件调查工作实行"政府统一领导、分级负责"的原则，《生产安全事件报告和调查处理条例》对不同等级事件组织事件调查的责任分别做了规定。调查工作职责分工大致如下：

（1）特别重大事件的调查

特别重大事件由国务院或者国务院授权有关部门组织事件调查组进行调查。

（2）重大事件以下等级事件的调查

重大事件、较大事件、一般事件分别由事件发生地省级人民政府、设区的市级人民政府、县级人民政府负责调查。省级人民政府、设区的市级人民政府、县级人民政府可以直接组织事件调查组进行调查，也可以授权或者委托有关部门组织事件调查组进行调查。未造成人员伤亡的一般事件，县级人民政府可以委托事件发生单位组织事件调查组进行调查。

3. 事件调查

（1）事件调查组的组成

事件调查组的组成应当遵循精简、效能的原则。根据事件的具体情况，事件调查组由有关人民政府、安全生产监督管理部门、负有安全生产监督管理职责的有关部门、监察机关、公安机关以及工会派人组成，并应当邀请人民检察院派人参加。事故调查组可以聘请有关专家参与调查。事件调查组成员应当具有事件调查所需要的知识和专长，并与所调查的事件没有直接利害关系。

事件调查组组长由负责事件调查的人民政府指定。事件调查组组长主持事件调查组的工作。

（2）事件调查组的职责

①查明事件发生的经过、原因、人员伤亡情况及直接经济损失；

②认定事件的性质和事件责任；

③提出对事件责任者的处理建议；

④总结事件教训，提出防范和整改措施；

⑤提交事件调查报告。

事件调查组成员在事件调查工作中应当诚信公正、恪尽职守，遵守事件调查组的纪律，保守事件调查的秘密。未经事件调查组组长允许，事件调查组成员不得擅自发布有关事件的信息。

（3）事件调查的程序

事件调查的程序包括以下三个步骤：

①现场处理。救护受伤害者，采取防止制止事故蔓延扩大；认真保护现场，凡与事故有关的物体、痕迹状态、不得破坏、做好现场标志。

②物证搜集。搜集现场物证，包括破损部件、碎片、残留物、致害物的位置等，贴上标签，注明地点、事件、管理者。

③事实材料搜集。搜集与事件鉴别、记录有关材料，如发生事件的部门、地点、时间，受害人和肇事者的姓名、情况，出事当天受害人和肇事者的工作情况、操作动作或位置，他们过去的事件记录；收集事件发生的有关事实，如设备、设施等性能和质量情况，对使用的材料进行物理性能分析，设计工艺、工作指令、规章制度方面的资料及执行情况，工作状况及物质取样分析记录，个人防护措施状况，个人的健康状况，其他与事件致因有关的细节或因素。

（4）事件调查报告

事件调查组应当自事件发生之日起 60 日内提交事件调查报告；特殊情况下，经负责事故调查的人民政府批准，提交事件调查报告的期限可以适当延长，但延长的期限最长不超过 60 日。事件调查报告应当包括下列内容：

①事件发生单位概况；

②事件发生经过和事件救援情况；

③事件造成的人员伤亡和直接经济损失；

④事件发生的原因和事件性质；

⑤事件责任的认定以及对事件责任者的处理建议；

⑥事件防范和整改措施；

⑦事件调查报告应当附具有关证据材料。事件调查组成员应当在事件调查报告上签名。事件调查报告报送负责事件调查的人民政府后，事件调查工作即告结束。事件调查的有关资料应当归档保存。

（5）事件处理

事件发生后，应按照"四不放过"的原则进行调查处理。

所谓"四不放过"：①事件原因没有查清不放过；②事件责任者没有严肃处理不放过；③广大职工没有受到教育不放过；④防范措施没有落实不放过。

对事件责任者的处理，应坚持思想教育从严，行政处理从宽的原则。但对于情节比较恶劣或后果比较严重，构成刑事犯罪的，要坚决依法惩治。

（二）事件整改措施

事件发生后，必然会暴露出设备、管理、人员等方面的漏洞，倘若不果断采取措施，必然后患无穷。所以要从加强防范措施入手，杜绝后患。事件发生单位认真吸取事件教训，落实防范和整改措施。

事件整改的具体措施也主要包括 3 个方面：安全技术、安全管理和安全教育。

1. 安全技术整改措施

发生生产事故的原因错综复杂，技术方面的原因也是多方面的，正确的思考方法应是充分利用现有的安全技术条件和采用新技术，消除生产过程的危险、危害因素，就能纠正和防止事故的发生。事故分很多类别，发生事故的原因和采取的对策与事故的类别密切相关。不同的事故类别有相应的安全对策。

2. 安全管理整改措施

与安全技术对策措施处于同一层面上的安全管理对策措施，在企业安全生产工作中起着同样重要的作用。如果将安全技术对策措施比作计算机系统内的硬件设施，那么安全管理对策措施则是保证硬件正常发挥作用的软件。安全管理对策通过一系列管理手段，将企业的安全生产工作整合、完善、优化，将人、机、物、环境等涉及安全生产工作的各个环节有机地结合起来，企业生产经营活动在保证安全健康的前提下正常开展，使安全技术对策措施发挥最大的作用。

（1）建立健全安全管理制度。依据企业的特点和规模应建立安全指导性文件、日常管理性规章制度和作业指导书、操作规程等。

（2）建立安全管理机构。保证各类安全生产管理制度能认真贯彻执行，各项安全生产责任制能落实到人。明确各级第一负责人为安全生产第一责任人。从业人员超过300人的，应当设置安全生产管理机构或者配备专职安全生产管理人员，从业人员在300人以下的，应当配备专职或者兼职的安全生产管理人员，或者委托具有国家规定的相关专业技术资格的工程技术人员提供安全生产管理服务。

（3）企业建立健全安全生产投入的保障机制。从资金和设施装备等物质方面保障安全生产工作正常进行，也是安全管理对策措施的一项重要内容。《安全生产法》第十八条规定：生产经营单位应当具备的安全生产所必需的资金投入，由生产经营单位的决策机构、主要负责人或者个人经营的投资人予以保证，并对由于安全生产所必需的资金投入不足导致的后果承担责任。《安全生产法》第二十四条规定：生产经营单位新建、改建、扩建工程项目（以下统称建设项目）的安全设施，必须与主体工程同时设计、同时施工、同时投入生产和使用。安全设施应当纳入建设项目概算。

3. 安全培训教育措施

生产经营单位的安全培训教育工作分3个层面进行。

（1）单位主要负责人和安全生产管理人员的安全培训教育，侧重于国家有关安全生产的法律法规、行政规章和各种技术标准、规范，了解企业安全生产管理的基本脉络，掌握对整个企业进行安全生产管理的能力，取得安全管理岗位的资格证书。

（2）从业人员的安全培训教育在于了解安全生产知识，熟悉有关的安全生产规章制度和安全操作规程，掌握本岗位安全操作技能。

（3）特种作业人员必须按照国家有关规定经专门的安全作业培训，取得特种作业操作资格证书。加强对新职工的安全教育、专业培训和考核，新进人员必须经过严格的三级安全教育和专业培训，并经考试合格后方可上岗。对转岗、复工人员应参照新职工的办法进行培训和考试。

防范和整改措施的落实情况应当接受工会和职工的监督。安全生产监督管理部门和负有安全生产监督管理职责的有关部门应当对事件发生单位落实防范和整改措施的情况进行监督检查。

【研讨与质疑】

事件的调查和处理对事件预防有什么作用?

【学生讲坛】

1. 试述事件的特征。

2. 试述事件预防准则。

3. 试述如何进行事件的调查、处理及整改措施。

【知识测试】

1. 事件预防原理。

2. 事件的调查、处理及整改措施。

【技能训练】

案例分析:举一个案例,分析事件发生原因、责任划分及处理意见,并提出整改措施。

实训目标:增强对事件预防与管理基础知识的理解

实训内容与方法:

1. 以学习小组为单位,根据教师给定的案例,进行小组讨论分析。

2. 学习小组在班级进行交流与研讨。

标准与评估:

1. 标准:能正确运用事件预防与管理的基本知识,结合运营企业特点,进行科学分析,各小组写出事件分析报告。

2. 评估:教师评价、小组互评。

任务二 城市轨道交通事件类型分析

凡事预则立,不预则废。言前定则不跲,事前定则不困,行前定则不疚,道前定则不穷。

——《礼记·中庸》

【案例3-2】 地铁安全事件统计

事件经过:通过总结资料整理得到的一百多起国外地铁事故,得出了发生地铁事件的12种不同的原因,包括:火灾、毒气、爆炸、异物入侵、地震等。其中,因脱轨导致的事故比例高达20.95%,总共21起,是所有因素中发生事故最多的;恐怖事件及供电发生故障导致的事故发生次数排在第二位,各有17次,占了16.67%;由于故障导致的事故发生了12次,相撞导致的事故有11起,火灾10起,跳下站台导致的9次,其余剩余的均只发生了一次。

依据北京地铁运营有限公司对于发生故障的原因统计,在1000多起事故中,运营事故占了510次。从大方向来看,靠前的事故原因有车辆、乘客、通号等,这些事故原因导致的事故在总事故中占了将近70%。

案例启示:通过上面的数据可以看出,城市轨道交通事件类型不同,因此其对应的事件等级也不同,危险度也不尽相同。

【学生分析与决策】

你知道城市轨道交通事件有哪些种类?如何预防和控制事件的发生?

一 城市轨道交通运营事件类型分析

一般来说,城市轨道交通运营事件是指在轨道交通运营线路、车站内发生的爆炸、化学恐怖袭击、火灾、列车脱轨、撞车等事件,或因车辆、设备、设施故障,停电或断电,地震等自然灾害原因,造成或可能造成中断运营或人员伤亡及财产损失的紧急情况。

我国目前尚未制订城市轨道交通运营事件类型划分标准。在这种背景下,各城市轨道交通运输企业结合自身运营实际,制订相关的规则和标准。大致来说,城市轨道交通运营事件分类方法有以下几种。

1. 按事件成因分类

纵观各国城市地铁发生的各类事件,按照事件的形成原因,城市轨道交通运营事件可以分为以下三类:人为事件、设备事件、社会自然灾害事件。

(1)人为事件

人为事件是指于人员因素是导致地铁事件的主要原因,主要有两个方面:一是因乘客未遵守安全乘车规则导致的,二是由于工作人员工作疏忽引发的。包括以下几种情形。

①拥挤

2001年12月,某市地铁线路一名女子在站台上候车,当车驶入站台时,被拥挤人流挤下站台,当场被列车压死。

1999年5月在白俄罗斯,因地铁车站人员混乱而拥挤,导致54名乘客被踩死。

②乘客不慎落入和故意跳入轨道

长期以来,因人员跳入地铁轨道,造成地铁列车延误的事件屡次发生,短的一两分钟,长则十几分钟。而地铁列车只要一旦受到影响,不能正点行驶,势必影响全局,就需进行全线调整。不仅影响当事列车上的乘客,而且使整条线路甚至其他轨道交通线路上的乘客都可能被延误。

③工作人员处理措施不得当

韩国大邱市地铁2003年那场大火中,地铁司机和控制中心有关人员对灾难的发生就负有不可推卸的责任。在前方车站已经发生火灾的情况下行车调度员仍然命令另一辆1080号列车司机驾驶列车驶入烟雾弥漫的站台,在车站已经断电、列车不能行驶时,司机没有采取果断措施将车门打开,疏散乘客,却车门紧闭。更不可思议的是事件发生5分钟后,调度居然还下达"允许1080号车出发"的指令。

(2)设备事件

地铁系统是一个大的联动机,由几十个专业系统组成,设备包罗万象,任何一个系统设备尤其是与行车有关的设备发生故障,都可能导致地铁无法正常运转,甚至造成巨大的生命财产损失、一般来说,车辆、轨道、供电、信号设备发生的概率比较大。

2003年1月25日,英国伦敦地铁一列挂有8节车厢的中央线地铁列车在行经伦敦市中心一地铁站时出轨并撞在隧道墙上,最后3节车厢撞在站台上,32名乘客受轻伤。

2017年7月,某市城市轨道交通列车到达A站后,车门无法打开。列车司机立即进行处理,不能消除故障,只好下车手动打开车门,现场清客。由于部分乘客不愿意下车,故障列车运载这些乘客到 B 站,进车库检修。由于正值上班高峰期,列车内的乘客数量较大,每节车厢的乘客又只能从一扇手动打开的车门下车,因此清客花费时间较长,致使续行列车停于城市轨道交通隧道内长达 35min,造成部分乘客出现憋闷头晕等不适感,并产生一定的恐惧心理。

(3)社会自然灾害事件

地铁车站及地铁列车是人流密集的公众聚集场所,一旦发生爆炸、毒气、火灾等突发事件,势必造成群死群伤或重大经济损失,严重地影响社会秩序的稳定。近年来地铁接连不断的发生爆炸、毒气、火灾等社会灾害。例如,1995 年 3 月 20 日,日本东京地铁曾经遭受邪教组织施放沙林毒气,夺走了十多条人命,5000 多人受伤,引起全世界震惊。2004 年 2 月 6 日,莫斯科地铁的爆炸及大火夺去了几十人的生命,令上百人受伤。另外,强降雨、强台风等自然灾害也很可能对城市地铁运营造成严重影响。

2. 按照事件性质分类

根据我国公共突发事件分类方法中的事件性质分类,城市轨道交通运营事件可分为以下自然灾害、事故灾难、突发公共卫生事件、突发社会安全事件四类。

(1)自然灾害事件。主要包括强台风、强降雨、地震等。

(2)事故灾难事件。主要包括火灾、爆炸、列车脱轨、列车冲突、列车颠覆、接触网断线、严重水浸、大面积停电、地铁构筑物拥塌等。

(3)突发公共卫生事件。主要包括恶性传染病疫情、食品安全与职业危害事件等。

(4)突发社会安全事件。主要包括突发性大客流、重大刑事案件(炸弹恐吓、毒气、劫持)、有毒化学物质泄漏、放射性物质扩散等。

3. 按事件伤害方式分类

根据事件伤害方式不同,可分为运行事件、设备事件、生产安全伤亡事件、交通事件。

(1)运行事件。在运行线和车场范围内,造成或可能造成运行中断、乘客伤亡等情况的事件,称之为运行事件。

(2)设备事件。在行车工作及日常工作中因违反有关规定,造成或可能造成设备报废、损坏,称之为设备事件。

(3)生产安全伤亡事件。在生产经营活动中或生产经营活动有关的活动中发生的、造成或可能造成员工人身伤亡的事件,称之为生产安全伤亡事件。

(4)交通事件。车辆在道路上造成或可能造成的城市轨道交通系统以外的人身伤亡或者财产损失的事件,称之为交通事件。

【研讨与质疑】

不同类型的事件预防管理方法相同吗?

二 城市轨道交通运营事件等级划分

城市轨道交通运营事件按照性质和可能造成的损害程度,分为特别重大、特大、重大、一般四个等级。

(一)特别重大事件

在轨道交通运营线路、车站内发生的爆炸、化学恐怖袭击、火灾、列车脱轨、撞车等事

159

件，或因车辆、设备、设施故障，停电或断电，地震等自然灾害原因，中断运营或人员伤亡及财产损失的紧急情况，造成（可能造成）下列情形之一：

（1）死亡30人以上；

（2）社会影响特别恶劣，经济损失特别重大；

（3）轨道交通发生爆炸、化学恐怖袭击等人为破坏事件；

（4）发生二级以上火灾（被困人数500人以上）事件。

（二）特大事件

因车辆、设备、设施故障，全线、大面积停电或断电，地震等自然灾害原因，发生列车在运营正线上脱轨、撞车、运营中断等事件，造成（可能造成）下列情形之一：

（1）死亡10~29人，或死亡、重伤50人以上；

（2）轨道交通运营中断6h以上；

（3）直接经济损失500万元以上；

（4）轨道交通发生三级火灾（被困人数500人以下）。

（三）重大事件

因车辆、设备、设施故障，两个车站以上及其区间断电，地震等自然灾害原因，发生列车在运营正线上脱轨、撞车、运营中断等事件，造成（可能造成）下列情形之一：

（1）死亡3~9人，或死伤10~49人；

（2）轨道交通运营中断3~6h；

（3）直接经济损失100~500万元。

（四）一般事件

因车辆、设备、设施故障，地震等自然灾害等原因，发生列车在运营正线上脱轨、撞车、运营中断等，地铁运营部门有能力处理和控制的突发事件，造成（可能造成）下列情形之一：

（1）死亡1~2人或死伤10人以下；

（2）轨道交通运营中断3h以内；

（3）直接经济损失100万元以下。

【研讨与质疑】

不同级别的事件预防管理方法有什么不同？

三　城市轨道交通运营事件影响危险度分析

（一）主要危险因素分析

城市轨道交通运营事件受两大方面因素影响，即内部因素和外部因素。内部因素主要是指设备设施故障或人为误操作等；外部因素主要是指自然灾害、恐怖袭击、乘客携带违禁物品等。下面分析城市轨道交通系统中典型的危险因素。

1.火灾危险因素分析

（1）内部因素

车站、隧道以及列车内存在大量的电气设备等火灾危险；车站、列车内的建筑装饰材料、广告牌等为可燃材料,遇火可能会发生火灾事件。

(2)外部因素

人为因素(恐怖袭击、纵火等)、意外明火引起火灾事件;乘客违章携带危险品、吸烟等引起火灾事件。

2. 列车脱轨危险因素分析

列车脱轨是由城市轨道交通系统内部危险因素导致的。如线路设计或铺设不合格、道岔损失、列车超速运行、列车走行部件发生故障等,可能导致列车脱轨危险。

3. 列车撞车危险因素分析

处于高速移动状态的列车,也伴随着高风险。一旦瞬间的设备异常或人员违章操作,可能造成撞车危险。

4. 地铁拥挤踩踏危险因素分析

地铁发生拥挤踩踏事件有两方面原因:一是车站内人员负荷过大、车站疏散通道或疏散楼梯设置不合理,车站站台、集散厅及疏散通道内有妨碍疏散的设施或堆放物品,车站出入口存在缺陷或有突发事件发生时,都可能造成人员拥挤踩踏;二是其他原因,如地铁列车故障、火灾或其他危险状况等紧急情况发生时,也可能发生乘客挤伤、踩踏事件。

5. 地铁中毒和窒息危险因素分析

包括中毒、缺氧窒息、中毒性窒息。在火灾事故情况下,可能产生大量烟气,存在中毒和窒息的危险。发生火灾和恐怖袭击都有可能出现中毒窒息事件。

6. 其他危险因素分析

城市轨道交通的电气设备,由于自身原因和违章作业原因,可能造成触电伤害;乘客使用自动扶梯时,可能造成碰撞、夹击、卷入、摔伤等客伤事件;乘客手扶车门上下车时可能发生车门夹人等机械伤害。

(二)运营事件影响危险度分析

1. 危险度计算

危险度的计算要同时考虑严重程度的大小和造成某种损失或损害难易程度,损害发生的难易程度一般用某种损害发生的概率大小来描述。其计算公式如下:

$$R = SP$$

式中:R——风险率,事故损失/单位时间;

S——严重度,事故损失/事故次数;

P——事故发生概率,事故次数/单位时间。

2. 分析方法及结论

对已识别出的危险源,通常采用危险度评价方法进行分类评价。

(1)分析方法

一般有以下几种:专家讨论与比较;权重与打分法;民意测验法;是非判断法;事件树分析法;根据危险度评价的结果,可将危险度分为5级:第1级,及其危险;第2级,高度危险;第3级,中度危险;第4级,一般危险;第5级,可容忍危险。

根据对国内外城市轨道交通运营事件的分析,城市轨道交通系统主要危险因素分析结果见表3-1。

城市轨道交通主要危险因素危险度分析汇总表 表 3-1

危险因素	发生位置	可能原因	可能后果	危险等级
火灾、爆炸	列车	车辆电路短路等列车故障；车厢内可燃物着火；未熄灭烟头；纵火	设备损失、中断运营、人员伤亡	1
	车辆段	维修设备时违章作业；设备着火	设备损失、人员伤亡	2
	车站	车站内电气设备故障；乘客携带危险品；吸烟；纵火	设备损失、中断运营、人员伤亡	1
	隧道	隧道电缆着火；隧道内电气设备故障起火；隧道内可燃物着火	设备损失、中断运营	2
列车脱轨	列车运行中或试车作业时	车辆故障；列车超速；钢轨断裂；道岔损伤；异物侵入；驾驶员误操作	设备损失、中断运营、人员伤亡	1～2
列车撞车	列车运行中或试车作业时	车辆故障；列车超速；驾驶员误操作；办错进路		2～3
拥挤踩踏	车站站台	人员密集突发事件疏散不利或有障碍物	中断运营、人员伤亡	1～2
	列车上	紧急情况下疏散不利		
中毒窒息	车站	火灾情况下，燃烧后产生有毒物质；投毒或恐怖袭击		
	列车上			
其他危险	列车上	车门夹人	中断运营、人员伤亡	4～5
	站台	扶梯伤人	人员伤亡	
	第三轨	故障；走行轨异物短路，水淹	中断运营	5

通过对世界各地历年来城市轨道交通运营过程中典型案例统计分析可得图 3-3 所示统计图。

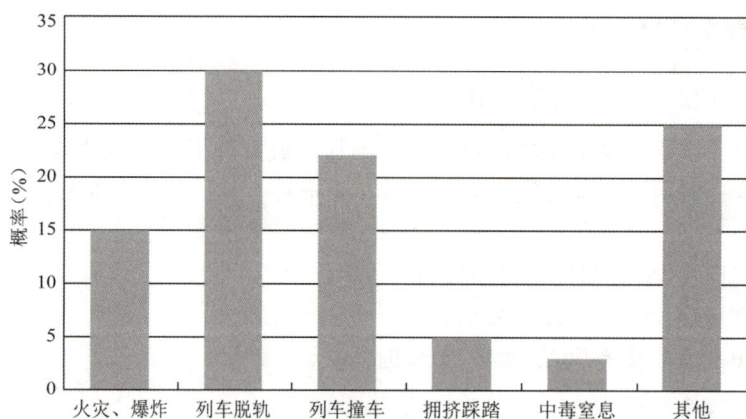

图 3-3 城市轨道交通典型事故概率统计图

（2）分析结论

通过对城市轨道交通运营事件影响危险度分析可以得出以下结论：

（1）通过对国内外典型地铁事故案例分析，地铁火灾和人为恐怖事件的危险度最高。

（2）通过对事故致因分析，导致重大人员伤亡和列车中断运营主要在列车、车站和钢轨上。

（3）影响地铁安全运营的外部因素主要来自乘客携带违禁品、自然灾害等。

3. 风险控制

城市轨道交通系统的复杂性带来运营风险的多变性。因此，运营风险管理必须要常抓不懈、不断进行自我纠正，为广大职工和乘客提供良好的安全运营大环境。

（1）对第1级和第2级的风险，一定要制订职业健康安全目标和职业健康安全管理方案。

（2）对第3级风险，视情况制订职业健康安全目标和职业健康安全管理方案。

（3）对于1、2、3、4级的风险，要制订运行控制程序，按程序进行管理。

（4）对第5级的风险可维持现有的风险控制措施。

（5）其他任务需要控制的风险则根据实际情况的需要制订管理方案。

（6）对于潜在的紧急风险情况，应制订应急准备和响应控制程序，按程序进行管理。

【研讨与质疑】

你如何理解城市轨道交通主要危险因素危险度划分等级？

【学生讲坛】

1. 试述城市轨道交通运营事件的分类。

2. 试述城市轨道交通运营事件的分级。

3. 分析哪些城市轨道交通运营事件危险度高。

【知识测试】

1. 城市轨道交通运营事件的分类。

2. 城市轨道交通运营事件的分级。

3. 城市轨道交通运营事件影响危险度分析。

【技能训练】

实训项目：搜集国内外城市轨道交通事件，对事件等级进行划分。

实训目标：加强对城市轨道交通运营事件等级的认识。

实训内容与方法：

1. 以学习小组为单位，搜集不少于15件运营事件，进行事件等级划分，并分析统计结果。

2. 学习小组在班级进行交流与研讨。

标准与评估：

1. 标准：能正确运用相关知识，结合事件等级划分以及危险度分析等内容，准备判断事件等级。

2. 评估：学习小组写出评价总结，根据研讨会上表现评定成绩。

任务三　城市轨道交通运营事件调查、报告及处置

> 先其未然谓之防，发而止之谓之救，行而责之谓之戒，防为上，救次之，戒为下。
>
> ——东汉·荀悦

【案例3-3】　地铁坍塌事件

事件经过：2014年12月，某地铁四号线TA06标项目工地二次衬砌拱墙钢筋拱架在整形加固作业过程中发生一起钢筋坍塌事故。该起事故共造成4人死亡、3人受伤，直接

经济损失约 430 万元人民币。

处理结果：依据《安全生产法》《生产安全事故报告和调查处理条例》等法律法规的有关规定，南京市人民政府于事故发生当日成立了"12.17"事故调查组。事故调查组由市安监局、公安局、总工会、住建委、监察局等有关部门组成，并邀请市检察院派员参加。事故调查组按照"四不放过"和"科学严谨、依法依规、实事求是、注重实效"的原则，通过现场勘查、调阅资料、询问相关人员并结合专家技术鉴定结论，查明了事故发生经过和原因，认定了事故性质和责任，提出对相关责任人员的处理和防范措施的建议。

【学生分析与决策】

你了解城市轨道交通事件发生后应如何处理调查、报告、处置吗？

【知识研修】

一 事件调查

(一) 突发事件发生后

在公司有关领导到达事件现场前，各有关部室、分公司要立即派人前往事件现场参与调查，现场组织者要负责保护现场，勘察现场，查找事件见证，保存可疑物证，查找事件线索及原因，并做好记录，待公司领导到达后如实汇报。

(二) 非刑事案件的突发事件

由安全监察室负责组织对事件现场进行全面勘察和调查工作。

(1)查看现场、绘制现场图、拍摄照片或录像。

(2)对当事人及关系人分别进行询问调查，并做好记录，由本人签字后收存。调查询问后令其写出书面材料签字后收存。

(3)查看、收取各种有关记录、报表、录音磁带等资料。

(4)有必要时请公安机关对事件当事人和关系人进行隔离保护。

(5)各有关部室到达事件现场后，由安全监察室负责组织，并按下列分工开展事件调查工作。

①车辆部：负责对机车车辆进行检查，详细记录机车车辆损坏情况，各种开关、手柄。操作按钮、保险等现场状态，并将检查情况报安全监察室。

②设备部：负责对供电、机电、通信、信号、线路设备进行检查，详细记录各种设备损坏情况，各种开关、手柄、操作按钮、保险等现场状态，并将检查情况报安全监察室。

③客运营销部：负责对乘客伤亡情况、列车载客情况、行车值班室控制台的状态进行检查，并做好记录。对行车值班员、有关站务员调查了解事件情况、对乘客反映的情况及目击者进行调查，做好记录，并报安全监察室。

④总调：负责对行车调度、电力调度的指挥情况进行检查，收集指挥命令票或记录，并报安全监察室。

⑤保卫部：负责对现场证据的保护，配合公安机关做好调查取证工作。

(三) 火灾、毒气、爆炸等涉及刑事案件的突发事件

由公安机关负责对事件现场按公安工作程序进行全面勘察和调查，安全监察室、保卫

部及有关部室配合公安机关做好有关工作。

二 事件报告

地铁运营场所发生突发事件时,员工发现后应迅速报告,以便各有关方面积极采取措施,高效调动地铁公司有利资源,确保能有效控制事件的发展态势,将损失降到最低限度。

(一) 事件报告的原则

(1)迅速、准确、逐级上报的原则;
(2)公司内部、上级领导及协作单位并举的原则。

(二) 现场报告流程

地铁公司内部必须建立起一套行之有效的信息通报流程。一般来说,地铁的信息通报遵循这样一个流程:突发公共事件现场→控制中心→应急处理专业机构和外部支援。具体通报流程图如图 3-4 所示。

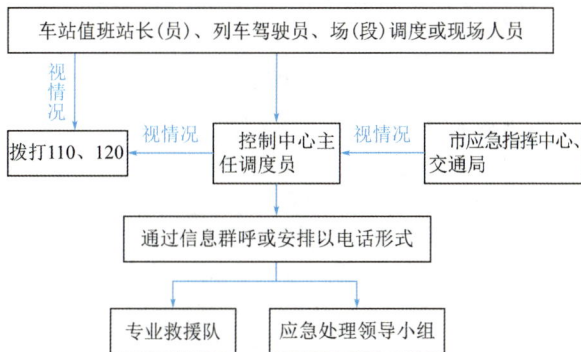

图 3-4　城市轨道交通运营事件报告流程

1. 突发事件需要外部支援的报告事项

在进行信息通报时,发生立即需要外部支援的突发事件(如火灾、爆炸、人员伤亡、治安/刑事案件等)时,应坚持就近迅速通报的原则,即:

(1)如突发事件发生在车站或场(段),现场人员有条件时应立即致电 110 报警中心或 120 急救中心;

(2)场(段)调度或车站值班站长/行军值班员接报后[场(段)、车站其他值班人员接报也应应并立即转报场(段)调度或车站值班站长/行车值班员]应问清现场报告人员是否已经致电 110 报警中心或 120 急救中心;

(3)若无,应立即致电报告;

(4)若有,亦应致电复核。

2. 区间突发事件的报告事项

突发事件发生在区间,行车调度员接到现场人员报告或设备监控报警后,由行车调度员主任调度员致电 110 报警中心或 120 急救中心。

3.列车上突发事件的报告事项

突发事件发生在区间的列车上,司机(接到现场人员报告后)立即报告行车调度员,由行车调度员或主任调度员致电110报警中心或120急救中心。

控制中心所通知的外部支援是指地铁公安分局、公交公司、交通局、应急指挥中心、民防委员会办公室等,有关防灾抗震和紧急事务的政府组织机,具体由主任调度员决定通知范围。

各专业救援队接到突发事件通报后,应按照本专业部门内部先前制订的通报流程分别向门相关人员进行通报。

(三)现场情况报告事项

事件报告的内容包括:

(1)报告人姓名、职务、单位;

(2)事件发生类别、时间、地点;

(3)事件发生概况、原因(若能初步判断)及影响运营程度;

(4)人员伤亡情况、设施设备损坏情况;

(5)已采取的措施;

(6)任何需要的援助(包括救援、救护、支援);

(7)其他必须说明的内容及要求。

三 事件处理

(一)处理原则

地铁突发公共事件的处理一般应遵循如下原则:

(1)坚持高度集中、统一指挥、逐级负责的原则。

(2)坚持"先救人,后救物;先全面,后局部"的原则,优先组织人员疏散、伤员抢救,同时兼顾重点设备和环境的保护,将损失降至最低限度。

(3)坚持就近处理的原则:突发公共事件发生时,在上一级应急处理负责人到达现场前,员工按表3-2规定担任现场临时应急处理负责人;在上一级应急处理负责人到达现场后,则由上一级应急处理负责人担任现场指挥。

现场临时应急处理负责人 表3-2

序号	发生处所	现场临时负责人
1	列车上(列车在区间)	本列司机
2	列车上(列车在车站)	所在站值班站长
3	车站	所在站值班站长
4	区间线路上	行车调度员指定的值班站长
5	车场	车场调度
6	其他场所	现场职务最高的员工

(4)员工要反应迅速,做到早发现、早报告、早控制。

(5)员工在突发公共事件应急处理过程中应兼顾现场的保护工作,以利于公安、消防和事件调查部门的现场取证。

(6)坚持对外宣传归口管理的原则,不得擅自发布相关信息。

(二)处理程序

对于不同的事件,应在应急预案中有规定处理程序,现举例说明。

1.客伤事件

(1)车站接报或发现乘客发生客伤后,应派人第一时间赶到现场,了解情况,掌握乘客发生客伤的原因,并及时做好记录。

(2)视伤(病)者的情况,寻问伤(病)者是否需车站协助致电120急救中心,征得同意后帮助伤(病)者致电120急救中心。如伤(病)者伤(病)势很严重,不及时救护可能会有生命危险,车站应及时致电120急救中心,同时车站需致电行调、车站站长及运营单位客伤主管部门相关人员。

(3)寻找目击证人并设法留下其联系资料,对现场进行拍照,必要时对有关区域进行隔离。

(4)寻问伤(病)者家人联系电话,设法联系其家人尽快来车站。

(5)伤(病)者家人到站后,由其家人将其接走,如车站已致电120急救中心,救护人员到达后,车站协助将伤(病)者送至救护车上。

(6)如乘客认为是车站原因导致其受伤,要求车站派人陪同其去医院时,车站人员应请示站长及运营单位客伤主管部门获允许后方可。

2.电梯困人

(1)车站接到被困电梯乘客求助后,立即派人前往现场安抚乘客,并疏散围观乘客,同时向维修部门、电梯厂家报告。

(2)将情况报告行调、站长等有关人员。

(3)到达现场后在事发垂直电梯前设置停用标志和隔离带。

(4)维修人员到达现场后,车站派人协助其工作。

(5)待乘客救出后,与维修人员确认电梯状态,决定是否开启,并向行调汇报具体情况。

(6)如乘客受伤则按客伤程序处理。

3.火灾

(1)监控到火灾报警或接到发生火灾的报告后,派人到现场确认是否发火灾,如属误报,初步查明原因并报行车调度员和环控调度员。

(2)确认发生火灾,应立即致电110报警中心和行车调度员,视情况致电120急救中心、地铁公安。

(3)紧急疏散车站范围内的乘客和相关人员。

(4)启动火灾排烟模式。

(5)需要时设置事件处理中心。

(6)乘客疏散完毕后,关闭车站出入口(紧急出入口除外)并张贴告示。

(7)如火势很大时组织员工从车站撤离,到紧急集合地点集中,并做好消防人员进入

项目三 城市轨道交通运营事件预防与应对

灭火现场的导向标志,引导消防人员到现场灭火。

(8)在接到可以恢复运营的指令后,清理现场,恢复运营。

【研讨与质疑】

你认为城市轨道交通运营事件处置的程序是什么?

【学生讲坛】

1.试述城市轨道交通运营事件的分类。

2.试述城市轨道交通运营事件的分级。

3.你认为哪些城市轨道交通运营事件危险度高?

4.你认为应如何预防和控制城市轨道交通运营事件?

【知识测试】

重点内容:

1.城市轨道交通运营事件的分类。

2.城市轨道交通运营事件的分级。

3.城市轨道交通运营事件影响危险度分析。

4.城市轨道交通运营事件预防和控制方法。

5.城市轨道交通运营事件调查、报告及处置程序。

【技能训练】

实训项目:给定一个城市轨道交通运营事件的场景,对该事件进行模拟分析和处理。

实训目标:增强对城市轨道交通运营事件处理程序的理解。

实训内容与方法:

1.以学习小组为单位,选定某城市轨道交通运营事件进行分析,正确制订事件处理程序。

2.所定程序必须体现运营安全的特点与要求。

3.学习小组在班级进行交流与研讨。

标准与评估:

1.标准:能正确运用相关知识,结合运营企业特点及要求,制订具有科学可行的方案。

2.评估:学习小组写出评价总结,根据研讨会上表现评定成绩。

项目四　城市轨道交通运营突发事件应急管理

【项目导入】

事故应急救援体系已成为国家维持运输系统正常运行的重要支撑体系之一。我国已经建立了较完善的应急救援管理体制,并且逐渐向建立标准化应急管理体系方向发展,使整个应急预案管理工作更加科学、规范和高效。

2006年1月8日,国务院发布了《国家突发公共事件总体应急预案》,明确了各类突发公共事件的分级分类和预案框架体系,是指导预防和处置各类突发公共事件的规范性文件,随后,国务院又相继发布了《国家处置城市地铁事故灾难应急预案》等多个事故灾难类突发公共事件专项应急预案。《国家处置城市地铁事故灾难应急预案》的目的是做好城市地铁事故灾难的防范与处置工作,保证及时、有序、高效、妥善地处置城市地铁事故灾难、最大限度地减少人员伤亡和财产损失,维护社会稳定,支持和保障经济发展。面对城市轨道交通运营中的突发事件,如何有效管理,积极响应,本项目会给你答案。

【知识目标】

1. 掌握城市轨道交通运营突发事件的分类与等级划分。
2. 掌握城市轨道交通运营突发事件应急预案编组的方法。
3. 掌握城市轨道交通运营突发事件应急救援体系构成。
4. 掌握城市轨道交通运营突发事件应急演练体系的构成。
5. 掌握城市轨道交通突发事件应急物资分类及应用方法。
6. 掌握城市轨道交通突发事件的应急处置方法。

【能力目标】

1. 能够对城市轨道交通突发事件进行分类并进行等级划分。
2. 能够编制车站内突发事件的应急预案。
3. 能够编制车站突发事件后的救援预案。
4. 能够按照车站应急演练的要求参与突发事件的应急演练。
5. 会使用城市轨道交通的应急设备。
6. 会根据突发事件的应急处置方法处理突发事件。

【素质目标】

1. 认同我国城市轨道交通安全生产应急管理体系及处置方法。
2. 感受到我国地铁运营贯彻落实"以人民为中心"的强大决心。
3. 提高安全意识,让"安全第一"的安全观深入脑髓。
4. 意识到岗位严谨细致重要意义,提高学生爱岗敬业、认真负责的职业精神。
5. 提高对岗位工作的责任感,加强安全运营中服从安排的大局观。
6. 加强敏锐发现现场安全问题,处理问题的能力。

7. 通过操作地铁应急设备,提升实践能力与创新意识。

任务一　城市轨道交通应急处置体系认知

是故君子安而不忘危,存而不忘亡,治而不忘乱,是以身安而国家可保也。

——《易·系辞下》

【案例4-1】　莫斯科地铁爆炸

事件经过:2010年3月29日莫斯科市中心地铁连环爆炸,由于时值上班高峰期,爆炸造成至少41人死亡,60多人受伤,莫斯科地铁共有12条线,约180个车站,线路总长近300km,工作日日均载客超过700万,繁忙程度仅次日本东京的地铁系统,这次的爆炸袭击给莫斯科地铁运行系统带来沉重打击。俄罗斯中央政府经过深入调查,初步判断此次爆炸事件是由北高加索地区恐怖势力所为并指出此次袭击应是蓄谋已久,经过精心策划而实施的。但从风险管理角度来看,莫斯科地铁安全管理确实存在以下明显的问题。

原因分析:

(1)莫斯科地铁爆炸事件与地铁管理中疏忽麻痹的意识和安全管理有一定的联系。尽管自2004年遭遇两起致死数十人的地铁恐怖袭击以来,地铁系统加强了安保措施,在地铁站部署警察和警犬巡逻,但由于这几年恐怖势力暂时得到遏制,整个安全管理有点松懈。

(2)安检设备及安检措施缺失的问题。莫斯科地铁进站口没有基本的安全检查仪器,带着大包小包的乘客不用通过安检就可直接进站,警方只是发现乘客携带可疑物品或形迹可疑时,才会要求乘客接受检查。

(3)安全管理队伍和素质的问题。莫斯科地铁人流量极大,每天运送乘客800多万人次。安全管理人员缺乏,警力配备不足。爆炸发生后,民众对警方提出批评,职责他们麻痹大意,放松管理,要求对相关人员的渎职行为进行调查。

(4)应急反应速度慢,对事件处置不力。地铁爆炸事件中,两次爆炸相隔42min,第一次爆炸后,地铁公司没有尽快疏散乘客或停止运营,没有对地铁再次爆炸风险做预测和研判,给恐怖分子制造了第二次爆炸的机会,这值得地铁公司反思。

(5)莫斯科地铁站规划设计有问题。莫斯科地铁设计比较深,站内灯光幽暗,照明度不够,发生爆炸后,乘客疏散难度大,场面混乱。

案例启示:为了保障城市轨道交通安全,提高城市公共安全水平,我们必须吸取莫斯科地铁事件的教训,加强城市轨道交通的应急管理,建立应急处置体系,落实防范基础工作,增强风险意识和责任意识,提高城市轨道交通安全防范能力,确保城市公共交通安全,保障人民群众生命和财产安全,促进社会秩序正常运行。

【学生分析与决策】

1. 你了解的城市轨道交通突发事件还有哪些?各是由什么因素造成的?
2. 你知道城市轨道交通突发事件如何划分等级的?

【知识研修】

子任务一　城市轨道交通运营突发事件基础知识认知

城市轨道交通一般都处在地下或高架桥的半封闭空间里,具有隐蔽性、封锁性、人员和设备高度密集等特点,一旦发生重大事件、灾害等突发事件,人员疏散和救援困难,处置不当将产生巨大的人身和财产损失,对社会经济和生活造成重大影响。

一 城市轨道交通运营突发事件的定义

(一)突发事件的内涵

突发事件是指突然发生的,能够造成或者可能造成人员伤亡、财产损失、环境破坏和重大社会影响的,危及安全的事件。突发事件是在人的理性范围内所无法完全预防且突如其来的,一般事先没有明显预兆,是在一定社会、历史及自然条件下,由特定因素诱发、超出通常时空和心理额度并难以控制的事件

(二)突发事件的分类

城市轨道交通运营突发事件,是指在城市轨道交通运营线路上,因自然灾害、人为因素或设施故障造成轨道交通运营中断、人员伤亡、乘客被困等危及公共安全的突发事件。

按照突发事件的成因,可将突发事件分为自然灾害类、事故灾害类、公共卫生类、社会安全类等。

(1)自然灾害类:自然原因导致,如地震、龙卷风、海啸、洪水、暴风雪、酷热或寒冷、干旱或昆虫侵袭等。

(2)事故灾害类:主要由人为(包括人类活动和人类发展)原因造成,如矿难、化学品泄漏、核放射泄漏、设备故障、车祸、火灾等。

(3)公共卫生类:主要由病菌病毒引起的大面积的疾病流行,如 SARS、禽流感、H1N1流感、霍乱、多人食物中毒等。

(4)社会安全类:主要由人们主观意愿产生,如能源和物资紧缺导致的抢购、游行、暴乱、恐怖活动、战争等。

(三)突发事件特征

突发事件具有如下特征:突发性、不确定性、全球性、危害性、一定的人为性、应急处理的综合性与系统性。

1. 突发性

突发性是突发事件的首要特征,表现为突发事件的发生在事先没有较为明显的预兆或征兆,或者有一些预兆但难以完全预警,这一特征往往导致公众和政府部门在较短时间内无法及时地应对与处理,进而造成一定的财产损失和人员伤亡。

2. 不确定性

多数突发事件具有未知性特征,从而使得人们在突发事件发生时难以全面了解事件发生的真正原因。如何处理突发事件的不确定性是研究突发事件的关键之一。突发事件发生的具体时间、实际规模、具体态势和影响深度,是难以完全预防的。

3. 全球性

随着人们在社会、经济生活联系的日益全球化,突发事件的发生和影响已经超出了发

生地的范围,成为全球共同面临的问题。

4.危害性

不论什么性质和规模的突发事件,都必然会不同程度地给国家和人民造成政治、经济和精神上的破坏和损失。一方面,其破坏了原有秩序,有可能导致原有秩序因没有采取有效的对策而无法恢复,或者无法承受打击而崩溃;另一方面,其导致社会的混乱,使人的心理产生恐惧,此外还造成巨大的经济损失。

5.一定的人为性

多数突发事件发生的直接原因不是人为的,但人为因素往往加剧或减轻突发事件所造成的损失与伤害。

6.应急处理的综合性与系统性

突发事件涉及面广,影响到社会生活的方方面面,可以用"牵一发而动全身"来形容,因而对突发事件应采用系统方法加以综合处理。

(四)突发事件的引发因素

引发突发事件的因素比较多,而且错综复杂,有系统内部的和外部的,也有自然的和人为的,归纳起来,有四种基本的因素即:人、物、环境和管理。

(1)人的因素:又可分为人的错误判断、错误行为、意愿的变化等几类,这些因素往往是引发事件的直接原因。人的因素属于系统内部原因。

(2)物的因素:是指潜伏在物本身的不安全因素。例如:机车车辆的不安全因素、供电系统的不安全因素,都是引发突发事件的原因,而且常常是直接原因,物的因素也是属于系统的内部原因。

(3)环境因素:是指各种系统所处的自然环境和社会环境的异常状态。例如,暴雨、地震。一般来讲,环境因素是引发突发事件的间接原因,而且是短时间无法消除的因素。

(4)管理因素:是指在管理制度,或者在管理的过程中存在一定的缺陷,从而导致突发事件的发生。

二 城市轨道交通突发事件等级的划分

我国目前尚未制订城市轨道交通突发事件等级分类标准,在这种背景下,各个城市轨道交通系统结合自身运营实际,制订了相应的等级标准,下面分别介绍北京地铁、天津地铁城市轨道交通运营突发事件等级的划分。

(一)北京地铁

依据轨道交通运营突发事件可能造成的危害程度、波及范围、影响力大小、人员伤亡及财产损失等情况,由高到低划分为特别重大(Ⅰ级)、重大(Ⅱ级)、较大(Ⅲ级)、一般(Ⅳ级)四个级别。

1.特别重大轨道交通运营突发事件(Ⅰ级)

出现下列情形之一时:

（1）造成轨道交通运营中断 6h 以上；

（2）造成 30 人以上死亡（含失踪），或者危及 50 人以上生命安全，或者 100 人以上重伤（中毒）；

（3）造成被困人数 3000 人以上；

（4）造成 1 亿元以上直接经济损失；

（5）造成需要紧急转移安置 10 万人以上。

2. 重大轨道交通运营突发事件（Ⅱ级）

出现下列情形之一时：

（1）造成轨道交通运营中断 3h 以上 6h 以下；

（2）造成 10 人以上 30 人以下死亡（含失踪），或者危及 30 人以上 50 人以下生命安全，或者 50 人以上 100 人以下重伤（中毒）；

（3）造成被困人数 1000 人以上 3000 人以下；

（4）造成 5000 万元以上 1 亿元以下直接经济损失；

（5）造成需要紧急转移安置 5 万人以上 10 万人以下。

3. 较大轨道交通运营突发事件（Ⅲ级）

出现下列情形之一时：

（1）造成轨道交通运营中断半小时以上 3h 以下；

（2）造成 3 人以上 10 人以下死亡（含失踪），或者危及 10 人以上 30 人以下生命安全，或者 10 人以上 50 人以下重伤（中毒）；

（3）造成被困人数 500 人以上 1000 人以下；

（4）造成 1000 万元以上 5000 万元以下直接经济损失；

（5）造成需要紧急转移安置 1 万人以上 5 万人以下。

4. 一般轨道交通运营突发事件（Ⅳ级）

出现下列情形之一时：

（1）造成轨道交通运营中断半小时以下；

（2）造成 3 人以下死亡（含失踪），或者危及 10 人以下生命安全，或者 10 人以下重伤（中毒）；

（3）造成被困人数 500 人以下；

（4）造成 1000 万元以下直接经济损失；

（5）造成需要紧急转移安置 1 万人以下。

（二）天津地铁

依据造成或可能造成的危害程度、波及范围、影响大小、行车中断时间、人员伤亡及财产损失等情况，突发事件由高到低划分为Ⅰ级（特别重大）、Ⅱ级（重大）、Ⅲ级（较大）、Ⅳ级（一般）四个等级。

1. 特别重大突发事件（Ⅰ级）

指具备以下情形之一，需要天津市轨道交通应急处置指挥中心（以下简称指挥中心）统一协调、指挥各方面资源和力量处置的突发事件：

（1）因事件造成人员死亡 3 人以上或重伤 5 人以上；

（2）运营场所发生火灾、爆炸、有毒化学物质泄漏、构筑物坍塌事件,造成运营中断;

（3）运营列车冲突、脱轨或颠覆;

（4）遭受台风、水灾、地震等自然灾害侵袭,造成轨道交通运营中断;

（5）发生恐怖袭击事件或严重刑事案件,造成轨道交通运营中断;

（6）其他事态非常复杂,运营秩序受到特别重大影响,已经或可能造成特别重大人员伤亡、财产损失或环境污染等后果的突发事件。

2. 重大突发事件（Ⅱ级）

指具备以下情形之一,需要指挥中心调度政府有关部门联合处置的突发事件:

（1）因事件造成人员死亡2人以下或重伤4人以下;

（2）发生突发性大客流,运营秩序可能或已经失去控制;

（3）发生大面积停电,致使运营中断;

（4）车站内发生聚众闹事等突发事件,致使运营受阻;

（5）其他事态复杂,对运营秩序造成重大影响,已经或可能造成重大人员伤亡、财产损失或环境污染等后果的突发事件。

3. 较大突发事件（Ⅲ级）

指具备以下情形之一,以轨道交通运营单位（以下简称运营单位）为主进行处置,必要时由指挥中心协调相关专业应急机构业务指导或支援能够处置的突发事件:

（1）部分运营区域发生突发性大客流,需要地面交通协助疏散;

（2）因设备故障等原因造成中断运营1h以上,需要地面交通协助疏散;

（3）隧道大面积积水需要市政、电力等部门协助抢险;

（4）其他事态比较复杂,运营秩序受到严重影响的突发事件。

4. 一般突发事件（Ⅳ级）

指事态比较简单,局部运营中断1h以内,运营秩序受到影响,运营单位能够处置的突发事件。

【研讨与质疑】

1. 你能举例说明城市轨道交通运营突发事件的分类吗?

2. 你对城市轨道交通运营突发事件的等级划分有何看法?

【学生讲坛】

陈述城市轨道交通突发事件等级划分需要考虑那些因素。

子任务二　城市轨道交通运营突发事件应急预案编制

应急预案又称应急计划,是针对可能的重大事件或灾害,为保证迅速、有序、有效地开展应急救援行动而预先制订的有关计划或方案。它是在辨识和评估潜在的重大危险、事件类型、发生的可能性及发生过程、事件后果及影响程度的基础上,为应急机构、人员、技术、装备、设施（备）、行动方案以及救援行动的指挥与协调等方面预先做出的具体安排,它明确了在突发事件发生前、发生过程中以及刚结束之后,谁负责做什么、何时做以及相应的策略和资源准备等,是应急救援准备工作的核心内容。

一　应急预案编制的依据和内容

(一)编制依据

《中华人民共和国安全生产法》《生产安全事件报告和调查处理条例》《国务院关于特大安全事件行政责任追究的规定》《城市轨道交通运营管理办法》《国家处置城市地铁事件灾难应急预案》《国家突发公共事件总体应急预案》《突发公共卫生事件应急条例》及有关法律法规。

(二)应急预案的内容

(1)应急预案的适用范围。

(2)事件可能发生的地点和可能发生的后果。

(3)事件应急救援的组织机构及其组成单位、组成人员、职责分工。

(4)事件报告的程序、方式和内容。

(5)发现事件征兆或事件发生后应当采取的行动和措施。

(6)事件应急救援(包括事件伤员救治)资源信息,包括队伍、装备、物资、专家等有关信息的情况。

(7)事件报告及应急救援有关的具体通信联系方式。

(8)相关的保障措施。

(9)与相关应急预案的衔接关系。

(10)应急预案管理的措施和要求。

二　编制应急预案的目的

城市轨道交通是市民出行的主要交通工具之一,一旦发生突发公共事件,往往处置难度大、损失大、影响大。为做好城市轨道交通运营突发事件的预防与处置工作,提高应对能力,确保应急组织指挥统一顺畅,处置及时妥善,最大程度地减少人员伤亡和财产损失,制订应急预案,以实现如下目标:

(1)整合现有轨道交通运营突发事件应急管理组织机构,建立健全应急工作的体制和机制,实现部门之间的协调联动。

(2)整合现有轨道交通运营突发事件应急资源,建立分工明确、责任到人、优势互补、常备不懈的应急保障体系。

(3)整合现有轨道交通运营突发事件的信息资源,实现信息共享,形成机制优化、反应迅速的信息支撑系统。

(4)规范轨道交通运营突发事件级别,明确各成员单位的分工和职责,确定不同级别事件的启动程序和响应措施。有利于提高各级人员的风险防范意识。

(5)成为各类突发事件的应急基础。

通过编制基本应急预案,可保证应急预案具有足够的灵活性,对那些事先无法预料到的突发事件或事件,也可以起到基本的应急指导作用;针对特定危害编制专项应急预案,有针对性地制订应急措施,进行应急准备和演练。

三　应急预案的基本结构

城市轨道交通事件灾害大致可分为安全事件、自然灾害、人为突发事件等三类。针对每一类灾害的具体措施可能千差万别，但其导致的后果和产生的影响却是大同小异的。这就意味着可以通过制订出一个基本的应急模式，由一个综合的标准化应急体系有效的应对不同类型危险所造成的共性影响。

城市轨道交通运营系统可以针对不同事件的特点，如爆发速度、持续时间、范围和强度等，制订具有较强针对性的专项应急预案。为了保证各种类型预案之间的整体协调和层次清晰，实现共性与个性、通用性与专业性结合，宜采用分层次的综合应急预案。从保证预案文件体系的层次清晰及开放性角度考虑，可划分为三个层次，即综合预案、专项预案和现场预案。

综合预案、专项预案和现场预案由于各自所处的层次和适用的范围不同，其内容在详略程度和侧重点上会有所不同，但都可以采用相似的基本结构，如采用基于应急任务或功能的"1+4"预案编制基本结构。即，应急预案＝基本预案＋（应急功能附件＋特殊风险预案＋标准操作程序＋支持附件）。

（一）基本预案

是该项应急预案的总体描述，主要阐述应急预案所要解决的紧急情况、应急的组织体系、方针、应急资源、应急的总体思路，并明确各应急组织在应急准备和应急行动中的职责以及应急预案的演习和管理等规定。

（二）应急功能附件

是对在各类重大事件应急救援中通常都要采取的一系列基本应急行动和任务而编写的计划，如指挥、控制、警报、通信、人群疏散、人群安置、医疗等，并应明确每一应急功能针对的形势、目标、负责机构、支持机构、任务要求、应急准备和操作程序等。

（三）特殊风险预案

是在对城市轨道交通系统进行安全评价的基础上，针对每一种可能发生的重大风险事件，明确其相应的主要负责部门、有关支持部门及其相应的职责，并为该类专项预案的制订提出特殊的要求和指导意见。

（四）标准操作程序

标准操作程序用来规定在应急预案中没有给出的每一任务的实施细节，各个应急部门必须制订相应的标准操作程序，为组织或个人提供履行应急预案中规定的职责和任务时所需的详细指导，标准化操作程序应保证与应急预案的协调一致。

（五）支持附件

应主要包括应急救援有关支持保障系统的描述及相关附图表，如城市轨道交通系统主要危险有害因素登记表、重大事件影响范围预防分析、应急机构及人员通信联络方式、消防设施分布、疏散线路图、媒体联络方式、相关医疗单位分布图、交通管制范围图等。

城市轨道交通应急预案一般有：特殊气象及自然灾害应急预案、防淹门故障应急处理程序、控制中心应急处理程序、疫情爆发应急预案、应急信息报告程序、处置大面积停电事件应急预案、保卫应急预案、地铁消防应急预案、机电设备（电梯、给排水、事件照明装置）应急处理措施及程序、供电专业抢修应急预案、工建专业应急预案、车辆专业应急处理办法、水污染应急处理预案、车无安全应急处理程序、接触网附近有异物的应急处理程序等，都属于专项预案和现场预案的范畴。

四 应急预案的组织机构及职责

（一）指挥机构及职责

在城市应急委的统一领导下，由城市交通安全应急指挥部负责本市轨道交通运营突发事件的应对工作。

城市交通安全应急指挥部由总指挥、副总指挥和成员单位组成。总指挥由市政府分管副市长担任，负责本市轨道交通运营突发事件应急指挥的领导工作，对全市轨道交通运营突发事件应急工作实施统一指挥。副总指挥分别由市政府分管副秘书长、市交通委（建设委员会）主任担任，协助总指挥做好全市轨道交通运营突发事件应急工作。市政府分管副秘书长主要负责协调各成员单位应急处置及监督检查责任制落实工作。城市交通委（建设委员会）主任主要负责交通行业内各单位的应急处置、责任制落实工作和市交通安全应急指挥部办公室工作。

城市交通安全应急指挥部应对轨道交通运营突发事件职责包括：

（1）研究制订本市应对轨道交通运营突发事件的政策措施和指导意见。

（2）负责指挥本市轨道交通运营事件的具体应对工作。

（3）分析总结本市轨道交通运营事件应对工作，制订工作规划和年度工作计划。

（4）负责市交通安全应急指挥部所属专业应急救援队伍的建设和管理。

（5）承办市应急委交办的其他事项。

（二）办事机构及职责

1. 城市交通安全应急指挥部办公室应对轨道交通运营突发事件职责

城市交通安全应急指挥部下设办公室作为常设办事机构，办公室主任由市交通委（建委）主任担任。根据市交通安全应急指挥部的决定，市交通安全应急指挥部办公室负责组织、协调、指导、检查本市轨道交通运营突发事件的预防和应对工作。主要职责包括：

（1）组织落实市交通安全应急指挥部决定，协调和调动成员单位应对轨道交通运营突发事件相关工作。

（2）组织制订、修订本市轨道交通运营突发事件专项应急预案和部门应急预案，指导市轨道交通指挥中心及轨道交通运营企业制订、修订相关处置类应急预案。

（3）负责发布蓝色、黄色预警信息，向市应急办提出发布橙色、红色预警信息的建议。

（4）负责本市应对轨道交通运营突发事件的宣传教育和培训工作。

（5）负责收集分析相关工作信息，及时上报重要信息。

（6）负责组织本市轨道交通运营突发事件的应急演练。

（7）负责本市轨道交通运营突发事件的隐患排查以及相关应急资源的管理工作。

（8）负责本市轨道交通运营突发事件应急指挥技术系统的建设与管理工作。

（9）负责市交通安全应急指挥部专家顾问组的联系工作。

（10）承担市交通安全应急指挥部的日常工作。

2.城市轨道交通指挥中心职责

在城市交通安全应急指挥部办公室的协调指导下,负责城市轨道交通运营突发事件的具体处置工作。

（1）组织制订、修订轨道交通运营突发事件处置类应急预案,审查轨道交通运营企业突发事件处置类应急预案。

（2）负责协调指挥轨道交通运营企业实施轨道交通运营突发事件应急处置。

（3）负责及时向市交通安全应急指挥部办公室报送突发事件应急工作信息,负责根据现场情况提出轨道交通停运、抢险增援等应急处置建议。

（4）参与配合轨道交通运营突发事件总结和调查评估工作。

（5）承办市交通安全应急指挥部办公室交办的其他事项。

（三）现场指挥部及职责

根据轨道交通运营突发事件处置工作需要,由市交通安全应急指挥部办公室组织相关成员单位成立现场指挥部。现场指挥部可由指挥处置组、社会面控制组、后勤保障组、医疗救护组、新闻发布组和专家工作组等组成,承担现场抢险救援任务,负责做好事发地区治安维护、交通保障、人员疏散、群众安置、后勤保障等各项工作。

五 监测预警

（一）预警级别

依据轨道交通运营突发事件的危害程度、发展情况和紧迫性等因素,轨道交通运营突发事件的预警由高到低分红色、橙色、黄色、蓝色四个级别。

（1）红色预警:预计将要发生特别重大（Ⅰ级）以上轨道交通运营突发事件,事件会随时发生,事态正在不断蔓延。

（2）橙色预警:预计将要发生重大（Ⅱ级）以上轨道交通运营突发事件,事件即将发生,事态正在逐步扩大。

（3）黄色预警:预计将要发生较大（Ⅲ级）以上轨道交通运营突发事件,事件已经临近,事态有扩大的趋势。

（4）蓝色预警:预计将要发生一般（Ⅳ级）以上轨道交通运营突发事件,事件即将临近,事态可能会扩大。

（二）监测预警

城市轨道交通指挥中心要做好城市轨道交通的运行监测、预警工作,建立轨道交通监测体系和安全运行机制,对监测信息进行汇总分析,并依据动态发展,向市交通安全应急指挥部办公室提出相应的预警建议。

(三)预警发布和解除

蓝色或黄色级别的预警信息,由市交通安全应急指挥部办公室组织对外发布或宣布解除,并报市应急办备案。

橙色级别的预警信息由市交通安全应急指挥部办公室提出,由市应急办报请指挥部总指挥批准,由市应急办或授权市交通安全应急指挥部办公室组织对外发布或宣布解除。

红色级别的预警信息由市交通安全应急指挥部办公室提出,由市应急办报请市应急委主要领导批准,由市应急办或授权市交通安全应急指挥部办公室组织对外发布或宣布解除。

(四)预警响应

1. 蓝色预警响应

预警信息发布后,市交通安全应急指挥部办公室、相关成员单位及市轨道交通指挥中心、轨道交通运营企业要立即做出响应,相关负责同志带班,24h 有人值班,随时保持通信联络畅通。

轨道交通运营企业的巡查人员应上岗对隐患部位进行重点排除。

专业应急救援队伍随时待命,接到命令后迅速出发,视情况采取防止事件发生或事态进一步扩大的其他相应措施。

2. 黄色预警响应

在蓝色预警响应的基础上,轨道交通运营企业巡查人员应上岗对隐患部位进行逐一排除。

3. 橙色预警响应

在黄色预警响应的基础上,市交通应急指挥部办公室及市轨道交通指挥中心、轨道交通运营企业的带班负责同志应随时掌握情况。

轨道交通运营企业的巡查人员应全部上岗,并对整个区域进行逐一排除。

专家顾问组进驻交通应急指挥中心或事件现场,对事态发展做出判断并提供决策建议。

专业救援队伍随时待命,各保障部门备齐人员物资,接到命令后 5 分钟内出发。必要时轨道交通停运,同时加强地面公交运力。

4. 红色预警响应

在橙色预警响应的基础上,专业救援队伍随时待命,接到命令后 3 分钟内出发。

(五)预警变更

城市轨道交通指挥中心密切关注事件进展情况,并依据事态变化情况,适时向市交通安全应急指挥部办公室提出调整预警级别的建议;市交通安全应急指挥部办公室依据事态变化情况,适时向市应急办提出调整橙色、红色预警级别的建议。

六 应急响应

(一)先期处置

轨道交通运营企业和市公安局公交总队立即启动先期处置应急工作预案,组织站内、车厢内乘客迅速疏散离站。同时封闭车站出入口,劝阻乘客进入。

轨道交通运营企业立即采取必要措施,阻止在线列车进入突发事件现场区域,防止发生次生灾害。

市公安局公安交通管理局迅速部署警力,立即在现场周边有关道路实施交通管制,保证抢险通道畅通。

市交通委调配公交车辆疏散乘客。

（二）分级响应

1. Ⅳ级响应

市交通安全应急指挥部办公室接到一般事件报告后,立即启动本预案,迅速通知相关成员单位赶赴现场。

市交通安全应急指挥部办公室带班负责同志在市交通应急指挥中心进行指挥。

相关成员单位的主管负责同志和现场工作人员具体实施现场秩序维护、信息报告及抢险救援等相关工作事宜。

2. Ⅲ级响应

在Ⅳ级响应的基础上,采取下列措施:

市交通安全应急指挥部办公室接到较大事件报告后,指挥部办公室负责同志在市交通应急指挥中心或在轨道交通指挥中心进行指挥。必要时,赶赴现场指挥处置工作。

视需要,市交通安全应急指挥部副总指挥(市政府分管副秘书长)或市应急办派人到场,协调相关部门开展工作。

3. Ⅱ级响应

在Ⅲ级响应的基础上,采取下列措施:

市交通安全应急指挥部办公室接到重大事件报告后,报市应急办,经指挥部总指挥批准,由市应急办或授权市交通应急指挥部办公室宣布启动本预案。

市交通安全应急指挥部总指挥或副总指挥(市政府分管副秘书长)在市应急指挥中心或在市交通应急指挥中心进行指挥。必要时,赶赴现场指挥处置工作。

4. Ⅰ级响应

在Ⅱ级响应的基础上,采取下列措施:

市交通安全应急指挥部办公室接到特别重大事件报告后,报市应急办,经市应急委主要领导批准,由市应急办或授权市交通应急指挥部办公室宣布启动本预案。

市应急委主要领导或市交通安全应急指挥部总指挥在市应急指挥中心或在市交通应急指挥中心进行指挥。必要时,赶赴现场指挥处置工作。

5. 现场指挥部响应

现场指挥部及时掌握事件进展情况,随时向市交通安全应急指挥部办公室报告。

相关成员单位按照应急预案分工和事件处置规程要求,相互配合、密切协作,共同开展应急处置和救援工作。

（三）应急结束

轨道交通运营突发事件处置工作基本完成,次生、衍生灾害和事件危害基本消除,应急工作即告结束。必要时,应通过广播电台、电视台和新闻媒体向社会发布应急结束的消息。

一般、较大轨道交通运营突发事件应急处置工作,由市交通安全应急指挥部办公室宣布应急结束。轨道交通运营企业提出开通轨道运营的建议,经市交通安全应急指挥部办公室报请指挥部办公室主任批准后,实施开通运营。

重大、特别重大轨道交通运营突发事件应急处置工作,经市应急办报请指挥部总指挥或市应急委主要领导批准,由市应急办或授权市交通应急指挥部办公室宣布应急结束。轨道交通运营企业提出开通轨道运营的建议,由市交通安全应急指挥部办公室报市应急办,经市应急办报请指挥部总指挥或市应急委主要领导批准后,实施开通运营。

【研讨与质疑】
你认为应急预案在处置突发事件中能起到什么作用?

【学生讲坛】
陈述城市轨道交通应急预案编组的组成内容。

子任务三　城市轨道交通运营突发事件应急救援体系

一个城市的轨道交通系统,通常会存在多种潜在的事件类型,例如:地震、水灾、火灾、危险物质泄漏、放射性物质泄漏、恐怖袭击、大范围长时间停电等。另外,城市中的各类大型活动也会出现重大紧急情况。因此,在建设城市轨道交通应急救援体系时,必须进行合理策划。既要做到重点突出,准确反映城市轨道交通的主要重大事件风险,又要合理地组织各类预案,避免各类预案间相互孤立、交叉和矛盾,使任何可能发生的事件局部化,尽可能地消除、减少事件造成的人员伤亡和财产损失,尽快恢复交通。

一　应急救援体系的主要应急机制

应急救援活动一般划分为应急准备、初级反应、扩大反应和应急恢复四个阶段,应急机制与这些应急活动密切相关。应急机制主要由统一指挥、分级响应、属地为主和公众动员四个基本机制组成。

1. 统一指挥

统一指挥是应急活动最基本原则,应急指挥一般可分为集中指挥与现场指挥或场外指挥与场内指挥几种形式,但无论采用哪一种指挥系统都必须实行统一指挥模式,无论应急救援活动涉及单位级别高低和隶属关系如何,都必须在救援指挥中心的统一组织协调下开展相关工作,使各参与单位既能充分发挥自己的作用,又能相互配合,提高整体效能。

2. 分级响应

分级响应是指在初级反映到扩大应急的过程中实行分级响应的机制,扩大或提高应急响应级别的主要依据是:事件灾难的危险程度,事件灾难的影响范围,事件灾难的控制事态能力。而事件灾难的控制事态能力是"升级"的最基本条件,扩大应急救援主要是提高指挥级别,扩大应急范围等。

3. 属地为主

属地为主是强调"第一反应"的思想和以现场应急为现场指挥的原则,即强化属地部门在应急救援体制管理工作中的主导作用,以提高应急救援工作的时效。

4. 公众动员机制是应急机制的基础

公众动员机制是应急机制的基础,公众动员机制也是最薄弱、最难以控制的环节,即现场应急机构组织调动所能动用的资源进行应急救援工作,当事件超出本单位的处置能力时,向本单位外寻求其他社会力量支援的一种方式。

二 应急救援体系建设的主要内容

安全生产是一项系统工程,需要从系统的整体性出发,科学地规划和设计。应急救援体系建设与发展属于安全生产系统工程的一个组成部分。应急救援体系的建设应着重从以下几个方面进行:

1. 事件预防

许多事件的发生都是因正常条件发生偏差而引起的,如果能事先确定出来某些特定条件及其潜在后果,就可利用相应手段减少事件的发生,或者减少事件对外界的影响,预防事件比发生事件后再纠正容易得多。因此,在城市轨道交通新线设计及旧线改造中,必须设计必要的安全装置和设施,以提高城市轨道交通运营系统的安全程度。另外,事件预防工作也不可忽视操作规程、应急规程和管理策略的建立及其定期的培训和维护。

2. 应急预案的准备

主要包括:预防任何可能出现的紧急事件类型及其影响程度;制订紧急状态下的反应行动,以提高准备程度;确保系统在紧急情况下,做到准备充分和通信畅通,从而保证决策和反应过程有条不紊;保证人员进行培训和演练,定期更新应急预案和重新评价其有效性。

3. 应急救援系统的组成

应急救援系统从功能上讲,可由应急指挥中心、事件现场指挥中心、后勤保障中心、媒体中心和信息管理中心五个运作中心组成。要做到快速、有序、高效地处理应急事件,需要应急救援系统中相互之间的协调努力。

4. 应急救援预案

应急救援预案应至少包括以下主要内容:应急资源的有效性、组织和利用;事件的评估程序;指挥、协调和反应的组织结构;通报和通信联络的程序;应急反应行动(包括事件控制、防护行动和救援行动);培训和演习及应急救援预案的维护。

5. 应急培训与演练

目的主要有以下几个方面:测试应急救援预案的充分程度;测试应急培训的有效性和队员的熟练性;测试现有应急装置和设备供应的充分性;确定训练的类型和频率;提高与现场外应急部门的协调能力;通过训练来识别和改正应急救援预案缺陷。

6. 应急救援行动

一个完善的应急救援体系应能在事件和灾害发生时及时调动并合理利用应急资源(包括人力资源和物资设备资源)投入救援行动事件现场,针对事件灾害的具体情况,选择适当的应急对策和行动方案,从而能及时有效地进行应急救援行动,使伤害和损失降低到最低程度和最小的范围,并在最短时间内控制事件。

7. 事件的恢复与善后

当应急阶段结束后,从紧急情况恢复到正常状态需要的时间、人员、资金和正确的指挥,对恢复能力和预先估计将变得十分重要。通常情况下,重要的恢复活动包括事件现场清理、恢复期间的管理、事件调查、现场的警戒与安全、安全和应急系统的恢复、人员的救助、法律问题的解决、损失状况的评估、保险与索赔、相关数据收集、公共关系等。

三 应急救援机构

根据《国家处置城市地铁事件灾难应急预案》,城市轨道交通事件灾难应急处置组织机构分为三个层次:一是国家应急机构,即国务院或国务院授权建设部设立城市轨道交通事件灾难应急领导小组,领导小组下设办公室、联络组和专家组;二是省级、市级城市轨道交通事件灾难应急机构,该机构比照国家城市轨道交通事件灾难应急机构的组成、职责,结合本地实际情况确定;三是城市轨道交通企业事件灾难应急机构,城市轨道交通企业应建立由企业主要负责人、分管安全生产的负责人、有关部门参加的地铁事件灾难应急机构。

应急救援机构从功能上讲,可由应急运转指挥中心、事件现场指挥中心、支持保障中心、媒体中心和信息管理中心五个运作中心组成。其中应急运转指挥中心负责协调应急组织各个机构的运作和关系,主持日常工作,维持应急救援系统的日常运作;事件现场指挥中心负责事件现场应急的指挥工作、人员调度、资源的有效利用;支持保障中心负责提供应急物质资源和人员的后方保障;媒体中心负责处理媒体报道、采访、新闻发布会;信息管理中心负责信息管理、信息服务。各中心要不断调整运行状态,协调关系,形成一个有机的整体,使系统快速、高效实行现场应急救援行动。

城市轨道交通企业应急救援机构应按照属地为主、分工协作、应急处置与日常建设相结合的原则建立,在应急处置过程中实现统一指挥、分级负责、科学决策,保证事件灾难信息的及时准确传递、事件快速有效处置、同时还要做到既保证常备不懈,又降低运行成本。

目前应急管理体系、机构设置,主要有以下几类:

1. 层级型

由城市轨道交通运营企业主要负责人为总负责,组建公司、部门两级系统。公司级包括企业主要负责人、分管安全生产的负责人及安全、保卫、调度、设备、信息管理、对外联络、卫生、物资保障、环保等各部负责人员;建立二级部门应急机构,并延伸至基层班组。

2. 联动型

由城市轨道交通运营企业负责人为总负责,将运营中发生的所有行车、设备、消防、治安等安全信息报城市轨道交通控制中心,城市轨道交通控制中心组成联动中心,统一指挥相关部门处置各类安全减灾及应急工作。

3. 专职型

城市轨道交通运营企业建立应急救援管理指挥专门机构和专业应急救援队伍,内设信息管理、应急管理(抢险、指挥)、重大危险源管理三个职能部门,负责城市轨道交通安全生产信息接收、汇总、上报、发布,重大事件隐患、预案编制管理,应急培训,预案演练,救援物资管理,抢险指挥,重大危险源建档、管理,专家库管理,查处谎报、瞒报案件等工作,使应急救援工作贯穿于安全生产事件的事前预防、事中应急、事后管理中,形成安全生产应急救援工作的一条较为完整的工作链和工作体制、机制。

《国家处置城市地铁事件灾难应急预案》中规定,城市轨道交通企业必须建立由企业主要负责人、分管安全生产的负责人、有关部门参加的地铁事件灾难应急机构。地铁企业可根据自身的发展规模、线路长度、员工素质等情况选择适合自身企业的安全、应急管理体系和机构。

四 救援列车的开行

1. 救援列车的请求与派遣

行车调度员接到驾驶员、行车值班员、车长的救援请求后,应向有关车站或车辆段发布开行救援列车的调度命令,及时组织备用车上线救援,如果救援列车用运行中的客车时,必须清客,空车救援。故障列车在区间时还需发布封锁区间的调度命令。

2. 救援前的准备工作

(1)救援列车须在就近站台进行清客作业,故障列车停在站台或部分已进入站台,必须进行清客作业。

(2)救援列车、故障列车与行车调度员间建立无线通信,进行通话测试。

3. 救援列车进入封锁区间的行车组织办法

向封锁区间发出救援列车时,不办理行车闭塞手续,以行车调度员的命令作为进入该封锁线路的许可。

4. 救援有关规定

为保证在救援中不发生因防护不当等原因造成救援列车与被救援列车相撞事件,必须严格遵守以下规定:

(1)已请求救援的列车严禁动车,驾驶员或车长应打开被救援列车两端的标志灯作为防护信号,并做好与救援列车的连挂准备工作。

(2)申请救援的列车驾驶员在连挂之前可继续排除故障,但不能起动列车,如故障排除则报告行车调度员取消救援。

(3)救援列车应距被救援列车规定距离外停车,听候救援负责人(被救援列车驾驶员)的指挥连挂。救援列车驾驶员必须确定故障列车已将故障切除,方可进行连挂作业。故障列车驾驶员必须确定故障部分已被切除,并通报有关情况给救援列车驾驶员。

(4)在未接到开通封锁区间的调度命令前,不得将救援列车以外的其他列车开往该线路。

(5)行车调度员发布救援列车进入封锁线路的调度命令前必须确保救援列车已经清客。

【研讨与质疑】

谈谈你对应急救援体系建设的看法?

【学生讲坛】

陈述城市轨道交通事件灾难应急处置组织机构构成。

子任务四　城市轨道交通运营突发事件应急演练体系

【案例4-2】　上海地铁在世纪公园举行"应急救援演练"

事件经过: 2009年10月13日下午,地铁2号线世纪公园站广播突然响起,"车站工作人员请注意,下行进站列车发现火情,现在立即启动火灾应急预案,请乘客们听从工作人员的指挥,不要惊慌,有序地离开车站。"一场别开生面的"公共安全等突发事件的应急救援演练"正在进行,市消防总队特勤支队60名消防官兵与150多名模拟乘客以及现场正常出行的乘客一起,经历了"惊险"的一幕。

(1)乘客带易燃品引发火情

10月13日下午14点左右,地铁2号线龙阳路站"报告",一名乘客违反规定携带易燃品进站乘车,不慎引发火情。"火警就是命令!"行调接报后,要求事发列车2分钟到达世纪公园站后,立即停车疏散乘客,扑灭火情。

世纪公园车站接总调度命令后,立即启动应急预案,做好疏散乘客的准备。车站工作人员按照各自的工作要求迅速行动起来。

车控室值班员向值班站长报告:我已关闭TVM系统,并按下AFC紧急关闭按钮。

值班员拨打了119消防车、120救护车及110报警电话,并向公司生产调度汇报情况。

值班站长在站厅设立了临时指挥所,指挥义务消防队员,进行应急处置和分配任务:2人立即关闭站台至站厅的自动扶梯,2人打开消防专用疏散门,2人准备担架抢救伤员;4人用灭火器进行扑救,其余4人拉水带进行扑救。

(2)军民联动展开灭火救援

车站协警接报后迅速赶到站台,一边帮助疏散乘客,维持秩序,一边控制嫌疑人。

"报告值班站长:救援车已停靠1号口和2号口(花木路海桐路)。"值班站长立即通知保洁员速至1号和2号口接应救援人员。服务中心则将票款与票卡送至编码室保存。

几分钟后,事发列车到达站台,站台上的站务员已经关闭站台紧急按钮,"乘客们不要惊慌,听从工作人员指挥有序离开车站。"地铁工作人员带领乘客疏散,消防人员进入列车灭火,并抢救伤员。消防人员用担架抬出3位伤员。乘客纷纷从3号出口"撤离逃生"。

消防特勤支队救援车辆迅速就近停靠消火栓,铺设水带至站台层,救援人员通过消防疏散门进入站台;一组人员利用车站内墙式消火栓快速出水对着火车辆进行灭火;一组人员携带担架深入站台层进行救援,并为救援人员开辟通道。

(3)排爆员安全转移可疑物

这时,有乘客在站厅发现一件可疑包裹,值班站长立即向消防队长报告。

消防特勤支队防暴队接报后,携带安检器材对地铁站台进行安全检查,一组战斗员携带警戒器材对危险区域和排爆进攻路线进行警戒,防止群众从附近通过,为排爆队员开辟绿色通道;另一组携带排爆器材到站台层对可疑物进行转移应急处置。

为了防止爆炸装置为遥控爆炸物,排爆人员还在现场架设信号干扰仪对现场信号实施有效屏蔽干扰;用绳钩线对爆炸物进行扰动,排除爆炸装置为反能动装置;同时用炸药分析仪对爆炸物进行检测分析;利用手提X光机对爆炸物进行透视,检测观察爆炸装置内部结构,为最后的处置方案提供依据。

由于地铁站站台人员密集、客流量大,为防止爆炸物爆炸对地铁站站台造成损坏,排爆人员利用防爆毯覆盖爆炸可疑物,安全转移至防爆球罐内运至空旷地带。

(4)运营时演练体验真实感

14时25分,列车着火点扑灭,爆炸可疑物转移,乘客安全疏散,伤员被送到就近医院救治,事发列车被救援车拖回库,站台也清理完毕,列车恢复运营。整个演练持续了20min,各个环节紧张而有序。

"这次在地铁运营时间搞演练,更能体验现场的紧张和真实感。"地铁二运质安部主管陈之光表示,地铁二运的军民联动机制将达到长效化、常态化,进一步提升轨交车站员工和武警消防官兵的协同作战能力,及时有效地处置地铁车站内发生的火灾、爆炸等危及乘客人身安全的突发性事件,为世博提供安全的乘车环境。

应急救援预案演练是指针对情景事件,按照应急预案而组织实施的预警、应急响应、指挥与协调、现场处置与救援、评估总结等活动。应急救援预案的演练是检验、评价和保持应急能力的一个重要手段。通过应急演练,可在事故真正发生前暴露预案和程序的缺陷,发现应急资源的不足,改善各应急部门、机构、人员之间的协调,增强公众应对突发重大事故救援的信息和应急意识,提高应急人员的熟练程度和技术水平,进一步明确各自的岗位与职责,提高各级预案之间的协调性,提高整体应急反应能力。应急演练程序如图4-1所示。

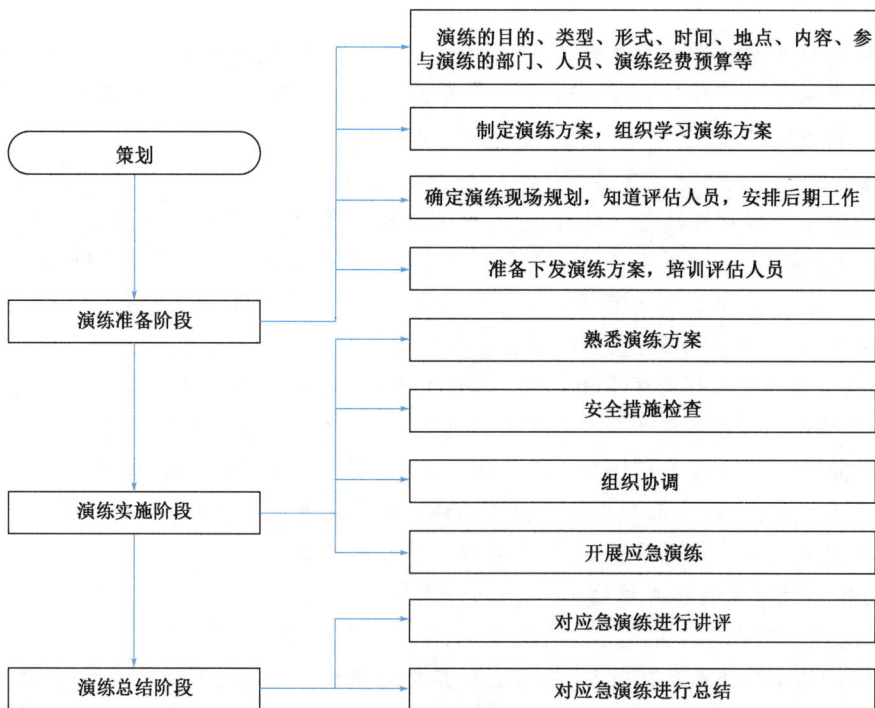

图4-1 应急演练程序

一 **应急演练的类型**

按照应急演练的内容,可分为综合演练和专项演练;按照演练的形式,可分为现场演练和桌面演练;按照演练的目的,可分为检验性演练、研究性演练。

1. 综合演练

根据情景事件要素,按照应急预案检验包括预警、应急响应、指挥与协调、现场处置与救援、保障与恢复等应急行动和应对措施的全部应急功能的演练活动。

2. 专项演练

根据情景事件要素,按照应急预案检验某项或数项应对措施或应急行动部分应急功能的演练活动。

3. 现场演练

选择(或模拟)作业流程或场所,现场设置情景事件要素,并按照应急预案组织实施预警、应急响应、指挥与协调、现场处置与救援等应急行动和应对措施的演练活动。

4. 桌面演练

设置情景事件要素,在室内会议桌面(图纸、沙盘、计算机系统)上,按照应急预案模拟实施预警、应急响应、指挥与协调、现场处置与救援等应急行动和应对措施的演练活动。

5. 检验性演练

不预先告知情景事件,有应急演练的组织者随机控制,参演人员根据演练设置的突发事件信息,按照应急预案组织实施预警、应急响应、指挥与协调、现场处置与救援等应急行动和应对措施的演练活动。

6. 研究性演练

为验证突发事件发生的可能性、波及范围、风险水平以及检验应急预案的可操作性、实用性等而进行的预警、应急响应、指挥与协调、现场处置与救援等应急行动和应对措施的演练活动。

二 应急演练的基本内容

1. 预警与通知

接警人员接到报警后,按照应急预案规定的时间、方式、方法和途径,迅速向可能受到突发事件波及区域的相关部门和人员发出预警通知,同时报告上级主管部门或当地政府有关部门、应急机构,以便采取相应的应急行动。

2. 决策与指挥

根据应急预案规定的相应级别,建立统一的应急指挥、协调和决策机构,迅速有效地实施应急指挥,合理高效地调配和使用应急物资,控制事态发展。

3. 应急通信

保证参与预警、应急处置与救援各方,特别是上级与下级、内部与外部相关人员通信联络的畅通。

4. 应急监测

对突发事件现场及可能波及区域的气象、有毒有害物质等进行有效监控并进行科学分析和评估,合理预测突发事件的发展态势及影响范围,避免发生次生或衍生事故。

5.境界与管制

建立合理警戒区域,维护现场秩序,防止无关人员进入应急处置与救援现场,保障应急救援队伍、应急物资运输和人群疏散等交通畅通。

6.疏散与安置

合理确定突发事件可能波及区域,及时、安全、有效地撤离疏散、转移、妥善安置相关人员。

7.医疗与卫生保障

调集医疗救护资源对受伤人员合理检伤病分级,及时采取有效的现场急救及医疗救护措施,做好卫生监测和防疫工作。

8.现场处置

应急处置与救援过程中,按照现场应急预案规定及相关行业技术标准采取的有效技术与安全保障措施。

9.公众引导

及时召开新闻发布会,客观、准确地发布有关信息,通过新闻媒体与公众建立良好的沟通。

10.现场恢复

应急处置与救援结束后,在确保安全的前提下,实施有效洗消、现场清理和基础设施恢复等工作。

11.总结与评估

对应急演练组织实施中发现的问题和应急演练效果进行评估总结,以便不断改进和完善应急预案,提高应急响应能力和应急装备水平。

12.其他

根据轨道交通行业安全生产特点所包含的其他应急功能。

三 应急演练计划

1.应急演练计划的内容

应针对本部门(单位)安全生产特点对应急演练活动进行整体规划,编写应急演练年度计划,内容通常包括:演练的目的、类型、形式、时间、地点、内容、参与演练的部门、人员、演练经费预算等。

2.应急演练计划的要求

应急演练计划应以本部门、本行业(领域)或本单位安全生产应急预案为基本依据,针对可能发生的突发事件,着重提高初期应急处置和协同救援的能力。演练频次应满足应急预案的规定,演练范围应有一定的覆盖面。

四 应急演练实施

(一)现场应急演练的实施

(1)熟悉演练方案。应急演练领导小组正、副组长或成员召开会议,重点介绍有关应急演练的计划安排,了解应急预案和演练方案,做好各项准备工作。

(2)安全措施检查。确认演练所需的工具、设备、设施以及参演人员到位。对应急演练安全保障方案以及设备、设施进行检查确认,确保安全保障方案的可行性,安全设备、设施的完好性。

(3)组织协调。应在控制人员中指派必要数量的组织协调员,对应急演练过程进行必要的引导,以防出现发生意外事故。组织协调员工的工作位置和任务,应在应急演练方案中作出明确的规定。

(4)有序开展应急演练。应急演练总指挥下达演练开始指令后,参演人员针对情景事件,根据应急演练的规定,紧张有序地实施必要的应急行动和应急措施,直至完成全部演练工作。

(二)桌面应急演练的实施

桌面应急演练的实施可以参考现场应急演练实施的程序,但是由于桌面应急演练的组织形式、开展方式与现场应急演练不同,其演练内容主要是模拟实时预警、应急响应、智慧与协调、现场处置与救援等应急行动和应对措施,因此需要注意以下问题:

(1)桌面应急演练一般设一名主持人,可以有应急演练的副总指挥担任,负责引导应急演练按照规定的程序进行。

(2)桌面应急演练可以在实施过程中加入讨论的内容,以便于验证应急预案的可操作性、实用性,做出正确的决策。

(3)桌面应急演练在实施过程中可以引入视频,对情景事件进行渲染,引导情景事件的发展,推动桌面应急演练顺利进行。

五 应急演练的评估和总结

1.应急演练讲评

应急演练的讲评必须在应急演练结束后立即进行。应急演练组织者、控制人员和评估人员以及主要演练人员应参加讲评会。

评估人员对应急演练目标的实现情况,参演队伍及人员的表现、应急演练中暴露的主要问题等进行讲评,并出具评估报告。对于规模较小的应急演练,评估也可以采用口头点评的方式。

2.应急演练总结

应急演练结束后,评估组汇总评估人员的评估总结,撰写评估总结报告,重点对应急演练组织实施中发现的问题和应急演练效果进行评估总结,也可对应急演练准备。策划等工作进行简要总结分析。

应急演练评估总结报告通常包括以下内容:

(1)本次应急演练的背景信息;

(2)对应急演练准备的评估;

(3)对应急演练策划与应急演练方案的评估;

(4)对应急演练组织、预警、应急响应、决策与指挥、处置与救援、应急演练效果的评估;

（5）对应急预案的改进建议；

（6）对应急救援技术、装备方面的改进建议；

（7）对应急管理人员、应急救援人员培训方面的建议。

【研讨与质疑】

根据案例内容，讨论城市轨道交通企业应急救援的特点。

【学生讲坛】

查找我国其他地铁应急演练的方案，并在小组内交流。

子任务五　城市轨道交通突发事件应急物资及应用

【案例4-3】　2017年，某地铁1号线两名乘客发生纠纷并有肢体冲突，其中一名乘客受伤后拉下紧急制动装置导致列车急刹。类似事件已发生多起，一个月前，地铁2号线一辆列车接连被拉下两次紧急制动装置，当事人称因"同伴未上车"和"发现自己坐过站"。由于紧急制动装置被拉下后，司机必须进入车厢方可复位，致使2号线的正常运营受到影响，数千乘客出行被耽搁。

为了保障乘客的安全，地铁车站、列车上设置了很多用于突发事件的应急设备。但是通过上述时间可以看出，由于乘客的安全意识比较薄弱，不会用、乱用应急设备的现象比较突出，掌握应急设备的合理时机、使用方法十分重要。

城市轨道交通的地铁列车是在封闭状态下运营的大型载客交通工具，因设备故障、技术行为、人为破坏、不可抗力等原因，均可能发生突发事件。为能保证紧急情况下乘客的人身安全，在列车和车站都安装有相应的应急设备，当出现紧急情况时，乘客可以通过应急设备进行报警或自救。

一　列车应急设备

1.紧急报警按钮或紧急对讲器

（1）安装位置：每节车厢安装有2~3个"紧急对讲按钮"，分布在5/7、10/12、17/19号车门的侧边。

紧急报警器如图4-2所示，紧急对讲器如图4-3所示。

图4-2　紧急报警器　　　　图4-3　紧急对讲器

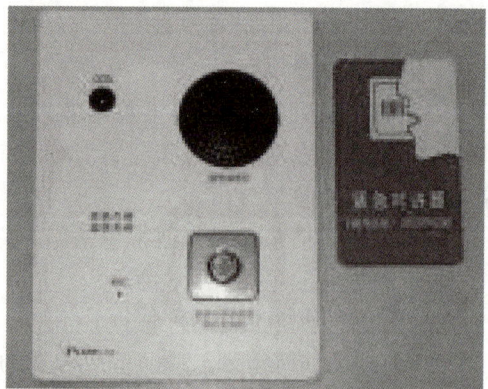

（2）使用情况：当车厢内发生人员伤害、火警等紧急情况，需要通知司机时使用。

（3）使用方法：打开按钮盖，按压一次按钮，此时"等待"灯亮，待"等待"灯灭，"讲话"灯亮后，与司机通话。

2. 紧急开门手柄(如图4-4所示)

紧急开门手柄如图4-4所示。

（1）安装位置：每个车门侧边均安装有一个"紧急开门手柄"。

（2）使用情况：当车厢内发生紧急情况，需要人工打开车门时使用。

（3）使用方法：紧急时拉开盖板，再拉下红色手柄。

3. 灭火器

灭火器如图4-5所示。

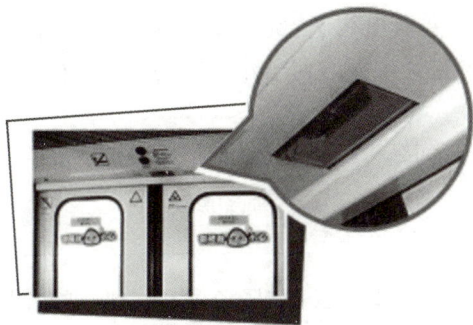

图4-4　紧急开门手柄

图4-5　灭火器

（1）安装位置：每节车厢带有2个灭火器，放置于座椅下方。

（2）使用情况：当车厢内发生火警紧急情况，需要使用灭火器灭火时使用。

（3）使用方法：解开两个皮带，拿出灭火器，拉开安全环、按下帽盖、对准火焰灭火。

4. 司机室通道门紧急手柄

（1）安装位置：列车两端客室至司机通道门上方均安装有一个"紧急疏散通道手柄"（图4-6）。

a)

b)

图4-6　紧急疏散通道手柄

（2）使用时机：当车厢内发生紧急情况，必须从司机室疏散时使用。

（3）使用方法：紧急时拉下罩板，逆时针旋转红色手柄，同时用手推开通道门。

5.逃生装置

列车逃生装置如图4-7所示。

图4-7 列车逃生装置

（1）安装位置：列车两端司机室前窗中间，如果该城市的轨道交通系统采取疏散平台方式进行疏散，列车的逃生装置则为客室门。列车逃生装置一般在发生紧急情况下，必须通过人工疏散时才使用。

（2）使用时机：当车厢内发生紧急情况，必须通过司机室疏散时使用。

（3）使用方法：旋转梯盖的两个银手柄将梯盖解锁拉出移到旁边；旋转红色手柄将梯子松开，并取出梯子；旋转窗前的红色手柄于垂直位后，一手拉绳子，另一手推开玻璃门；将叠梯打开拉直移到车外，将梯子插销插进门槛上面的销孔；手扶梯子从车上疏散到隧道。

（4）重要提醒：通过梯子疏散时不要拥挤，一个接一个面向梯子疏散到地面。

二　车站应急设备

车站的应急设备分为：火灾紧急报警器、自动扶梯紧停装置、紧急停车按钮、屏蔽门紧急开关、屏蔽门应急门、疏散平台六类。其安装位置和数量均根据不同的城市轨道交通系统建设的要求而有所不同，但各类应急设备的启用时机相同，就是必须在发生危列车行车安全或危及人身安全的紧急情况下使用。

1.火灾紧急报警器

每个车站的站台墙上都安装有"火警手动报警器"，如图4-8所示。

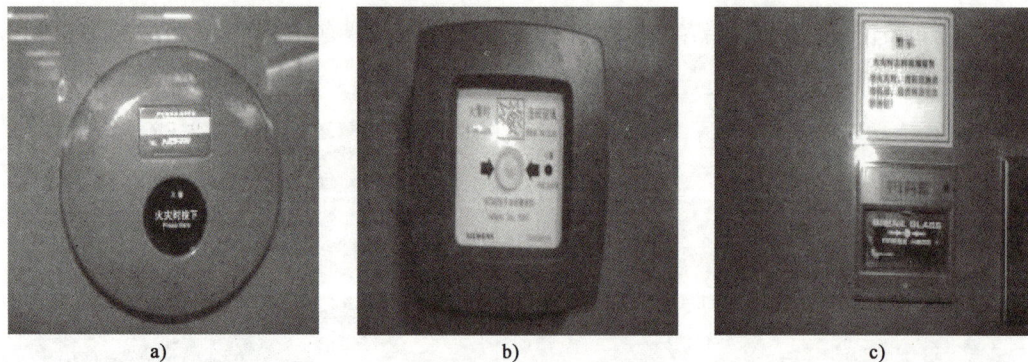

a)　　　　　　　　　b)　　　　　　　　　c)

图4-8 火警手动报警器

2.自动扶梯紧停装置

自动扶梯紧停装置如图4-9所示。

车站内所有自动扶梯两端都安装有"紧急停机"装置，发生紧急情况时，按压红色按钮即可使自动扶梯紧急停止运行。

3. 车站站台紧急停车按钮(如图 4-10 所示)

每侧站台墙上各设有 2 个"紧急停车按钮"(图 4-10),发生紧急情况时击碎玻璃按压按钮即可。

a)　　　　　　　　b)

图 4-9　自动扶梯紧停装置　　　　　　　图 4-10　紧急停车按钮

4. 屏蔽门紧急开关

车站站台屏蔽门内侧,屏蔽门与车门之间夹人夹物、车门与屏蔽门错位时使用,黄色手柄或绿色按钮,通过扳开黄色手柄,拉开屏蔽门或按压绿色按钮拉开屏蔽门就可以打开屏蔽门(图 4-11)。

5. 屏蔽门应急门

当列车进站无法对准滑动门作为乘客疏散通道使用时,按下绿色推杆,推开应急门。

6. 疏散平台

疏散平台如图 4-12 所示。

图 4-11　屏蔽门紧急开关　　　　　　　图 4-12　疏散平台

三　车站应急备品储备要求

1. 呼吸器

车站应定期组织职工演习,掌握使用方法。定期进行检查,保证气瓶压力在规定允许使用的范围,压力不足及时向安全科通报,确保突发情况发生时能够正常使用。

2.逃生面具

车站所有职工必须掌握其使用方法。车站每岗一幅随岗配发,随岗交接,各岗主岗人员负责保管并定期定期检查逃生面具真空包装的完好情况。有不符合标准的及时报客运公司安全保卫科。

3.应急灯

要指定专人保管,建立使用及充电登记台账,车站要定期检查应急灯的性能,确保做到随取随用。

4.担架

统一放置于车站行车值班室,指定专人保管。

5.存尸袋

统一放置于车站行车值班室,指定专人保管。

6.便携式扶梯

统一放置于车站站台的行车副室,指定专人保管。

【研讨与质疑】

你知道的列车和车站的应急设备还有哪些?

【学生讲坛】

1.列举列车上有哪些应急设备,并陈述如何操作。

2.列举站台上有哪些应急设备,并陈述如何操作。

【技能训练】

实训一 编制城市轨道交通某一项(火灾、大面积停电、地震等)**应急预案**

实训目标:

1.使学生进一步掌握应急预案的内容。

2.初步掌握应急预案的编制过程。

3.使学生认识到应急预案在突发事件处理中的重要性。

4.培养学生处理实际问题、解决实际问题的能力。

实训内容与方法:

1.应急预案的编制是一项非常复杂的工作,教师可以让学生参照某一城市的应急预案编制某一项的应急预案。教师可以给定题目,也可让学生自己选择。

2.教师应强调一些重点内容,突出对城市轨道交通企业及员工有关的内容。

3.要求学生所编制的预案尽量规范、内容尽量完备、具有可操作性。

4.在班级组织学生进行讨论,使学生对各种情况都有所了解,收获更大。

标准与评估:

1.标准:能基本符合预案编制的要求,能处理城市轨道交通中的某一突发事件,能掌握老师要求的重点内容。

2.评估:每人交一份应急预案,根据预案内容和平时表现评定成绩。

实训二 桌面演练:城市轨道交通突发大客流应急处理

实训目标:

1.使学生进一步掌握城市轨道交通大客流的应急处理过程。

2.培养学生将理论知识应用于实际的能力。

实训内容与方法：

1.将学生分成几个小组扮演不同的角色(工种)，按照演练步骤，根据各自的分工，现场推演应急处理情况。

2.学生可参照教材的大客流应急处理进行，也可以逐步完善。

3.演练后应对演练效果进行评价，并提交报告说明存在的问题，提出改进措施。

标准与评估：

1.标准：学生进行桌面演练的目的主要是为了掌握突发事件的处理过程，学生能根据各工种的要求完成各自工作即可。

2.评估：根据在演练中的表现和提交的报告给定成绩。

任务二　城市轨道交通运营突发事件的应急处置

事不当时固争，防患于未然。

——《汉书·外戚列传下》

【案例 4-4】　城市轨道交通突发事件多样

事件经过：有生产就有可能存在突发事件，发生突发事件就得进行有效的应急处置，将损失尽可能降到最低，城市轨道交通是一个庞大的系统，运营环境复杂，可能出现的突发事件情况多样。2012 年 11 月，某地铁八号线列车行驶在站区间隧道时，一辆往万胜围方向的列车在行驶过程中车厢内突然冒烟起火花，列车临时停在隧道距车站 200m 处。惊恐不已的乘客自行打开车门，上演隧道大逃亡；2020 年 6 月，某地铁乘客在乘坐电梯时一脚踩空，导致后面的两名老人和两名孩子齐齐跌倒。腿被电梯齿缝划出血，孩子发出惨叫，危急关头电梯尽头的乘客按下红色救命按钮；2021 年 7 月，某市突降罕见特大暴雨，积水冲垮出入场线挡水墙进入地铁正线区间，造成地铁 5 号线一列车站区间内迫停，500余名乘客被困，12 名乘客经抢救无效不幸罹难。为了有效应对城市轨道交通在运营中出现的各种问题，运营企业制定了很多的应急处置预案。

【学生分析与决策】

1.你了解的城市轨道交通突发事件发生后应该采取什么措施呢？

2.你知道城市轨道交通突发事件后有哪些岗位参与应急处置，每个岗位的职责是什么？

【知识研修】

子任务一　事故灾难事件的应急处理

当突发事件在城市轨道交通车站发生时，城市轨道交通员工如果能迅速高效妥善地处置，将有效预防或减少事件导致的损失。

一　火灾的应急处理

城市轨道交通系统的众多危险因素里，火灾的危险度是最高的，特别是对地铁来说，火灾是"第一天敌"。城市轨道交通火灾有疏散困难、救护难度大及通信系统容易瘫痪的特点。火灾中人员的伤亡，80% 以上是由于窒息或被有毒烟熏致死，烟雾是火灾的第一大

"杀手"。逃离烟雾区时,要尽量地低头弯腰快速地前进,弯腰前进时,要使头部保持在距地面60cm以下。

根据火灾发生的地点不同,城市轨道交通火灾可以分为车站火灾和列车火灾。

1. 火灾处理原则

(1)车站火灾因位置不同又可分为站台火灾、站厅火灾、设备区火灾。

(2)列车火灾因着火部位不同又可分为列车头部火灾、列车中部火灾、列车尾部火灾,根据事发列车所在位置,列车火灾还可分为列车在车站站台发生火灾(也称列车因火灾停在站台)和列车在区间发生火灾(也称列车隧道火灾或列车因火灾停在区间)两种情况。

(3)发生火灾时处理原则:保障乘客和员工的人身安全;迅速通报;在保证员工自身安全情况下尝试灭火。列车因火灾停在站台按站台火灾程序处理。

下面分别就站台火灾、站厅火灾、设备区火灾、隧道火灾、列车隧道火灾的一般处理流程和站务员岗位行动进行阐述。

2. 站台、站厅、设备区火灾处理流程

(1)通过火灾报警系统(FAS)监控到火灾报警或接到发生火灾的报告后,派人到现场确认是否发火灾,如属误报,初步查明原因并报行车调度员和环控调度员。

(2)如现场确认发生火灾,对于气体灭火系统保护房间,立即启动气体灭火,对非气体灭火系统保护房间,就地取用灭火器进行灭火。

(3)如因气体灭火系统失效或因火势较大车站无法控制和立即扑灭,应立即致电110报警中心和行车调度员,视情况致电120急救中心、城市轨道交通公安。并按车站疏散程序紧急疏散车站范围内的乘客和相关人员,广播通知乘客、设备区施工和巡检人员、银行、商铺工作人员等迅速离开车站(注意不要引起乘客恐慌)。协助有困难的乘客离开危险区域并做好疏散指引导向工作。

(4)启动车站火灾排烟模式。

(5)需要时设置事件处理中心,值班站长担任临时应急处理负责人,负责各单位之间的协调。站长接到报告后,立即到站接替值班站长负责指挥处理。应急处理领导小组负责人到达后,由其担任应急处理负责人。

(6)乘客疏散完毕后,关闭车站出入口(紧急出入口除外)并张贴告示。

(7)如火势很大时组织员工从车站撤离,到紧急集合地点集中,并做好消防人员进入灭火现场的导向标志,引导消防人员到现场灭火。

(8)消防人员到场后,车站汇报有关情况,将灭火工作交给消防人员,同时做好应急处理救援配合工作;在接到可以恢复运营的指令后,清理现场,恢复运营。协助事件调查工作。

3. 隧道火灾处理流程

(1)通过隧道光纤温度监测系统监控到隧道火灾报警或接隧道发生火灾的报告后,报告行车调度员,根据行车调度员的安排,派人携带防毒面具和防护、通信工具,到现场确认是否发火灾,如属误报,初步查明原因并报行车调度员和环控调度员。

(2)如现场确认隧道发生火灾,并且火势较小时,在做好个人防护的情况下,立即利用隧道消火栓尝试灭火。如火势较大无法很快扑灭,应立即报告行车调度员,并致电或由

行车调度员致电110报警中心,同时撤离现场,视情况致电120急救中心、城市轨道交通公安。

(3)根据环控调度员的安排,启动车站隧道火灾排烟模式。

(4)需要时设置事件处理中心,值班站长担任临时应急处理负责人,负责各单位之间的协调。站长接到报告后,立即到站接替值班站长负责指挥处理。应急处理领导小组负责人到达后,由其担任应急处理负责人;

(5)消防人员到场后,车站汇报有关情况,将灭火工作交给消防人员,同时做好应急处理救援配合工作;协助维护好车站乘客秩序,做好乘客解释工作。

(6)如隧道火势很大需要车站疏散或清客,按疏散和清客程序执行。协助事件调查工作。

4. 列车因火灾停在隧道处理流程

(1)接到行车调度员列车发生火灾并停在区间隧道需要隧道疏散的通知后,立即执行车站疏散程序。

(2)跟行车调度员复核确认致电110报警中心,视情况致电120急救中心、城市轨道交通公安。

(3)广播通知乘客、设备区施工和巡检人员、银行、商铺工作人员等迅速离开车站(注意不要引起乘客恐慌)。协助有困难的乘客离开车站并做好疏散指引导向工作。

(4)开启隧道灯,必要时,根据环控调度员的安排启动列车隧道火灾排烟模式。

(5)根据行车调度员的安排,在确保员工做好个人防护的前提下,安排员工进入隧道引导乘客往车站方向疏散,乘客疏散到车站后组织往站外疏散。隧道疏散过程中如遇疏散线路上有通往邻线的通道,应在该处派人引导,防止乘客误入邻线。

(6)需要时设置事件处理中心,值班站长担任临时应急处理负责人,负责各单位之间的协调。站长接到报告后,立即到站接替值班站长负责指挥处理。应急处理领导小组负责人到达后,由其担任应急处理负责人;

(7)隧道列车及车站乘客疏散完毕后,关闭车站出入口(紧急出入口除外)并张贴告示。

(8)消防人员到场后,车站汇报有关情况,将灭火工作交给消防人员,同时做好应急处理救援配合工作)在接到可以恢复运营的指令后,清理现场,恢复运营。协助事件调查工作。

二 车站突发性大客流应急处理

1. 突发性大客流处理原则

由于突发性大客流的不可预防性,是偶然爆发的,例如恶劣天气时,市民乘坐公交车遇到较大困难时,一般会改乘地铁或轻轨,城市轨道交通的客流在短时间内会激增,运营公司员工最重要的处理原则是竭力控制拥挤程度和人群秩序,谨防出现混乱和由混乱引发的人身伤亡事件。

2. 突发性大客流处理流程

(1)出现突发性大客流时,车站立即报告行车调度员,密切注意事态发展,对大客流原因进行初步判断。

（2）根据初步判断的原因和客流量增加情况，必要时启动车站人潮控制方案。如站台乘客较多，将站台与站厅间的向下扶梯改为向上，加快乘客出站；安排员工减缓售票速度和关闭部分自动售票机；关闭部分进站闸机，减缓进闸速度。

（3）若客流仍不断增多，指示员工停止售票，并做好解释工作；关闭全部自动售票机、全部进站闸机，客流压力缓解后，请示行车调度员恢复正常运营。

（4）当客流持续增加，派人关闭部分出入口（只出不进），实行分批进闸，广播建议乘客转乘其他交通工具或城市轨道交通安排的接驳汽车；若仍无法缓解，则请示行车调度员关闭所有出入口（只出不进）。

（5）必要时请求城市轨道交通公安和调配其他站员工到站协助。

（6）将有关情况报告站长、站务室主任，请求加开列车。行车调度员得到车站加开列车的请求时，根据大客流方向，利用就近的折返线、存车线组织开行列车，保证大客流的疏散。

（7）驾驶员在大客流站停车时密切注意站台乘客情况，发现乘客上车困难或车门、屏蔽门关闭受影响时，及时报告行车调度员，广播引导乘客，避免发生乘客伤亡事件。

（8）做好宣传和乘客解释工作。

三 大面积停电应急处理

1. 大面积停电处理原则

处理车站停电事件最重要原则是在后备电力供应能力内将所有乘客安全疏散出站。大面积停电后确认电梯是否有人被困。大面积停电后，应关闭车站（出入口只出不进）。

2. 大面积停电处理流程

（1）大面积停电后，应沉着镇静，稳定乘客情绪、维持秩序，尽力保证乘客安全。立即报告行调和相关部门、站长，并派人到出入口张贴告示，关闭车站出入口（乘客只出不进）。

（2）控制中心根据停电影响情况，组织抢修抢险，发布列车停运、急救和车站关闭命令，并及时将灾情向上级报告。

（3）如有列车停靠车站，广播注意事项，并派人拿应急灯到站台照顾乘客上下车。列车司机负责维持列车进站停车后，组织车上乘客向车站疏散。如果列车在区间停车，则利用列车广播安抚乘客，要求乘客不擅自操作车上设备，并立即报告行车调度，按行车调度指令操作。

（4）车站工作人员应加强检查紧急照明的启动情况，巡查各部位如升降电梯中是否有人员被困等，根据控制中心命令清站和关闭车站。

（5）接到行调疏散命令后，通知车站员工停止车站服务，打开全部闸机和员工通道，执行车站疏散程序。

【研讨与质疑】

你知道的措施轨道交通车站还有那些事故灾难事件？这些事件如何应急处置？

【学生讲坛】

1. 试述车站火灾与区间火灾应急处置的异同。

2. 试述地铁车站常规大客流与突发大客流处置的异同。

子任务二 自然灾害事件的应急处理

一 恶劣天气(台风)应急处理

1.恶劣天气处理原则

加强巡视,重点检查暴露地面的设备设施加固情况,发现情况及时处理。准备好防护备品,提前做好防洪准备。发现异常及时通报。

2.恶劣天气处理流程

(1)当班负责人(值班站长)组织员工加强车站的巡视,注意检查暴露地面的灯箱、广告牌以及导向标志(包括与车站有关的相邻单位的设备设施防护牢固情况),发现异常及时上报处理。

(2)检查车站出入口防洪卷闸门状态是否良好、出入口外排水设施是否畅通,并准备好防洪沙袋。

(3)加强车站各出入口的保洁清扫工作,同时加强车站安全广播,防止乘客在车站发生滑倒、导致受伤。

(4)如强台风造成突发性大客流,立即报告行车调度员,并按突发大客流程序处理。如因强台风造成隧道积水,按行车调度员指示派有资格人员登乘列车驾驶室进行轨道巡查。若水害较严重,按行车调度员要求组织员工关闭车站,停止车站运营服务。

(5)与行车调度员保持密切联系,发现异常及时上报。并将车站情况向有关主管部门上报,或请求支援。强台风过后,按行车调度员指示组织员工恢复运营。

二 发生地震的应急处理

1.地震灾害应急处置的原则

实行高度集中,统一指挥。各单位、各部门各司其职,各负其责。抓住主要矛盾,先全局、后局部,先救人、后救物,先抢救通信、供电等要害部位,后一般设施。根据需要,在确保安全的情况下,尽快开通线路,恢复运输。

2.地震灾害发生时的处置流程

(1)车站工作人员应就近选择桌、床下、墙角等较安全的位置紧急避险。而后,积极开展疏导乘客,救护伤员及组织乘客自救互救工作。

(2)设备值班人员应关闭正在操作的设备,切断身边的电源,就近选择较安全的位置,紧急避险。

(3)当班的电客车司机,应立即采取紧急措施制动车辆;减少车辆自身功能与地震能量叠加。地震过程中若发现列车受损、接触轨及隧道照明中断,应使用应急照明查明周围情况,采用有效措施与行调或邻站值班员联系,报告情况,以求得救援和行动指令。在孤立无援的最困难条件下,电客车司机是组织该列车所载乘客避险逃生的负责人,应立即采取一切可能的措施安抚乘客,组织乘客待避及有步骤、有组织地脱离险境。

(4)行、电调,总机及电站值班员等关键岗位人员,在就近选择较安全的位置紧急避险后,应坚守岗位。立即进入抗震抢险救灾状态,采取一切可能的措施减少地震损失。同时着手调查,收集管辖范围内人员、设备、设施损失情况,速将险情及初步救援方案向有关领导汇报。

(5)地震灾害发生后,总调应根据当时震感及各站上报的震情,及时汇总情况,做出准确判断,经有关领导决策,发布局部或全线停运命令,安排疏散地铁乘客和救援隧道内的遇险列车,抢修设备等事宜。由于通信、供电等原因,总调无法指挥时,各站站长、主任值班员有责任担当指挥车站及相邻区间抢险指挥工作。

【研讨与质疑】
轨道交通车站还有哪些恶劣天气造成的灾难事件? 这些事件如何应急处置?
【学生讲坛】
1. 陈述暴雨天气地铁的应急处置流程。
2. 陈述地震灾害发生地铁的应急处置流程。

子任务三　突发社会安全事件的应急处理

一　发现有毒气体的应急处理

1. 列车发现有毒气体处理原则

立即疏散乘客,并组织员工撤离车站。停止车站服务,关闭除紧急出入口外的车站出入口,防止不明乘客进入。

2. 列车发现有毒气体处理流程

(1)事件现场的各专业人员应迅速查明情况,将毒气袭击发生的时间、地点、人员伤亡情况、请求救援的内容及其他必须说明的事项报告行车调度员,同时向110报警,通知120急救中心,按报告程序报告其他部门、单位。

(2)车站站长或值班站长及辖区派出所领导或值班领导作为事件先期处置的现场指挥人,立即组织车站站务人员及民警迅速穿戴防护器具开展救援工作:迅速派人控制车站出入口,防止乘客进入;利用站内、车内广播系统,使用标准用语进行宣传;组织疏散未中毒的车内、站内乘客迅速离站到指定区域,等待做进一步检查;组织机电公司在站职工关闭相关车站送排风系统,关闭关系车站通道隔断门;必须坚守岗位的职工须穿戴防护器具坚守岗位,未穿戴防护器具的职工应迅速出站到站外乘客集结地,协助组织安抚乘客;待运营公司领导或市有关部门指挥人员到达后,报告现场情况,移交指挥权。

(3)行调接到事件报告后,应立即报告总调,并同时将后续列车扣至染毒区以外的车站。根据总调命令下达全线停运、封闭车站疏散乘客命令,组织指挥全线列车迅速运行至车站或车辆段小站台疏散乘客:遇列车停于区间而前方车站有列车占用时,应使列车退回后方站疏散乘客;遇列车停于区间而前、后方车站都有列车占用时,应使根据前后方车站在站列车乘客疏散情况,将先完成疏散任务的列车调至区间待命,腾空站线,将停于区间的列车调至车站内疏散乘客;遇列车停于染毒控制区域内区间时,应使列车退行至染毒控制区域以外的车站疏散乘客。

(4)总调接到行调的事件报告后,应立即按照城市轨道交通运营公司《突发事件应急处置办法》规定的报告程序,立即报告公司领导及市主管部门,通知公司所属各有关单位部门赶赴现场参加事件救援工作及乘客疏散工作;根据公司领导指示,向行车调度所发布全线停运、疏散乘客、封闭车站的命令,以及向机电公司发布命令关闭染毒控制区车站的送、排风系统及相关区间的通风机,协调公交集团增加地面公交车运力运输乘客。

（5）各车站接到疏散乘客、封闭车站的命令后,应迅速组织车站工作人员,按照地铁运营公司《突发事件应急处置办法》规定的乘客疏导工作预案,迅速组织乘客出站,疏散乘客任务完成后,关闭出入口,并将情况报告行调。

【案例4-5】 1995年3月20日早上7时50分,东京地铁里到处都挤满了上班的人群。忽然间,行进在千代田线、丸之内线、日比谷线上的5班列车上都出现了可怕的状况:乘客开始咳嗽、流泪,几分钟之后,不少乘客已经呼吸困难、视线模糊,中毒更深的则意识模糊、四肢抽搐,纷纷倒在车厢里和站台内。地铁交通系统随即停运。

此次事件最终造成12人死亡,5000多名乘客不同程度受伤,其中数十人为永久性的视力损害。警方迅速查明,造成这一恐怖事件的是一种称为沙林的神经毒气,而幕后黑手就是奥姆真理教人员。5个教徒将装有沙林的塑料袋放在背包里,混在人群中,然后将塑料袋放在车厢地板上,再悄悄用磨尖了的伞头戳破袋子,让沙林毒气自行挥发到空气中,杀伤周围的乘客。

二 车站、列车发生爆炸事件的应急处理

1. 车站、列车发生爆炸事件应急处置的原则

现场各专业人员应迅速查明情况,按照规定的报告程序将爆炸事件发生的时间、地点、人员伤亡情况、请求救援的内容及其他必须说明的事项向行车调度员报告,向110报警,通知120急救中心。

2. 车站、列车发生爆炸事件应急处理的流程

（1）车站站长或值班站长及辖区派出所领导或值班领导作为事件先期处置的现场指挥人,立即组织车站站务人员及公安民警迅速携带必要的救护器具开展救援工作:迅速派人控制车站出入口,阻止乘客进入,迎候急救车;利用站内、车内广播系统,使用标准用语进行宣传、疏导;组织疏散站内、车内乘客迅速离站;组织在站人员对受伤人员进行救护;组织机电公司在站职工开启车站送排风系统,加大通风量;组织站务人员保护事件现场,注意发现可疑人,挽留目击证人;待运营公司领导或市有关部门指挥人员到达后,报告现场情况,移交指挥权。

（2）行调接到事件报告后,应立即报告总调,并同时将后续列车扣至爆炸区域以外的车站,根据总调命令下达全线停运、封闭车站疏散乘客命令,组织指挥全线列车迅速运行至车站或车辆段小站台疏散乘客:遇列车停于区间而前方车站有列车占用时,应使列车退回后方车站疏散乘客;遇列车停于区间且前、后方车站均占用时,根据前后方车站乘客疏散情况,将先完成疏散任务的列车调至区间待命,腾空车站,将停于区间的列车调至车站内疏散乘客;遇列车停于爆炸区域时,应使列车退行至未爆炸区域以外的车站疏散乘客。

（3）总调接到行调的事件报告后,应立即按照地铁运营公司《突发事件应急处置办法》规定的报告程序,立即报告公司领导及市主管部门,通知公司所属各有关单位赶赴现场参加事件救援工作及乘客疏散工作,根据公司领导指示,向行车调度所发布全线停运、

疏散乘客、封闭车站的命令,并协调公交集团增加地面公交车运力运输乘客。

(4)各车站接到疏散乘客、封闭车站的命令后,应迅速组织车站工作人员,按照城市轨道交通运营公司《突发事件应急处置办法》规定的乘客疏导工作预案,迅速组织乘客出站,疏散乘客任务完成后,关闭出入口,并将情况报告行调。

综上可以看出,各类突发事件发生时,城市轨道交通系统采用的共性措施:稳定情绪、控制局面、疏导乘客、脱离险境。

【案例4-6】 2010年3月29日,莫斯科当地时间7:56分。一列地铁刚刚进入卢比扬卡地铁站,就在车门刚刚打开之际,第2节车厢内忽然发生爆炸,爆炸的威力巨大。旁边的几名乘客甚至被炸得身首异处。爆炸的威力相当于1.5kg的TNT炸药,而爆炸也造成车上的15人及站台上的11人死亡。爆炸发生后,另一列地铁正被滞留在文化公园站前的隧道内,车内广播宣布,因"技术问题"要求乘客在文化公园站下车。在第一次爆炸大约40分钟后,这列地铁到达文化公园站,同此前一样,列车在开门后发生了剧烈的爆炸。造成14人死亡。

两起爆炸共造成41人死亡,超过80人受伤。据调查,这两处地点是精心选择的,前者靠近俄国联邦安全局总部,后者位于克里姆林宫附近。而恐怖分子也故意选择高峰时期以获得最大的杀伤力。警方随即查明,两起爆炸案为自杀式爆炸袭击,是由两名年轻女性所为。她们通过给自己打电话引爆了身上的炸药,和2004年发生的莫斯科—地铁爆炸案嫌犯一样,都是"黑寡妇人弹"。

【研讨与质疑】
轨道交通车站有哪些突发社会安全事件? 这些事件如何应急处置?
【学生讲坛】
1.陈述车站发生爆炸的应急处置流程。
2.对比国内外,分析国外为什么容易发生爆炸等恐怖袭击事件?

子任务四　突发公共卫生事件的应急处理

传染病疫情的应急处理

1.传染病疫情的应急处理原则

车站按照属地对接属地政府专班的处置原则,各站点根据片区划分与所属属地政府专班驻点建立联动机制,经检测所属体温异常乘客后,立即联系属地政府专班驻点。

2.传染病疫情的应急处理流程

(1)传染病疫情暴发期间,车站出入口发现健康状况异常人员。

①通过体检等方式发现有症状的人员后,车站在做好个人防护的前提下,立即在车站内对异常人员进行临时隔离,安排与其产生密切接触的员工消毒后临时隔离(异常人员应与其他人员分开隔离,避免交叉感染),对周边可能出现密切接触的乘客进行信息登记。

②车站拨打120,通知本部门相关负责人及调度指挥中心。部门相关负责人通知防控办公室,同时协调其它人员准备接替被隔离员工,等候期间属地应做好该区域人员

控制。

③车站暂时关闭该出入口,封锁出入口区域及该区域部分站厅。

④车站安排专人接应医疗单位。医疗单位到达后车站配合其进行人员带离。车站组织对有接触的员工、安检等工作人员进行全身消毒。根据医疗单位的要求,防控办公室安排密切接触员工(含安检等委外)转移至固定隔离区进行隔离或采取其他隔离措施。

⑤根据医疗单位要求,由医疗单位或车站对相关区域进行消毒。

⑥消毒完成后,替岗人员进驻,出入口开启。

⑦车站对就医人员的情况进行追踪,如排除疑似疫情,则暂时被隔离人员可恢复上岗;如确诊疫情,应按照医疗单位的要求对暂时隔离人员进行检测或继续进行隔离,检测合格或通过隔离期无异常时,暂时隔离人员方可上岗。

(2)传染病疫情暴发期间,车站内出现疑似人员。

①车站内乘客出现疫情典型症状,或发现车站工作人员24h内出现3人及以上集中发热情况,属地人员在做好个人防护的前提下,立即在车站内对异常人员进行临时隔离,安排与其产生密切接触的员工进行临时隔离、消毒(应与安排异常人员与其他人员分开隔离,避免交叉感染),对周边可能出现密切接触的乘客进行信息登记。

②车站拨打120,通知本部门相关负责人及调度指挥中心。部门相关负责人通知防控办公室,同时协调其他人员准备接替被隔离员工,等候期间属地应做好该区域人员控制。

③车站进行关站(调度指挥中心安排列车在站跳停、车站只出不进,车站安排站内乘客疏散)。

④车站安排专人接应医疗单位。医疗单位到达后车站配合其进行人员带离,车站组织对有接触的员工、安检等工作人员进行全身消毒。根据医疗单位的要求,防控办公室安排密切接触或其他有感染风险的员工(含安检等委外员工)转移至固定隔离区进行隔离或采取其他隔离措施。

⑤根据医疗单位要求,由医疗单位或车站对相关区域进行消毒。

⑥消毒完成后,替岗人员进驻,车站恢复运营。

⑦车站对就医人员的情况进行追踪,如排除疑似疫情,则暂时被隔离人员可恢复上岗;如确诊疫情,应按照医疗单位的要求对暂时隔离人员进行检测或继续进行隔离,检测合格或通过隔离期无异常时,暂时隔离人员方可上岗。

【研讨与质疑】

相比其他轨道交通突发事件,车站突发公共卫生事件在处置的时候有哪些不同?

【学生讲坛】

1.陈述疫情发生后地铁车站的管理措施有何变化?

2.陈述传染病暴发期间,有乘客在车站出入口发生健康异常情况时,车站如何处置?

【技能训练】

实训一 桌面演练:城市轨道交通突发火灾应急处理

实训目标:

1.使学生进一步掌握城市轨道交通突发火灾的应急处理过程。

2.培养学生将理论知识应用于实际的能力。

实训内容与方法:

1.将学生分成几个小组扮演不同的角色(工种),按照演练步骤,根据各自的分工,现场推演应急处理情况。

2.学生可参照教材的大客流应急处理进行,也可以逐步完善。

3.演练后应对演练效果进行评价,并提交报告说明存在的问题,提出改进措施。

标准与评估:

1.标准:学生进行桌面演练的目的主要是为了掌握突发事件的处理过程,学生能根据各工种的要求完成各自工作即可。

2.评估:根据在演练中的表现和提交的报告给定成绩。

实训二 桌面演练:城市轨道交通突发大面积停电处理

实训目标:

1.使学生进一步掌握城市轨道交通突发大面积停电的应急处理过程。

2培养学生将理论知识应用于实际的能力。

实训内容与方法:

1.将学生分成几个小组扮演不同的角色(工种),按照演练步骤,根据各自的分工,现场推演应急处理情况。

2.学生可参照教材的大客流应急处理进行,也可以逐步完善。

3.演练后应对演练效果进行评价,并提交报告说明存在的问题,提出改进措施。

标准与评估:

1.标准:学生进行桌面演练的目的主要是为了掌握突发事件的处理过程,学生能根据各工种的要求完成各自工作即可。

2.评估:根据在演练中的表现和提交的报告给定成绩。

项目五　城市轨道交通运营企业安全运作

【项目导入】

城市轨道交通运营安全是一个系统工程,从人员、设备、环境等方面都要建立比较周密的安全措施,同时要加强安全教育、培训、演练,增强地铁员工的安全意识,以及应对突发事件的心理素质。经过编者多次深入有些城市的地铁、轻轨调研,通过与地铁员工座谈、交流会调查,结合城市轨道交通运营管理工作特点,对安全质量控制和约束应重视几个方面展开:

1. 必须使职工重视企业安全文化。

2. 职工必须识别工作中的各种危害,并知道每种危害对应的措施。

3. 根据各项作业特点,建立健全安全责任制。

4. 重视员工的职业健康。

【知识目标】

1. 掌握运营企业安全文化教育与活动方法。

2. 掌握运营安全管理运作方法。

3. 掌握职业危害与安全预防措施。

【能力目标】

1. 能够分析企业安全文化的内容,并融入企业安全文化。

2. 能够识别站务员工作岗位中各种危害。

3. 能够运用安全心理学知识调整心态。

4. 能够筛查岗位健康安全有害因素,并采取措施进行防范。

【素质目标】

1. 认同我国城市轨道交通企业安全文化建设的重要意义。

2. 提高安全意识,让"安全第一"的安全观深入脑髓。

3. 重视规章制度、企业安全文化,加强法制观念,重视生命。

4. 意识到岗位严谨细致重要意义,提高学生爱岗敬业、认真负责的职业精神。

5. 提高对岗位工作的责任感。

6. 加强敏锐发现现场安全问题,处理问题的能力.

任务一　城市轨道交通运营企业安全文化建设

> 泾溪石险人兢慎,终岁不闻倾覆人。却是平流无石处,时时闻说有沉沦。
>
> ——唐代·杜荀鹤《泾溪》

【案例5-1】　蚊香酿火灾

事件经过: 8月一天夜晚,某地铁维修工区员工作业后返回到工区准备间,因蚊子多

205

点上盘型蚊香驱赶蚊子,次日4时30左右,该员工将盘型蚊香按灭(实际未按灭),将残余蚊香倒进纸篓后离开房间。残余蚊香经一小时左右的阴燃,将纸篓中的纸张引燃,继而引燃塑料纸楼、塑料簸箕、禾苗扫帚、木把拖布等打扫卫生的工具,浓烟引起烟感报警器、温感报警器报警。但消防值班室值班员连续两次臆测判断火情报警为误报,遂未采取任何措施,直至7点半左右,上班员工打开工区准备间时方发现火情。

原因分析:

(1)消防值班室值班员由于业务不熟悉,加之工作不细心,到达该区域后未找到报警点,臆测判断是误报火险。

(2)设备间设计时未设计房间号牌;房间实际使用名称与图纸设计名称全都不一样,造成查找困难。

(3)二次火灾报警时,仍臆测判断是误报火险,未到现场查看,为失职行为。

(4)员工疏忽大意,误以为蚊香已完全熄灭即离开房间。

整改措施:

(1)注重人员安全教育,强化消防值班员业务流程培训,杜绝出现到达现场后找不到报警点,臆测判断的失职行为和重大安全隐患;

(2)各级管理人员应通过多种途径,不断提高员工安全意识,杜绝因疏忽大意造成的安全隐患。

(3)不断梳理和查找管理工作中存在的漏洞,完善人员培训、教育、考核相关管理制度并切实落实。

【学生分析与决策】

你认为案例中事故的真正起因是什么?

【知识研修】

企业文化是一种企业员工不依靠法律法规、制度而自觉一致的行动。而这种文化是经过长期的习惯养成的。在城市轨道交通运营过程中,随着列车的运行,形成了各部门、各岗位人员之间的协调配合关系。如果有一个环节或岗位脱节,必然会影响列车运行,甚至造成事故。所以企业必须建立相应的各种制度,培养员工形成安全习惯,自觉遵守企业规章制度。

一 企业安全文化建设认知

企业安全文化在企业建设当中有着举足轻重的意义。现代企业的深入发展,更为企业的安全文化提供了丰富的内涵。要想抓好安全生产工作,就必须重视生产领域的安全,首先要从"人"抓起。人,是企业的主宰,所以提高人的安全意识、安全水平,强化安全、法制观念,树立正确的安全理念,是安全文化素养的主要表现手段。企业的员工在自身的修养方面各有差异,层次区分明显,因此对安全的理解深浅不一,通过开展丰富多样的企业安全文化活动,可以引导员工关注安全、体会安全、共同提高。

企业安全文化,抽象地来说,是指企业安全管理者根据企业内外安全生产环境的变化,结合企业的历史、现状和发展趋势,从企业的生产实践中总结,提炼出企业安全生产理念或价值体系,以作为企业安全生产的方针和原则。具体来说,就是围绕企业安全生产而形成的一系列理论。企业发展的灵魂是企业文化,而企业文化最核心的内容是价值观。

企业的发展转变,其实就是新旧文化的碰撞,就是人的思想、行为的改变、发展,就是建立新型企业文化的氛围。

(一)安全文化建设的意义和作用

人们的生产、生活理念和行为,全新的价值观念、更务实的关注安全、珍惜生命已成为一种弘扬和倡导安全文化、提高安全文化素质的主流。因此,致力于加强安全文化建设,提高全民的安全文化素质,不断满足人们日益增长的文化需要,既符合代表先进文化的前进方向要求,也符合"代表最广大人民群众的根本利益"和"先进生产力的发展要求"。

安全文化建设对企业的安全生产具有重要作用。这是因为事故发生的原因无外乎是人的不安全行为和物的不安全状态。而物的不安全状态归根到底也是人为因素造成的(自然因素除外)。既然安全文化是以人为本来规范人的安全思想和行为,加强安全文化建设就抓住了安全生产中的主要矛盾。这对于加强社会主义精神文明建设、提高全民安全文化素质、促进经济建设的发展,都有着非常重要的现实意义。

(1)人类安全与健康问题是人类生存、发展的大事。在经济高速发展中,人类一方面创造了新的财富;另一方面由于生产中的重大伤亡事故造成了社会灾难,使人们更加关注安全生产和生活。安全文化建设是预防事故的一种"软对策",它对于防止事故的发生具有长远的战略性的意义。

(2)安全文化建设是预防事故的"人因工程"。以提高劳动者的安全素质为主要任务,因而又具有保障安全的基础性意义。

(3)安全文化建设通过创造一种良好的安全人文氛围和协调的人机环境关系,对人的观念、意识、态度、行为等形成从无形到有形的影响,从而对人的不安全行为产生控制作用,以达到减少人为事故的效果。

(4)加强安全文化建设,使人们在实现安全生产的活动中,丰富了安全的准则、理念、策略和手段。安全文化建设除了关注人的知识、技能、意识思想、观念、道德、伦理等内在素质外,还要重视设施设备、工艺工具、装置环境等外在因素和物态条件。

(5)安全文化建设必须是全社会的发动与参与,解决人的基本素质问题。提高全民的安全素质需要全社会的努力,要求在策略、思路、规划、对策等方面提出安全文化的理论,使安全策略和活动方式有了更新的意义,使安全教育、安全科学、安全管理、工程技术等都具有了安全文化的内涵。

(二)安全文化的基本特征

1. 实践性

安全文化源于实践,又反过来指导实践。安全文化不是凭空产生的,它来自人们在生存理念与安全理念之下对于自然与社会长期认识、适应和改造的过程。这一过程,既改造了客观世界,又改造了主观世界,正是推动人类文明和社会发展的过程。

2. 系统性

安全是一项系统工程,安全文化作为现代安全管理的延伸和扩展,具有很强的系统特征。安全文化强调文化建设的整体性,追求系统的协调和发展。同时,安全文化运用文化手段将安全的最终目标化为社会的价值系统,并通过价值系统的运动实现目标。

3. 人本性

安全文化的核心是实现人的安全价值,其本质在于追求整个社会对安全价值观的认同。在创造文化的三要素(时间、空间、人)中,人是根本。人在生理、安全、社交、尊重和自我价值实现五个层次上的心理需求,形成了安全价值体系的需求和观念,安全文化的人本性在体系的运行轨迹中留下了人格化的烙印。

4. 全面性

安全文化内涵丰富,几乎涉及了各个领域,涵盖了包括组织、个体在内的所有对象。安全文化在解决社会实践中各种安全问题时,充分调动社会实践主体的积极性,强调全员、全方位、全过程的参与和控制。

5. 目标性

安全文化具有安全价值取向和目标取向,它把经济效益、社会效益等有机地结合起来,借助于个体、组织内外部力量,以共同的价值观念为指导,以统一的行为规范为准则,实现既定目标。

(三) 安全文化的功能

1. 导向功能

安全文化的导向功能是指其对社会成员安全行为的导向作用。安全文化集中反映了社会成员共同的价值观念、安全理念和安全经济利益,因而它具有强大的感召力,引导社会成员按既定的目标开展活动。

安全文化的导向功能首先体现在它的引导性方面。通过教育培训和文化氛围的烘托,使安全价值观念和安全目标在社会成员中形成共识,并引导人们的思想和行动;其次是对社会成员安全行为的跟踪引导。安全文化的价值观念和目标将化解为具体的行动依据和行为准则,人们可以参照并据此进行自我约束、自我控制,使之不脱离目标轨迹。

2. 激励功能

现代管理理论认为,人的行为不仅取决于个体心理的需求与动机,而且还取决于他所在群体的文化因素。积极向上的思想观念和行为准则可以形成强烈的使命感和持久的驱动力,这种使命感和驱动力使得人们产生认同感和归属感,在自我激励、自我约束的同时起到相互激励的作用。安全文化把"以人为本"视为主要价值观念,对激励机制极为重视。安全文化的倡导过程,正是帮助人们树立安全观念、建立社会动机,从而调动积极性、预防不安全行为的过程。人们以安全行为准则作为自我激励标尺,同时,在安全价值观念和安全目标的强大精神感召下,相互激励,形成人们自觉、自信和自如实现安全生产和安全生活的内在动力。

3. 凝聚功能

社会中每一个群体组织和个体都有自己的价值评判标准和行为准则,都有自己的物质和精神方面的需求,从而表现出不同的个性特征。安全文化因其对生命的参悟和价值的总和,能使全体社会成员在安全上的观念、目标、行为准则方面保持一致,形成心理认同的整体力量,表现出强大的凝聚力和向心力。

4.规范功能

规范是人们行为准则,安全文化通过文化的微妙渗透与暗示,使社会成员形成安全价值共识和安全目标认同并实现自我控制,形成有形的、无形的、强制的、非强制的规范作用。

(四)企业安全文化建设的结构模式

安全文化是文化科学的重要对象之一,安全文化在科技进步和社会发展中不断丰富和完善,不断融入新的内容,安全文化与其涉及的领域将不断扩展。

依据安全文化的形态体系将安全文化分为安全观念文化、安全管理文化、安全行为文化和安全物态文化等,提出了企业安全文化建设的模式与结构。

1.观念文化

正确的安全观和意识流,科学的态度、理念和认知高尚的伦理、品德和情感。包括安全第一的哲学观、珍惜生命的情感观、合理安全的风险观、安全生产的效益观、综合效益的价值观、人机环境的系统观、本质安全的科学观。

2.管理文化

严明的法律,明确的责任,规范的管理。包括:安全第一预防为主、监督、监察、管理、法制与全面管理;无隐患管理技术、安全目标管理、安全系统工程、安全行为科学、风险评价技术、物流人流定置管理。

3.行为文化

遵章守纪、行为规范、人机协调、操作高效、文明活动、身心健康。包括:案例回顾、教育培训、宣传检查、文学艺术等。

4.物态文化

隐患控制、信息警示、应急措施、气象环境。包括:技术工艺本质安全化、安全检验先进科学、环境监控有效、人机设计合理、安全技术措施达标等。

(五)安全文化建设的途径

1.通过宣传教育提高全民的安全文化素质

提高人的素质是安全文化建设的目的,也是安全文化建设的关键。一方面,通过安全文化宣传教育和培训提高全民安全文化素质;另一方面,要充分运用宣传、教育和培训等手段和形式,传播安全文化意识、普及安全哲理、知识和技能。人的文化行为要靠文化来影响,利用一切宣传和教育的形式传播安全文化,就是发挥包围着人类的安全文化环境的作用,达到启发人、教育人、提高人、造就人、约束人的目的,提高全民族的安全文化素质。

2.推广科学技术,促进安全文化的建设和发展

科学技术在人类文化进步中占有重要的地位并起着巨大的推动作用。科学技术本身就是一种社会文化因素,是人类文化的组成部分。应当积极利用科技进步和成果来保障人民群众的身心健康,为劳动者创造良好的生产生活环境、条件。科学技术是生产力,也是工具,它改变了生产对象和生产关系,也保护了生产力、解放了生产力、发展了生产力,

这是发展和繁荣安全文化的有力保障。

3. 加强法制建设，保证安全文化建设的健康发展

安全文化作为一种社会意识，要健康稳定地发展，必须主要有相应的法律法规、制度作保障。当人们还没有认识到安全的规律和重要性时，即人的认识落后于已被证实了的安全生产现实时，安全法律法规作为规范和强制推行安全文化的手段，更显得十分重要。安全方面的法律法规既是安全文化的重要组成部分，同时加强法律法规方面建设对于整个安全文化建设可以保证一定的稳定性和连续性，保证安全文化建设的健康发展。

4. 引入先进的管理机制，推动安全文化建设不断进步

建设安全文化，需要在企业进行安全生产观念、安全生产职责、安全生产技术及安全规范、法制的教育。要作好作业人员和管理人员的培训。建设好企业安全文化与管理人员的安全文化素质紧密相关：一方面，要健全安全方面的规章制度，推广好的经验和做法，使"安全第一、预防为主"方针真正得到落实；另一方面，要学习、引进国外先进的经验和管理机制，如《职业安全卫生管理体系试行标准》，强化企业安全管理，完善企业安全生产的自我约束机制和激励机制，从而推动安全文化建设的不断进步。

5. 面向新世纪和未来，安全文化素质教育要从孩童抓起

儿童是祖国的花朵、民族的希望。增强民众的安全意识，提高全民族的安全文化素质，要着眼于下一代。安全文化素质教育应纳入学生素质教育大纲，改变目前我国安全教育相对滞后的状况。安全科技、文化能最深刻地影响儿童的思想和行为，通过安全文化的渗透和传播，提高儿童、学生及大众的安全文化素质。

6. 要继续加快安全文化产业的发展

随着科技进步和社会发展，必将推动安全文化产业的体系的形成和完善。一方面，民众需要高层次的安全文化和更多的安全文化产品，同时，安全文化产业是科技进步、经济繁荣和社会文明的标志；另一方面，政府重视对安全文化方面的投入，已基本形成了劳动保护用品及安全装置的运营生产体系、职业病防治和保健体系、安全科技书刊为主的安全卫生信息体系，还有一批安全科技研究院所、学校的科研队伍及相关的社会团体，在推动安全文明生产、建设安全文化、发展安全文化产业将起着不可替代的作用。应当继续发挥全社会各方面的力量，借鉴国外安全文化产业的发展经验，结合国情制订我国安全文化产业目标，加快发展，为安全文化的发展与进步做出贡献。

【研讨与质疑】

1. 安全文化建设在运营安全管理中发挥着哪些重要的作用？

2. 探讨安全管理新方法，确保企业安全。

【学生讲坛】

1. 试述安全教育的重要性。

2. 举例说明安全文化建设的目的。

【知识测试】

重点内容：

1. 企业安全教育与培训。

2. 企业安全文化的建设。

地铁作为独特的、大运量的现代化城市公共运输系统，其运营安全被国际社会密切关注。关于地铁安全文化建设，每个城市都不尽相同，下面以广州地铁为例，广州地铁自从自开通以来，安全运营一直保持着良好的态势，广州地铁运营安全文化建设的主要做法是：

(一) 树立大安全观念，扩充地铁运营安全管理内涵

地铁运营系统是由地铁设备设施、行车组织、员工、乘客和周边环境等众多因素组成的一个庞大联动机，运营过程中的各个环节和因素均会对运营安全产生影响。借鉴兄弟城市安全管理经验，广州地铁将行车安全管理推进到运营安全管理的层面，建立起包括行车安全、设备安全、治安安全、消防安全、员工职业卫生与安全、乘客人身与财产安全、防恐反恐安全等方面在内的大安全概念，扩充了地铁运营安全管理内涵。

为满足运营大安全的需要和适应广州地铁线网发展的要求，推进全面质量安全管理体系，使企业在体系宣贯、体系认证的过程中，达到对运营安全进行系统的、全面的、全员的、全过程的管理，并且通过体系的运作达到持续提高安全管理水平的目的。

(二) 延伸"全员安全管理"的外延，致力于建造"安全型社会"

进行全员安全管理，不限于地铁内部员工，而是把与地铁运营直接发生关系的人员都包括在全员的范围之内。

首先，培养"安全型的地铁员工"。对全体地铁员工持续进行严格的安全培训，提高员工安全意识，使员工掌握安全知识，严格执行安全制度，提高自救、互救和应急处理能力。

其次，培养"安全型的地铁家庭"。对地铁的员工家属进行运营安全知识和技能培训，考试合格后，组成义务安全员与辅助安全员队伍，使地铁运营安全深入员工家庭。

再次，培养"安全型地铁虚拟组织"。定期与地铁车站内公安、保洁人员、商铺银行营业人员等召开安全联席会，组织他们参加各种地铁安全演练，使他们的安全理念与地铁保持一致，安全知识和应急技能与地铁员工同步提高；对外单位的施工负责人进行地铁施工管理规章和安全培训，实行持证上岗；与地铁车站周边的社区进行联合，共同维护地铁运营安全。最后，培养"安全型地铁乘客"。定期开展"地铁安全咨询日"和"地铁开放日"等活动，向市民派发地铁安全知识小册子，充分发挥地铁车站和列车等宣传阵地，会同新闻媒体，进行广泛的安全宣传教育，提高市民对地铁安全知识的认识和掌握。

事实证明，将地铁运营安全管理中的"全员"概念延伸为"全民、全社会"，建造"安全型的社会"，对地铁的运营安全起到了重要的作用。调查结果表明，市民对我们采取的安全措施如在站台不能蹲姿候车等，表示充分的认同，使乘客坠轨、跳轨伤亡事故数量一直保持较低的水平。

(三) 建立全面运营安全管理体系，夯实地铁安全基础

广州地铁建立了"横向到边，纵向到底"的全员、全方位、全面的运营安全管理体系，形成了有效的"治、控、救"管理机制，形成了运营安全所有管理岗位各司其职、各负其责、

有章可循、有据可查，以及安全工作标准化、规范化、系统化、制度化的局面。

（1）完善落实安全生产管理责任制，做到事事有人负责。

安全责任重于泰山，我们按照"守土原则"落实安全责任，推行"千斤重担人人挑、人人身上扛指标"的安全目标管理理念，从总公司领导、总部领导、部门领导、班组长直到每个员工，均签订安全生产责任状，将安全责任和安全目标层层分解、层层落实。实行"一票否决制"，建立安全责任追究机制，将安全生产责任状完成情况作为每层级领导、每位员工的绩效考核、岗位晋升考核标准之一。

提出"零宽容"的要求，严格按照"四不放过"的原则，对事故苗头和安全隐患进行分析和处理，坚持从管理上找原因、查漏洞、订措施，通过分析查找原因、整改隐患、完善规章、改进管理，举一反三防止同类事故重复发生，认真落实"预防为主"的方针。在管理人员中树立"事故发生在基层、事故的根源在管理层"的管理责任意识，切实做到事事有人负责。

（2）健全和落实安全规章制度，做到事事有章可循。

根据《安全生产法》等的相关法规要求，建立了以安全管理制度为统领的，包括安全操作规程手册、事故管理规程、应急处理预案等在内的安全规章体系。以制度来规范安全管理各个环节，以规范化保证安全，确保达到事事有章可循。

地铁行业是高风险的行业，不折不扣地严格落实安全生产规章制度是运营安全的保证。以"铁的要求、铁的纪律、铁的制度"，从严管理、从严要求。通过经常性规章制度培训和学习，让员工清楚理解规章；通过经常检查督促，让员工严格执行规章；通过经常分析事故苗头、事故隐患后果，让员工认识到遵章守纪就是"保护自己、保护同事、保护企业、保护家庭"。

（3）开展安全关键点的检查和评估，做到事事有人检查。

重视抓好对安全关键点的检查，要有计划性、针对性和技术性。通过对影响运营安全的所有设备设施、作业程序和生产环境进行摸查、汇总和评估，查找出安全关键点，查找出十类重大危险，编制"事故十防"办法。确定运营安全管理工作的重点和关键点，编制《安全关键点》，区分不同的关键设备、危险作业、生产危险场所，明确安全检查周期、内容和技术标准，以《安全关键点》作为日常开展安全检查工作的依据，使安全检查工作有内容、有方法，做到有依有据、有的放矢。

同时，定期对运营情况进行安全评估，及时掌握当前的安全生产状况和潜在的风险，做到安全管理工作心中有数。根据安全评估的结果，及时调整安全工作的重点；对潜在的风险，制定风险的防范措施，变被动安全为主动安全。

（四）持续开展全方位安全培训和演练，不断提高员工安全素质和应急处理能力

首先，制定安全教育制度，明确安全教育内容和要求，编制员工通用安全知识和员工安全应知应会。对新员工落实"三级"安全教育制度，使员工在上岗前符合岗位安全知识、技能、等级的要求。其次，根据安全生产的实际需要，评定运营生产系统中的各个岗位的安全等级，制定各个等级的安全知识和安全技能的要求，对员工进行分层培训、考核，实行安全关键岗位持证上岗。再次，结合运营实际和国内外同行业的事故事件教育员工，不断强化员工安全意识。

完善的预案和员工的应急能力是事故苗头和事故能否得到及时、正确和妥善处理的

重要保证。在总结同行地铁的经验教训基础上,根据广州地铁运营的具体特点和发展,我们编制了完善的各种事故情况下的应急处理预案。并制定公司演练计划,定期、不定期地组织进行各层级的、切实有效的各种演练,不断提高各级员工对各种预案操作的熟练程度以及应急应变的能力。

演练方法和方式分为桌面演练、实操演练、突发演练三种。其中,突发演练就是采取在被考验者完全不知道时间、地点和内容的前提下,组织者突发性地虚拟设备故障或虚拟"事故",以检验被考验员工的应急应变处理能力。通过这种演练,以达到各种设备与各级员工之间的"联调",提高多工种共同配合抢险作业的能力,提高员工应急处理能力和安全意识,同时也检验设备维保质量和应急功能状态。

(五) 充分发挥"一体化"经营优势,前移安全关口,实现新线安全运营

广州地铁在新线建设、开通运营过程中,充分发挥"一体化"经营体制优势,在设计、建设、运营中,有效实现了企业资源的整合,通过运营人员全过程参与新线的设计、建设和调试,将运营的概念和运营安全的关口前移到设计、建设阶段,保证新线按时、安全、顺利、高水平的开通运营。

在新线设计阶段,组织运营人员有效介入,将运营现场的经验与实际问题带到设计工作中,使设计充分考虑运营安全的需要,避免设计在运营中已经出现的问题,把运营安全的关口前移到设计之中,从而优化新线设计,保证了新线选用安全可靠的设备设施和系统,保证了新线技术的先进性、可靠性和安全性。

在新线建设阶段,从招投标、设计联络、工厂监造到设备安装调试,让运营人员全过程充分参与。对发现或存在的问题,进行认真分析汇总,并定期或不定期地提交给建设部门给予合理的解决。通过科学合理地提前介入到建设阶段,既将运营现场的经验带入建设阶段,使建设中的实际问题得到合理的解决,又使运营部门提前充分地了解、掌握了新线设备设施的特性和功能特点,提高了运营人员的业务技术水平,为及时接管运营做好了技术和人员的储备。

在新线联调和演练阶段,运营主动承担设备大联调、演练工作,组织编制和实施车辆、信号等设备系统之间的联调方案,通过设备联调充分暴露各系统设备可能存在的问题,实践性地检验了设备系统间的联动工作能力,使运营人员深入地掌握各设备的功能。组织进行包括时刻表演练、事故救援演练等的演练,提高了员工的操作设备能力,应急处理能力,检验了规章制度的合理性和实际运营组织能力。

【研讨与质疑】

1. 广州地铁安全文化建设特色在哪里?

2. 探讨安全文化建设新思路,确保企业安全。

【学生讲坛】

查找北京地铁安全文化建设资料,说说与广州地铁的异同。

三 城市轨道交通企业安全宣传

合理确定从事安全管理工作人员的资格条件,评价员工的能力,使员工学习掌握专业知识和技能,满足岗位要求。除了对员工意识能力的培训,在城市轨道交通运营的过程

中，还应扩大对安全知识的宣传力度，提高乘客的安全意识。其流程如图 5-1 所示。

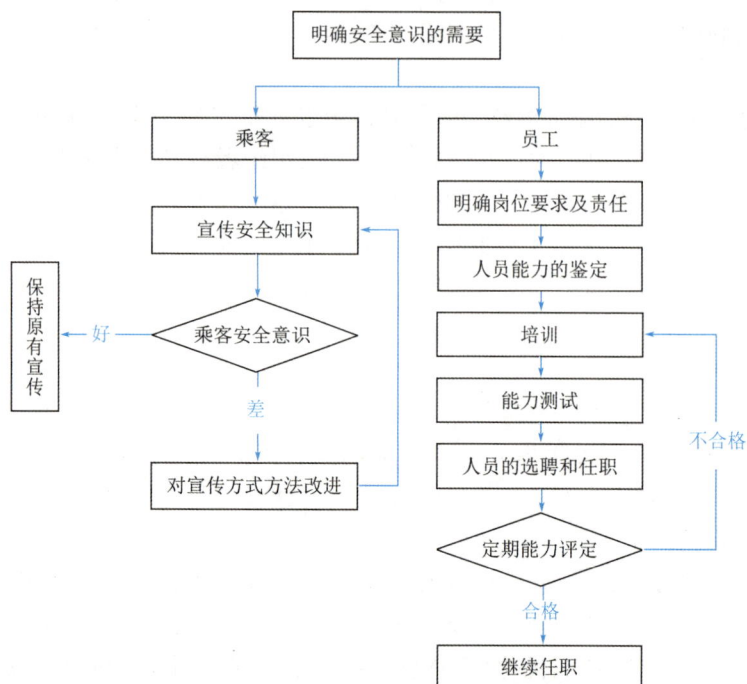

图 5-1　培训意识与能力流程图

协商与沟通程序是为了将信息快速有效地传递给全体员工，保证安全管理的充分性和有效性。在这里我们也应该注意到同乘客的沟通，乘客是影响城市轨道交通运营安全的重要群体。所以我们可以采取调查问卷等方式，同乘客沟通安全管理的相关信息。一方面可以加强乘客对安全管理的参与程度，另一方面，还可以集思广益加强对安全管理体系本身的改进。其流程如图 5-2 所示。

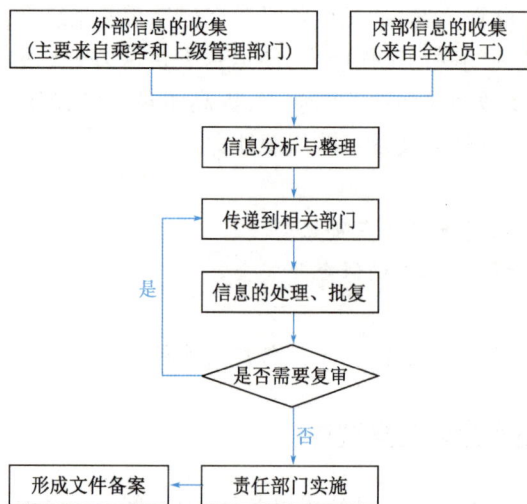

图 5-2　协商与沟通流程图

(一) 城市轨道交通运营企业安全宣传管理制度

1. 城市轨道的交通运营企业安全宣传的目的

增强广大乘客和职工的安全意识;预防和减少事故的发生;构造城市轨道交通运营大安全。

2. 城市轨道的交通运营企业安全宣传的方针

安全第一,预防为主,宣教结合。

3. 宣传对象

城市轨道交通运营中的广大乘客;市民,尤其是城市轨道交通周边市民;城市轨道交通运营企业范围内工作人员。

4. 城市轨道的交通运营企业安全宣传的内容

国家、地方及行业相关法律、法规和规章制度;社会公德、职业道德;城市轨道交通运营企业安全规章、安全操作规程;城市轨道交通运营企业安全文化;城市轨道交通运营安全生产技能;城市轨道交通行业事故经验教训等。

5. 宣传方式

各种安全会议;安全技术交流;广播、电视等新闻媒体;告示牌、横幅、标语、简报等;播放录像;安全晚会、文艺表演等。

6. 宣传时间

国家安全生产宣传月;城市轨道交通运营过程中必要时。

7. 组织单位

安全管理部门负责公司整体安全宣传工作;客运市场部门负责公司对乘客的安全宣传;其他部门根据企业需求或部门需求组织相关范围内的安全宣传活动。

(二) 城市轨道交通企业自身内部安全宣传

1. 企业安全宣传形式及主要特点

城市轨道交通企业安全工作较普通企业来讲更是千头万绪,因此搞好安全宣传就显得尤为重要。下面介绍几种企业可以采用的安全宣传形式和主要特点。

(1) 案例通报宣传方式——警钟长鸣

现在新闻资讯发达、新闻媒体曝光率高,各城市轨道交通行业发生的大小安全事故,都很快会报道,尤其是重特大安全事故,网络媒体更有深入详尽的报道、分析和探讨。这些生产安全事故,城市轨道交通企业应及时收集信息,并定期向员工通报,对员工的安全观念有着警示作用,同时有助于防止同类事故在本企业发生,其资料保留下来,今后也很有利用价值。资料的来源可以通过剪报,网上以"安全"或"事故"进行新闻搜索,或进入安全类别的网站下载需要的资料。

(2) 安全标语宣传方式——作用重大

安全标语,是我国多年来沿用的低成本的安全宣传形式。安全标语简明扼要、针对性强,但视觉和色彩都比较单调,宣传方式也比较陈旧,这就要求我们在文字上一定要花功夫,有创新,通俗易懂,每一句标语都犹如一句出色的广告语,读起来朗朗上口,容易记在心上,才能达到较好的宣传效果。安全标语可用固定式,安全标语写在墙体上,起到长期警示的作用;也可用大红横幅的形式,挂在建筑墙体外等,针对某时期的安全事故特性提出警示。

（3）宣传画廊宣传方式——效果明显

城市轨道交通企业可以利用车站、列车、墙报栏等位置,设立固定式安全宣传画廊进行安全宣传。运用照片、绘画、书法、文字等各种形式宣传安全法规、安全经验、事故教训等内容。这种形式,图文并茂,形式活泼,费用不高,时效性长,大小单位都可以搞。也可以把安全宣传画廊做成流动式的,将照片、绘画、资料等贴在宣传板上,这些宣传板可以根据需要移动位置,使覆盖面更为广泛。安全宣传画廊,应尽量多使用图片,要注重版面的布局和色彩设计,以吸引大家的注目。文字内容则应实用、生动、简洁,题目能吸引人,使员工看后能留下较为深刻的记忆,才能达到宣传效果。

（4）报刊专柜宣传方式——不可忽视

安全宣传教育,对于企业员工来说实际上就是一个学习安全知识,熟悉安全法规的过程。企业应该为员工提供一个随时学习、查阅知识、数据和有关法规等资料的场所。很多企业都有图书室（或称阅览室）,因此可以在图书室内设置一个安全专柜,满足员工的这一需要。

安全专柜的内容可包括安全类报刊,安全知识类书籍,安全法律法规,与本行业相关的安全生产技术规范、标准和有关数据,安全案例分析或调查等。

（5）影视播放宣传方式——直观逼真

电影、电视是当今最为群众喜爱的传播媒体,通过电影电视媒体进行安全宣传教育,有着画面生动,直观逼真,故事性强,安全知识技能易于学习模仿等其他媒体难以比拟的优势。因此,企业可以充分利用电影、电视对员工进行安全宣传教育。比如,组织员工观看安全题材的电影、收看电视专题片、定期在录像系统播放安全题材的录像带、影碟等。

（6）实地参观宣传方式——功效显著

现阶段,有很多安全生产监管部门或者比较大型的企业都设有安全宣传教育和演练的固定场所。比如消防安全部门就设有消防站（队）开展消防宣传教育,有着得天独厚的条件,内容丰富,设施各有特色,参观者有机会亲身体验灭火、火场逃生和救人的感受,企业的员工还能向消防部队的战士学习各种救援和灭火技能。

（7）知识讲座宣传方式——突出重点

确定题目、分头准备,然后集中演讲,从理论到实践再到经验、教训。另外,就安全生产工作先进单位或个人,就重大安全事故,深入剖析原因教训进行演讲。通过实际案例、事例的讲座,有深度、有广度、效果好。安全知识讲座演讲者可以是本企业的安全管理人员,也可以邀请兄弟单位,还可以同消防部门联系,邀请经验丰富的安全专家上台讲座。

（8）知识竞赛宣传方式——寓教于乐

安全知识竞赛,把安全知识融入具有竞争对抗性的问答游戏之中,场面热烈,员工比较喜爱,参加的积极性高,可以大大增强员工对安全知识的兴趣,不但是一种非常有效的宣传教育形式,而且可以带动安全宣传教育的整体开展。但安全知识竞赛只是一种形式,目的是宣传安全知识。不可只图形式,空热闹一场。竞赛题目应紧密结合本企业的实际需要认真编写,竞赛前应组织员工学习,真正掌握,而不是死记硬背答案。竞赛游戏的形式也不能一成不变,可从目前电视游戏形式"克隆"一些模式。

(9)安全演习宣传方式——重中之重

安全如消防演习是一项为测试企业对安全事故应变能力,锻炼员工应对灾难和救援技能的综合性演练,安全演习有一定的难度,是对企业领导和安全工作负责人的组织能力、指挥能力的一个考核,同时也是对日常安全宣传教育成效的一次全面检验,以及再学习再教育的极好机会。事实证明,经常举行安全演习的企业,员工在真正发生生产安全事故时的应变能力明显高于没有进行过安全演习的企业。安全演习需要有充分的准备工作和演习前的动员,要求员工以认真严肃的态度参加。还未积累经验时,最好设法邀请相关安全部门如消防部队的官兵参与指挥。

(10)现场教育宣传方式——立竿见影

安全事故教训是用金钱和人的生命换来的,一旦企业发生了较大或典型的安全事故,不但要做好生产经营上的补救工作,及时检讨安全管理上的漏洞,还应该适时召开安全事故现场会,让每个员工都对整个事件有直接的、全面的了解和认识。安全事故现场会,参加者亲临现场,气氛严肃,感受和记忆深刻,对杜绝同类事故和警惕其他类型安全的事故都有强烈的警示作用。举行安全事故现场会,上级领导和企业领导都应参加,并应有权威技术专家在现场分析讲解事故原因。若是其他同行企业举行大型的安全事故现场会,也可以积极派人员参加。

企业安全宣传教育的形式和方法多种多样,但形式只是一种手段,内容才是实质,需要做大量的实际准备工作,才能达到好的宣传效果。除了上述介绍的宣传形式,企业还可以因时、因地进一步开拓更多生动活泼、成效显著的形式。

(三)城市轨道交通乘客安全宣传

1. 一般安全守则

(1)乘客应该

乘客留意各项乘客导向标志的含义;留意车站通告及广播,并遵守指示;正确使用进、出站闸机,待前面的乘客通过及闸门关上后才使用;留意车上的广播,提前做好上下车准备;小心湿滑的地面;小心照顾同行的小孩和老人;正确使用安全及紧急设施;一旦发生紧急情况,立即通知车站工作人员。

(2)乘客切勿

在城市轨道交通范围内生火、吸烟、奔跑和嬉戏、进入城市轨道交通非公众区域;严禁携带下列物品进入城市轨道交通范围:过大的物件或货物;易燃品、易爆品、有毒物品,其他危险物品,宠物及其他禽畜。

2. 站台区域安全宣传知识

(1)乘客应该

保持通道、楼梯及自动电梯的出口畅通;在站台安全线(黄线)以外排队候车;先下后上,顺序上车;上下车时,小心列车地板与站台边缘之间的空隙;时刻照顾好同行的小孩和老人。

(2)乘客切勿

切勿使自己身体或任何物件超出站台安全线;切勿在站台上嬉戏或奔跑;当车门正在

关上时切勿强行登车;切勿跨越站台两边的围栏;切勿跳下站台;切勿阻碍车门关闭;切勿让手袋、背包或其他个人物品接近正在关闭的车门,以免发生危险。

3. 列车上乘客安全宣传知识

（1）乘客应该

避免靠近车门,并确保不要将手放在车门或门边上;尽量走进车厢中间;站立时,时常紧握扶手或吊环;请尽量给有需要的乘客让座;如果感到身体不适,尽可能在下一站下车,然后向城市轨道交通工作人员求助;尽量给使用轮椅的乘客腾出空间;等待车门完全开启后方可下车;上下车时小心列车与站台间的空隙。

（2）乘客切勿

切勿干扰车门的正常开闭;切勿将手放在车门上;切勿把玩扶手或吊环;切勿吸烟;切勿在非紧急情况下,拉动紧急通话器按钮;切勿把行李放在会阻塞通道或阻碍其他乘客的地方;当车门正在关上时,切勿强行下车。

【研讨与质疑】

你认为如何加强对企业安全知识的宣传,提高乘客的安全意识?

【技能训练】

模拟管理:制订企业安全文化建设方案

实训目标:

1. 增强安全文化的理解。

2. 掌握企业安全文化建设的内容。

实训内容与方法:

1. 以学习小组为单位,选定安全文化的某项内容,正确制订安全文化标准。

2. 所定方案必须体现安全文化特点与要求。

3. 学习小组在班级进行交流与研讨。

标准与评估:

1. 标准:能正确运用安全因素,结合运营企业特点及要求,制订具有科学可行的方案。

2. 评估:学习小组写出评价总结,根据研讨会上表现评定成绩。

任务二　城市轨道交通运营企业安全管理运作

居安思危,思则有备,备则无患。

——《左传》

【案例 5-2】　设备故障导致列车延误

事件经过: 11 月某日 19 时 19 分,某地铁线路列车从鹭江站开往客村站途中,列车受电弓系统发生瞬间接地短路,产生烟雾及声响,列车临时停在距车站 200m 处的隧道区间。乘客在紧急情况下自行解锁车门进入隧道。地铁公司紧急安排工作人员进入隧道疏散乘客;同时临时中断鹭江——客村区间行车、启动公交接驳。隧道乘客疏散完毕后,事发列车启动,该线路全线逐步恢复运营。此次事件导致该线路区段中断运营达 46min。

原因分析: 列车因车顶受电弓(电压 1500V)发生故障,其部件与车顶发生接触短路。

整改措施：

(1)各专业严格执行设备检修维护规程,做好所管辖设备的巡查、维护工作,监控运行状态,确保设备运行可靠。

(2)各单位要严格执行公司突发事件信息通报流程,发现问题及时报告。

(3)车务、行车有关部门要深入细化现场处置方案,做好突发事件的先期处置。

(4)客运管理部门应不断完善公交接驳方案,确保紧急情况下乘客疏散快速、有序。

(5)不断梳理各部门所管辖设备的现状,对安全重点部位、重点环节进行全面排查,主要包括供电设备、设施、车内消防设备、设施、紧急逃生设备、逃生标志等,检查是否存在故障及其他安全隐患,发现问题立即整改。

【学生分析与决策】

从案例中可看出杜绝事故发生的人员或者部门不是单一的,需要各个相关岗位各司其职,互相配合,地铁是如何落实各个部门、人员的安全责任制的?

【知识研修】

一 安全生产责任制管理

建立健全和贯彻实施安全生产责任制,就是要将企业安全纳入城市轨道交通运营管理活动的各个环节,实现全员参与、全面、全过程的安全管理,保证城市轨道交通运营企业实现安全运营。

(一)城市轨道交通安全生产责任制

1.城市轨道交通运营企业各级管理者责任

(1)企业负责人安全职责

①作为公司安全生产的第一责任人,对公司安全生产工作负全责。支持分管安全工作的公司领导开展工作,督促分管其他工作的公司领导做好分管范围内的安全工作。

②根据国家法律法规的要求,建立健全公司安全组织体系,强化公司整体安全生产的管理。

③审核公司的年度安全生产规划、计划和资金预算,确定年度公司整体安全生产指标。

④监督其他公司领导和公司部门负责人安全生产责任制落实情况。

⑤组织建立和落实公司应急体系并监督运作情况。

⑥定期主持召开公司安全工作委员会会议,听取安全生产工作情况汇报,分析当前的安全生产工作形势,研究改进措施,做出决定。决定事项应有正式文字记载,并检查决定执行情况。

⑦组织对险性以上事故的调查处理,落实事故管理"四不放过"原则,坚决贯彻重大事故行政责任追究的有关制度,发生重特大事故时按规定向上级汇报。

(2)主管安全工作主要负责人安全职责

①贯彻执行国家、地方政府及公司安全生产的方针、政策、法律、法规和制度,负责组织开展公司整体安全生产工作。

②负责制订并落实年度安全工作计划,并考核各部门安全指标的实际完成情况,决定

安全工作的重要奖惩。

③组织监管各级安全检查，督促公司各部门消除安全隐患，主持研究重大安全隐患的治理措施，并组织落实。

④组织拓展适应公司发展的安全生产管理模式，不断提高安全生产管理水平。

⑤负责审批安全规章制度，组织制订重大安全措施，不断改善作业环境。

⑥负责建立健全安全生产管理机构，加强安全技术队伍的建设。

⑦根据国家的有关规定及实际工作要求，组织安全评价检查，并对评价检查结果进行通报。

⑧组织审查公司采购的消防设备、器材、劳动防护用品生产厂家资质，并按照规定对配备、使用情况进行监督检查。

⑨组织召开公司安全会议，听取有关部门负责人汇报，定期分析安全生产工作情况，研究改进措施，做出决定。决定事项应有正式文字记载，并检查决定执行情况。

⑩组织对险性事故的调查处理，落实事故管理"四不放过"原则，坚决贯彻重特大事故行政责任追究的有关制度，发生重特大事故时必须向上级及时汇报。

（3）企业其他主要负责人安全职责

①贯彻执行国家、地方政府及公司安全生产的方针、政策、法律、法规和制度，负责组织开展所主管部门的整体安全生产工作。

②组织修订和审批分管部门的安全生产规章制度、规定、安全技术规程，并组织实施。

③负责落实职责管辖范围内各项工作中的安全措施。

④定期召开分管部门的安全会议，分析分管部门安全生产动态，及时解决存在的安全隐患。

⑤组织制订分管部门的年度安全工作计划，并逐条落实到具体生产工作中。

⑥组织专业技术员工学习、执行国家法律法规、行业标准、技术规范。

⑦组织编制安全生产技术规程，审定新产品、新工艺、新技术和引进技术、设备的安全技术要求。

⑧严格执行"三同时"制度，审查新建、改建、扩建、技术改造项目，以及自制机械设备、工具的技术设计，确保符合国家的有关规范和技术要求。

⑨组织制订重点设备关键装置的安全控制方案，并监督实施。

⑩对事故调查及事故隐患整改提供技术支持。

2.城市轨道交通运营企业其他人员主要责任

（1）安全管理部门负责人安全职责

①贯彻执行国家、地方政府及公司安全生产的方针、政策、法律、法规和制度，负责组织开展本部门的整体安全生产工作。

②结合公司制订的应急预案及事故处理程序，组织制订部门内部应对突发事件的组织程序。

③组织监管公司安全检查，及时整改检查中发现的问题，对存在重大安全隐患的设备设施要停止使用。

④协同企业管理部对员工进行安全教育培训。

⑤负责对特种设备的监督管理，对特种作业人员的资质监督检查。

⑥组织开展各种安全活动，制订安全活动计划。

⑦组织制订公司安全管理制度,监督检查执行情况。

⑧负责制订员工劳动防护用品的发放标准,并监督实施。

⑨监督指导基层安全管理工作,及时召开公司专(兼)职安全人员会议。

⑩组织公司安委会日常工作。

⑪负责部门内部岗位安全责任制的落实,并负责考核。

⑫组织对公司所管辖范围内 A 类一般事故和涉及两个及其以上部门的 B 类一般事故、安全事件的调查处理,落实事故管理"四不放过"原则,坚决贯彻重特大事故行政责任追究的有关制度,发生重特大事故时必须向上级领导及时汇报。

(2)设备管理部门负责人安全职责

①贯彻执行国家、地方政府及公司安全生产的方针、政策、法律、法规和制度,负责组织开展本部门的整体安全生产工作。

②贯彻国家和上级部门关于设备检修和维护保养的安全规定和标准,做好主管业务范围内安全工作。

③结合公司制订的应急预案及事故处理程序,组织制订部门内部应对突发事件的组织程序。

④组织监管部门安全检查,及时整改检查中发现的问题,对存在重大安全隐患的设备设施要停止使用。

⑤制订部门内部安全管理制度和安全技术规程,告知员工安全隐患,明确安全措施,并负责检查落实。

⑥协助事故调查组进行由设备原因引发的事故的调查处理,按时填报事故报表。

⑦制订所辖设备的应急抢险预案,建立专业应急救援队伍,并组织救援队伍开展日常训练。

⑧对本部门的安全工作进行定期总结,针对发现的问题,及时进行改进。

⑨参加公司安全工作的考核评比,对在部门安全生产中有贡献者提出奖励意见;对事故责任者和违章人员提出处罚意见。总结安全生产先进经验,开展安全技术研究,推广安全生产先进技术及现代安全管理方法。

⑩负责制订并落实部门内部各岗位安全责任制,确保完成部门的安全指标。

⑪组织对部门所管辖范围内 B 类一般事故、安全事件(涉及单个部门)的调查处理,落实事故管理"四不放过"原则,坚决贯彻重特大事故行政责任追究的有关制度,发生重特大事故时必须向上级领导及时汇报。

(3)行车组织部门负责人安全职责

①贯彻执行国家、地方政府及公司安全生产的方针、政策、法律、法规和制度,负责组织开展本部门的整体安全生产工作。

②结合公司制订的应急预案及事故处理程序,组织制订部门内部应对突发事件的组织程序。

③负责制订地铁行车组织工作的安全操作规程和安全管理制度。

④对本部门的安全工作进行定期总结,针对发现的问题,及时进行组织改进。

⑤负责部门内部岗位安全责任制的落实,并确保完成部门安全指标。

⑥组织对部门所管辖范围内 B 类一般事故、安全事件(涉及单个部门)的调查处理,落实事故管理"四不放过"原则,坚决贯彻重特大事故行政责任追究的有关制度,发生重

特大事故时必须向上级领导及时汇报。

（4）客运组织部门负责人安全职责

①贯彻执行国家、地方政府及公司安全生产的方针、政策、法律、法规和制度,负责组织开展本部门的整体安全生产工作。

②结合公司制订的应急预案及事故处理程序,组织制订部门内部应对突发事件的组织程序。

③组织监管部门安全检查,及时整改检查中发现的问题,对存在重大安全隐患的设备设施要停止使用。

④负责制订车站行车组织工作的安全管理制度和安全操作规程。

⑤参加所辖车站的新建、改建、扩建及大修、技术改造工程项目的安全"三同时"监督审查。

⑥对各种直接作业环境进行安全监督,检查各项安全管理制度的落实情况。

⑦参加公司安全工作的考核评比,对在部门安全生产中有贡献者提出奖励意见;对事故责任者和违章人员提出处罚意见。总结安全生产先进经验,开展安全技术研究,推广安全生产先进技术及现代安全管理方法。

⑧协助人事部门对车站值班员及站务员进行安全技能培训考核,对员工进行安全教育,确保员工充分了解工作中存在的危险;确保员工熟练使用消防器材;确保员工执行公司的安全管理规定。

⑨对本部门的安全工作进行定期总结,针对发现的问题,及时进行组织改进。

⑩负责部门内部岗位安全责任制的落实,并确保完成部门的安全指标。

⑪组织对部门所管辖范围内 B 类一般事故、安全事件(涉及单个部门)的调查处理,落实事故管理"四不放过"原则,坚决贯彻重特大事故行政责任追究的有关制度,发生重特大事故时必须向上级领导及时汇报。

（5）人事管理部门负责人安全职责

①贯彻执行国家、地方政府及公司安全生产的方针、政策、法律、法规和制度,负责组织开展本部门的整体安全生产工作。

②结合公司制订的应急预案及事故处理程序,组织制订部门内部应对突发事件的组织程序。

③在公司管理总体规划中突出"安全第一,预防为主"的安全生产方针。

④负责监督并考核岗位责任制落实情况,重点检查以岗位责任制为核心的班组各项制度执行情况。

⑤负责公司的服务器、计算机等信息设备和公司办公自动化网络的安全管理。负责公司各种网上信息安全保密管理,防止各类病毒造成的严重后果。

⑥按规定及时缴纳劳动保险和意外伤害保险。

⑦负责公司特种人员安全技术培训和考核工作。

⑧组织新员工进行岗前体检,不得将有禁忌症的工人分配到所禁忌的岗位工作。

⑨负责公司员工的安全培训,对新员工(包括实习、代培人员)及时组织安全教育和考核,经"三级安全教育"考核合格后,方可分配上岗。

⑩负责组织公司员工工伤认定、上报、处理工作。

⑪把安全工作业绩纳入干部晋升、员工晋级和奖励考核的重要内容。

⑫根据职业禁忌症的要求,做好新老员工的工种分配和调整,认真落实有害工种岗位定期轮换、脱离岗位的规定。

⑬参与安全部门组织的事故调查处理工作,负责部门内部岗位安全责任制的落实,并确保完成部门的安全指标。

⑭组织对部门所管辖范围内 B 类一般事故、安全事件(涉及单个部门)的调查处理,落实事故管理"四不放过"原则,坚决贯彻重特大事故行政责任追究的有关制度。

⑮各级安全管理员安全职责

3. 其他人员安全职责

(1)各级安全员安全职责

①贯彻国家的安全法律法规。执行公司和部门的各项安全制度,同时做好本部门人员的安全教育工作。

②结合公司制订的应急预案及事故处理程序,制订实施部门内部应对突发事件的组织程序,并定期组织演练。

③负责修订部门所辖区域内有关安全管理制度和安全操作规程,并检查执行情况。

④组织实施部门安全检查,及时整改检查中发现的问题,对存在重大安全隐患的设备设施要停止使用。

⑤按照安全技术规范、标准的要求,参加本区域内新建、改建、扩建工程项目的设计、竣工验收和设备制造、工艺条件变更方案的"三同时"审查,监督装置检修、停工、开工的安全措施落实。

⑥负责本部门所辖区域内消防器材、劳动防护用品和急救器具的管理。

⑦参加本区域内各类事故的调查处理,负责统计分析,按时上报。

⑧建立健全本部门各种安全管理档案资料的整理、保存工作。

(2)班组长安全职责

①班组长负责本班组的安全生产工作,是安全生产法律、法规和规章制度的直接执行者。

②贯彻执行本单位对安全生产的规定和要求,督促本班组的工作人员遵守有关安全生产规章制度和安全操作规程。

③切实做到不违章指挥,不违章作业,遵守劳动纪律。

(3)其他人员安全职责

①各级工程技术人员、职能科室和生产一线人员,在各自的职责范围内应对安全运营工作负相应的责任。

②贯彻国家的安全法律法规,执行公司、部门和本室的各项安全规章制度。

③负责评审本专业安全操作规程,明确安全隐患及采取的安全措施,并监督各相关岗位的执行情况。

④负责本专业系统、设备安全隐患的改造。

⑤按照安全技术规范、标准的要求,参加本专业新建、改建、扩建工程项目的设计、竣工验收和设备制造、工艺条件变更方案的"三同时"审查,监督装置检修、停工、开工的安全措施落实。

⑥协助上级开展各项安全活动及安全宣传工作,对本室安全管理工作提出合理化建议。

⑦正确佩戴、使用劳动防护用品和消防器材。

(二) 建立、健全和贯彻执行安全生产责任制

1. 修改完善

(1)提高各级管理者对安全运营的思想意识,增强其贯彻执行安全生产责任制的自觉性。

(2)要根据本企业、部门、班组及岗位的实际情况制订并修改完善,既明确、具体,又具有可操作性。

(3)在执行过程中,要随着生产的发展和科学技术水平的提高,不断地修改和完善。

2. 检查修订

认真总结安全生产工作的经验教训,按照不同人员、工作岗位和生产活动情况,明确规定其具体的职责范围。对各级安全生产责任要定期、不定期进行检查,尤其在企业结构发生变化时应及时修订岗位安全职责。

3. 全员参与,认真总结

制订和贯彻执行过程中,要发动全员参与讨论,广泛听取大家意见。在制度审查批准后,要使全体工作人员都知道,以便监督检查。对执行好的单位和个人,应当给予表扬。对不负责或由于失误而造成人员伤亡事故的,应予以批评和处置。

【研讨与质疑】

你认为城市轨道运营企业建立安全责任制需要考虑哪些因素?

二 安全生产目标制管理

安全目标管理是目标管理在安全管理方面的应用,它是指企业内部各个部门以至每个职工,从上到下围绕企业安全生产的总目标,层层展开各自的目标,确定行动方针,安排安全工作进度,制订实施有效组织措施,并对安全成果严格考核的一种管理制度。安全目标管理是参与管理的一种形式,是根据企业安全工作目标来控制企业安全生产的一种民主的科学有效的管理方法,是我国施工企业实行安全管理的一项重要内容。

(一) 安全目标管理的步骤

安全目标管理的实施过程可分为四个阶段,即:安全管理目标的制订、建立安全目标体系、安全管理目标的实施、目标的评价与考核。

(二) 安全管理目标的制订

安全管理目标是实现企业安全化的行动指南。目标管理是以各类事故及其资料为依据的一项长远管理方法,是以现代化管理为基础理论的一门综合管理技术,必须围绕施工企业生产经营目标和上级对安全生产的要求,结合施工生产的经营特点,作科学的分析,按如下原则制订安全目标:

(1)突出重点,分清主次,不能平均分配、面面俱到。安全目标应突出重大事故,负伤频率,施工环境标准合格率等方面指标,如对惯性事故及频发事故应作为重点管理。同时

注意次要目标对重点目标的有效配合。

（2）安全目标具有先进性，即目标的适用性和挑战性。也就是说制定的目标一般略高于实施者的能力和水平，使之经过努力可以完成，应是"跳一跳，够得到"，但不能高不可攀，令人望目标兴叹，也不能低而不费力，容易达到。

（3）安全管理目标的制订使目标的预期结果做到具体化、定量化、数据化。如负伤率比去年降低百分之几，以利于进行同期比较，易于检查和评价。

（4）目标要有综合性，又有实现的可能性。制订的企业安全管理目标，既要保证上级下达指标的完成，又要考虑企业各部门、各项目部及每个职工的承担目标能力，目标的高低要有针对性和实现的可能性，以利各部门、各项目部及每个职工都能接受，努力去完成。

（5）坚持安全目标与保证目标实现措施的统一性。为使目标管理具有科学性、针对性和有效性，在制定目标时必须有保证目标实现的措施，使措施为目标服务，以利目标的实现。

（三）建立安全目标管理体系

安全目标管理涉及企业各个部门、各项目部及各单位，是关系安全生产全局的大问题，为此应建立安全目标管理体系。

（1）安全目标体系：安全目标体系就是安全目标的网络化、细分化，是安全目标管理的核心。它按企业管理层次由总目标、分目标、子目标构成一个自上而下的目标体系。企业所需要达到的安全目标为总目标，各项目部（职能科室）为完成企业总目标而导出的分目标，施工队为完成项目部分目标而提出子目标，班组和个人为完成施工队子目标提出孙目标。

（2）安全目标的内容有：安全管理水平提高目标，安全教育达到程度目标，伤亡事故控制目标，施工环境达标率提高目标，事故隐患整改完成率目标，现代化科学管理方法应用目标，安全标准化班组达标率目标，企业安全性评价目标，经理任职安全目标，各项安全工作目标。

（3）为实现企业安全生产总目标，应将总目标分解到各职能部门和项目部，做到横向到边，纵向到底，纵横交错，形成网络。横向到边就是把企业安全总目标分解到机关各职能部门；纵向到底就是把企业总目标由上而下按管理层次分解到项目部、施工作业队、班组直到每个职工，如图5-3所示，实现多层次安全目标体系。

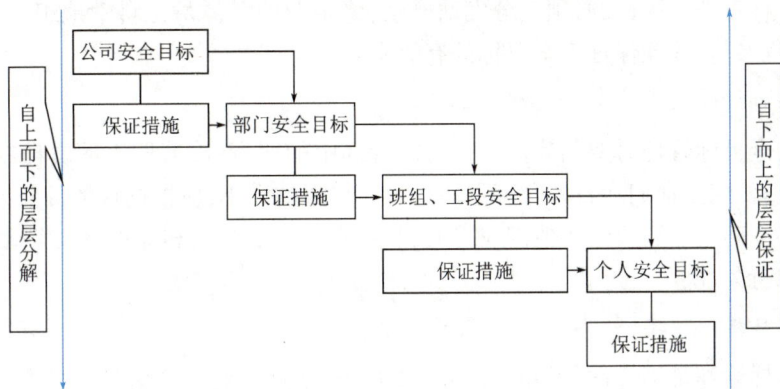

图5-3 安全生产目标

（四）安全目标管理的实施

企业安全目标管理是一项长期任务,必须始终不渝地进行决策、实施、检查、整改、总结、提高的循环管理,实施目标管理要做到:

(1)要把企业的安全目标列为领导任期内目标,作为企业稳定生产秩序的既定方针;

(2)要赋予安全部门一定的职权,能保证对各职能部门实施安全目标监督检查的功能和作用;

(3)要求各职能部门对自身安全工作发挥主观能动作用,自觉地对安全管理工作进行密切的配合与协调;

(4)要明确各级安全责任制,实行安全一票否决原则以保证措施的贯彻落实;

(5)要动员人人参与管理,要有每个人的责任目标,一级抓一级,层层落实,共同保证安全目标的实施。

（五）安全目标管理的注意事项

1.加强各级人员对安全目标管理的认识

企业领导对安全目标管理要有深刻的认识,要深入调查研究,结合本单位实际情况,制订企业的总目标,并参加全过程的管理,负责对目标实施进行指挥、协调;加强对中层和基层干部的思想教育,提高他们对安全目标管理重要性的认识和组织协调能力,这是总目标实现的重要保证;还要加强对员工的宣传教育,普及安全目标管理的基本知识与方法,充分发挥员工在目标管理中的作用。

2.企业要有完善的系统的安全基础工作

企业安全基础工作的水平,直接关系着安全目标制订的科学性、先进性和客观性。如:要制订可行的伤亡事故频率指标和保证措施,需要企业有完善的工伤事故管理资料和管理制度;控制作业点尘毒达标率,需要有毒、有害作业的监测数据。只有建立和健全了安全基础工作,才能建立科学的、可行的安全目标。

3.安全目标管理需要全员参与

安全目标管理是以目标责任者为主的自主管理,是通过目标的层层分解、措施的层层落实来实现的。将目标落实到每个人身上,渗透到每个环节,使每个员工在安全管理上都承担一定目标责任。因此,必须充分发动群众,将企业的全体员工科学地组织起来,实行全员、全过程参与,才能保证安全目标的有效实施。

4.安全目标管理需要责、权、利相结合

实施安全目标管理时要明确员工在目标管理中的职责,没有职责的责任制只是流于形式。同时,要赋予他们在日常管理上的权力。权限的大小,应根据目标责任大小和完成任务的需要来确定。还要给予他们应得的利益,责、权、利的有机结合才能调动广大员工的积极性和持久性。

5.安全目标管理要与其他安全管理方法相结合

安全目标管理是综合性很强的科学管理方法,它是企业安全管理的"纲",是一定时期内企业安全管理的集中体现。在实现安全目标过程中,要依靠和发挥各种安全管理方

法的作用,如建立安全生产责任制、制订安全技术措施计划、开展安全教育和安全检查等。只有两者有机结合,才能使企业的安全管理工作做得更好。

【研讨与质疑】

企业安全目标以保证乘客安全为出发点,以公司安全目标为统帅,开展安全管理工作。如,某城市轨道交通运营企业安全目标为"0123",即:

0 个死亡(员工和乘客在地铁责任范围内死亡为零)。

1 个标准(建设安全标准化企业)。

2 个百分之百(制度执行百分之百、作业记录百分之百)。

3 个杜绝(杜绝重大行车事故、杜绝非不可抗拒火灾事故、杜绝重大责任性事故)。

假如您是一位城市轨道运营企业安全管理者,您认为应如何贯彻好安全目标管理制度?

三 安全评价与风险管控

(一)安全评价与风险管控

1. 安全评价定义

安全评价也称为风险评价,是以实现工程、系统安全为目的,应用安全系统工程的原理和方法,对工程、系统中存在的危险、有害因素进行识别与分析,判断工程、系统发生事故和急性职业危害的可能性及其严重程度,提出安全对策建议,从而为工程、系统制订方法措施和管理决策提供科学依据。

2. 风险评价的目的

风险评价的目的是查找、分析和预测工程、系统存在的危险、有害因素及可能导致的危险、危害后果和程度,提出合理可行的安全对策措施,指导危险源监控和事故预防,以达到最低事故率、最少损失和最优的安全投资效益。总之,安全评价或风险评价的目的就是为了进行风险管控。

3. 风险管控

在安全生产管理中,风险总是与生产事故联系在一起的。运营过程中发生事故的概率与事故后果,或运营事故发生的可能性与严重程度,即地铁运营系统的事故风险。

风险管理与控制是利用风险分析与评估等方法辨识系统中存在的不安全因素,或称为危险、有害因素等,对发现危险、有害因素进行定义、分类和说明,并采用危险预先分析、事故树等方法对其可能造成的影响或结果进行分析,定义出危险有害因素的等级,制订预防或控制措施并组织实施,不断跟踪监控其措施实施效果并进行效果评价,从而进一步循环,逐步实现对危险有害因素的控制与消除。

(二)城市轨道交通运营中的风险管理

1. 城市轨道交通运营风险特点

在城市轨道交通运营过程中,其风险具有以下特点:

(1)事故后果的严重性。在半封闭状态单向高速运行的列车由于通风、照明及救援困难,一旦失控,必将引起大量人员伤亡和财产损失。

（2）社会影响的恶劣性。城市轨道交通是城市的生命线工程，一旦发生风险事故，将直接造成交通瘫痪中断、人员拥堵，社会影响恶劣，甚至可能引发乘客骚乱，或市民对政府信任危机，后果极其严重。

（3）行车安全对管理的依赖性。城市轨道交通运行作业是一个庞大的人机动态系统的安全运行，离不开管理的协调，在很大程度上依赖于管理的有效性。

（4）运营系统的动态性。城市轨道交通的整个运营系统是靠各种设备的运转功能来保证的，各设备动态运营状态对整个轨道交通系统的运营可能会造成直接的影响，因此，各项运营设备的动态性引起系统运营的动态性特征尤为显著。

（5）城市轨道交通运行作业的反复性。城市轨道交通运行作业是多工种联合作业，昼夜不断、周而复始，各种不安全事件和事故大多数是重复发生的。

（6）受环境影响的特殊性。城市轨道交通运行既受外部自然环境条件影响，也受社会环境条件影响。

由于城市轨道交通运营涉及许多不确定性和不确知性，只有针对城市轨道交通运营中风险的特点，通过风险管理的研究，采取合理对策，才能从根本上消灭事故发生的隐患，把城市轨道交通的事故发生降低到最小。

2. 国内外城市轨道交通运营风险管理现状

国内外城市轨道交通安全研究通过多年来对城市轨道交通事故实际案例的积累、分析与归纳，形成比较成熟的理论体系与方法。其中，美国自20世纪50年代起，将安全评价标准从高危行业引入轨道交通，建立了轨道交通的安全预评价、安全验收评价、安全现状评价及专项评价4类评价标准；英国则把铁路安全评价系统引入轨道交通，把所有的风险分为3个等级进行区别对待；我国香港的城市轨道交通也有自己的安全评价制度，从各类安全事故发生的时间、路段、原因等方面系统、细致地进行了总结和归纳，从而形成了一套完整的安全预防、检查、处理机制，做到防患于未然，一旦发生事故，都能以最快、最稳妥的方式保护乘客的安全，最大程度地减少人员伤亡。

（1）地铁运营安全风险管控实施，地铁运营安全风险分析过程共分五步：

第一步：识别系统所有可能的危险/风险；

第二步：定义危险事件/风险发生频率的分类及说明；

第三步：采用后果分析来预测危险事件/风险可能的影响，定义危险/风险的严重度等级和每种严重度对人员或环境产生的后果；

第四步：定义风险的定性类别以及针对每个类别所采取的措施；

第五步：采用"频率—后果"矩阵，将危险事件/风险的发生频率和它的严重度结合起来对风险进行评价，确定风险类别。

（2）城市轨道交通运营安全风险级别分类，见表5-1。

城市轨道交通运营安全风险级别分类表　　　　表5-1

风险分类		对每类风险采取的措施
Ⅰ	特高风险　不容许发生的	必须清除
Ⅱ	高风险　不希望发生的	只有当风险无法减少并且得到有关管理部门同意后才可接受
Ⅲ	中等风险　可容许发生的	经适当控制并得到有关管理部门同意后可以接受
Ⅳ	低风险　可忽略发生的	经/不经有关管理部门同意都可接受

（3）某地铁事故风险类别定性分析过程举例（表5-2）

风险分析报告表 表5-2

工作名称：电客车检查				工作位置：列车停留库			No.001		
分析人员：贾××		工作组别：1		日期：××××-××-××			审核人员：郭××		
工作步骤	工序说明	已辨识的危险	危险成因	危险造成的后果	现有控制措施	可能性（频率）	严重性	评定风险	改善建议
1	转向架检查	碰头	高度不够	脑震荡或划伤	佩戴合格的安全帽	每年5次	轻微	I	在入口处增加"佩戴安全帽"的标识
		触电	受流器带电	死亡或伤残	穿合格绝缘鞋远离受流器	无	很严重	II	安装远离受流器标识
2	电器箱检查	触电	光线不足	车辆受损；人员电击感觉、伤亡	带手电，穿合格绝缘鞋	每年1~2次	轻微	IV	增设照明灯
3	空压机和齿轮箱的检查	烫伤	温度过高	落疤	带棉纱手套	每年20次	轻微	IV	增设"油温过高""佩戴手套"的标识

（4）风险管控在城市轨道交通运营安全中应用的优势

风险管控体系是一个动态的系统，它是对社会经济组织及其生产经营活动、生产经营场所的安全构成因素的作用进行评估量化，再经过一定的计算方法，得出一个量化结果，这个结果既能反映地铁运营安全现状又能预测其一旦发生事故的后果。依据法律法规，将该结果与地铁运营的经济活动、社会活动挂钩，利用市场机制的调节作用，从而改变市场机制中的利益关系、价格水平、供求关系、竞争能力和风险程度，利用市场规律管理安全生产工作的一个动态过程。

（5）风险管控在地铁运营安全事故中应用存在的问题

我国地铁运营行业在建立科学有效的风险管控体系，确定统一、规范的安全评估标准方面还须进一步推广和深入。另外，实现风险管控存在的问题：风险与可靠度概念的混淆；实现风险管控的内容和流程不完善、不规范；对风险决策分析存在误区；保险并不是风险处理的唯一方式；风险管控需要全过程跟踪与管理。

【研讨与质疑】

举例说明城市轨道运营企业安全风险有哪些。

四 安全生产监督与检查

安全生产的核心是防止事故，事故的原因可归结为人的不安全行为、物（生产设备、工具、物料、场所等）的不安全状态和管理的缺陷。预防事故是从防止人的不安全行为、防止物的不安全状态和完善安全生产管理三个方面着手。生产是一个动态的过程；在生产过程中，正常运行的设备可能会出现故障，人的操作受其自身条件（安全意识、安全知识技能、经验、健康与心理状况等）的影响可能会出差错，管理也可能会有失误，如果不能及时发现这些问题并解决，就可能导致事故，所以必须及时了解生产中人和物以及管理的状况，以便及时纠正人的不安全行为、物的不安全状态和管理中的失误。

（一）安全生产监督检查的目的

安全检查的目的是查隐患、抓整改、堵漏洞、保安全。为了能及时地发现这些事故隐患，及时采取相应的措施消除这些事故隐患，从而保障生产安全进行。安全生产检查是安全生产管理的重要手段。

（二）安全生产监督检查的内容

针对检查的目的，安全生产检查的内容可分为以下几个方面。

1.检查物的状况是否安全

检查生产设备、工具、安全设施、个人防护用品、生产作业场所以及生产物料的存储是否符合安全要求。

重点检查危险化学品生产与储存的设备、设施和危险化学品专用运输工具是否符合安全要求。

检查在车间、库房等作业场所设置的监测、通风、防晒、调温、防火、灭火、防爆、泄压、防毒、消毒、中和、防潮、防雷、防静电、防腐、防渗漏、防护围堤和隔离操作的安全设施是否符合安全运行的要求，通信和报警装置是否处于正常适用状态，危险化学品的包装物是否安全可靠，生产装置与储存设施的周边防护距离是否符合国家的规定，事故救援器材、设备是否齐备、完好。

2.检查人的行为是否安全

检查有否违章指挥、违章操作，违反安全生产规章制度的行为。

重点检查危险性大的生产岗位是否严格按操作规程作业，危险作业有否执行审批程序等。

城市轨道交通运营过程中还必须检查动火证、临时用电证、施工许可证等。

3.检查安全管理是否完善

检查安全生产规章制度是否建立健全，安全生产责任制是否落实，安全生产管理机构是否健全，安全生产目标和工作计划是否落实到各部门、各岗位，安全教育是否经常开展使职工安全素质得到提高。

安全生产检查是否制度化、规范化，检查发现的事故隐患是否及时整改，实施安全技术与措施计划的经费是否落实，是否按"四不放过"原则做好事故管理工作。

重点检查所使用的危险化学品储存、运输、废弃处置的人员和装卸管理人员是否都经过安全培训并考核合格取得上岗资格，储存危险化学品装置是否按要求定期进行安全评价并对评价报告提出的整改方案予以落实，危险化学品的运输、装卸、出入库核查登记和剧毒化学品流向和储量记录，以及仓储保管与收发是否符合《危险化学品安全管理条例》的规定，是否制订了事故应急救援预案并定期组织救援人员进行演练。

（三）安全生产检查的形式

安全检查的形式要根据检查的对象、内容和生产管理模式来确定，可以有多种多样的形式，城市轨道交通运营企业的安全检查形式主要有：

230

1.运营一线岗位的日常检查

运营一线岗位员工每天操作前,对自己岗位进行自检,确认安全才操作,以检查物的状况是否安全为主,主要有:

(1)设备状态是否完好、安全,安全防护装置是否有效。

(2)工具是否符合安全规定,个人防护用品是否齐备、可靠。

(3)作业场所和物品放置是否符合安全规定。

(4)安全措施是否完备,操作要求是否明确。

(5)检查中发现的问题应解决后才作业,如自己无法处理或无把握的,应立即向班组长报告,待问题解决后才可作业。

2.安全人员日常巡查

专业安全工程师、安全员等专兼职安全管理人员每日、每班深入对现场巡视,检查安全生产情况,主要内容有:

(1)作业场所是否符合安全要求。

(2)操作人员是否遵守安全操作规程,有否违章违纪行为。

(3)协助生产岗位的员工解决安全生产方面的问题。

3.定期综合性安全检查

从检查范围讲,包括企业组织对全公司各车间、部门进行检查和车间组织对本车间各班组进行检查,检查周期根据实际情况确定,一般全公司性的检查每年不少于2次,车间的检查每季度一次。

全公司的综合性安全生产检查是以企业和车间、部门负责人为主,安全管理人员、职工代表参加组成检查组,按事先制订的检查计划进行,主要是检查各车间、部门的安全生产工作开展情况,以查管理为主。

检查安全生产责任制的落实情况,查领导思想上是否重视安全工作,行动上是否认真贯彻"安全第一、预防为主的方针",查安全生产计划和安全技措计划的执行情况,安全目标管理的实施情况,各项安全管理工作(包括制度建设,宣传教育、安全检查、重大危险源安全监控、隐患整改等)开展情况,查各类事故(包括未遂事故)是否按"四不放过"的原则进行处理,事故应急救援预案是否落实,有否组织演练。

对设备的安全状况进行检查,对主要危险源,安全生产要害部位的安全状况要重点检查。

检查应按事先制订好的安全检查表的内容逐项检查,对检查情况作出记录。

对检查发现的隐患要发出整改通知,规定整改内容、期限和责任人,并对整改情况进行复查。

检查组应针对检查发现的问题进行分析,研究解决办法,同时根据检查所了解到的情况评估企业、车间的安全状况,研究改善安全生产管理的措施。车间对班组的检查也基本是这样。

4.专业安全检查

有些检查其内容专业技术性很强,需由懂得这方面知识的专业技术人员进行,比如锅炉压力容器、起重机械、电扶梯等特种设备的安全检查,电气设备安全检查,消防安全检查等。这类检查往往还要依靠一些专业仪器来进行,检查的项目、内容一般是由相应的安全技术法规、安全标准作了规定的,这些法规、标准是专业安全检查的依据和安全评判的依据。

专业安全检查可以单独组织,也可以结合定期综合性检查进行。

5. 季节性安全检查

不同季节的气候条件会给安全生产带来一定的影响,比如春季潮湿气候会使电气绝缘性能下降而导致触电、漏电起火、绝缘击穿短路等事故;夏季高温气候易发生中暑;秋冬季节风高物燥易发生火灾;雷雨季节易发生雷击事故。

季节性检查是检查防止不利气候因素导致事故的预防措施是否落实,如雷雨季节将到前,检查防雷设施是否符合安全标准;夏季检查防暑降温措施是否落实等。

事故主要发生在一线岗位上,一线岗位日常检查和安全人员日常巡查其检查周期短、检查面广能够很及时的发现一线岗位上的不安全问题,对预防事故有很重要的作用,要认真做好。

(四)检查工作的组织领导

安全检查要取得成效,不流于形式,不出现疏漏,必须做好检查的组织领导工作,使检查工作制度化、规范化、系统化。

1. 要明确检查职责

安全检查的面广、内容多,专业性强,有不同的检查主体和检查周期,如果职责不清检查工作就难落实。

要通过制度明确规定各项检查的责任人。比如,岗位日常检查工作可纳入岗位安全操作规程,由操作工负责。安全人员日常巡查工作在安全人员岗位责任制中具体规定。专业安全检查的职责可按"管生产必须管安全,谁主管谁负责"的原则,按设备设施的管辖确定检查职责,如设备维修部门管的起重设备的专业检查由设备维修部门负责。

2. 要有可行的检查方案

检查要有方案,具体规定检查的目的、对象、范围、项目、内容、时间和检查人员,这样才能保证检查工作高效有序进行、避免漏检。

检查方案由检查的组织者制订,检查的具体项目、内容、要求、方法等专业技术方面的内容应先制订安全检查表。检查时对照检查表逐项检查,作出检查纪录,保证了检查质量,提高了工作效率,也避免了漏检。

检查人员要熟悉业务,在现场检查中能识别危险源和事故隐患,并掌握相应的安全技术标准。

3. 要做好跟踪验证

要做好整改和分析总结工作,整改中发现的问题要定出具体的整改意见(包括整改内容、期限和责任人),并对整改结果进行复查和记录。

要根据检查所了解的情况、发现的问题进行分析、研究、评估,以便对总体的安全状况、事故预防能力有一个正确的认识,制订进一步改善安全管理、提高安全防护能力的具体措施。

(五)安全检查表

安全检查表是安全检查的工具,是一份检查内容的清单,使用检查表进行检查有利于提高检查效率和保证检查质量,防止漏检、误检。

1.检查表的种类

(1)按检查的内容分类

①检查安全管理状况的检查表。这类检查表还可细分为安全制度建设检查表、安全教育检查表、检查安全制度建设、事故管理检查表等。主要检查安全生产法规贯彻执行情况,检查管理的现状,管理的措施和成效,以便发现管理缺陷。

②检查安全技术防护状况的检查表。按专业还可分为机械安全检查表、电气安全检查表、消防安全检查表、职业危害检查表等,主要检查职业安全卫生标准执行情况;检查生产设备、作业场所、物料存储是否符合安全要求。检查危险源是否采取了有效的安全防护措施,安全防护设施是否运转正常,使危险源得到可靠的控制,以便发现物的不安全状况。

(2)按检查范围分类

全公司的检查表,车间的、班组的、岗位的检查表。

(3)按检查周期分类

日常检查的检查表和定期检查的检查表。

2.检查表的编制

安全管理状况的检查表是依据国家安全生产法规,并结合企业安全生产规章制度来编制的,检查内容就是法规对企业安全生产管理的要求,是检查企业安全生产的各项管理工作是否都按法规的要求做好。

安全技术防护状况的检查表的编制,是一项专业性很强的工作,要制订一个能全面识别检查对象各种危险性的检查表,需做好以下工作:

(1)组织熟悉检查对象情况的人员,包括设备、工艺方面的专业技术人员、管理人员、操作人员共同参与编制工作。

(2)全面详细了解检查对象的结构、功能、运行方式、工艺条件、操作程序、安全防护装置,以及常见故障和发生过的事故的过程、原因、后果。

(3)以检查对象为一个系统,按其结构、功能划分为若干个单元,逐个分析潜在危害因素,将危险源逐个识别出来并列出清单。

(4)依据安全技术法规、职业安全卫生标准、技术规范的要求,对识别出来的危险源逐个确定危害控制的安全要求、安全防护的措施以及危险状况识别判断的方法。

(5)综合危险源分布状况和危险源危害控制的要求列出检查表。安全检查时就是将列的全部危险源逐一检查,看其安全防护措施是否符合安全要求,不符合的予以整改。编制出的检查表还需经实践检验,不断完善。

(六)安全检查技巧

要达到安全检查的应有效果,就必须在"懂、活、新、细、严、狠、恒"上下功夫。

1.懂,即要懂业务

检查组成员必须是安全管理、安全生产技术方面的内行。常言道:"行家一伸手,就知有没有","内行看门道,外行看热闹"。

2.活,即方法要活

安全检查要能及时发现问题,并找出存在问题的关键,很重要的一点,就是检查的方式方法要灵活多变,做到常规检查与突击检查、专项检查与全面检查、平时检查与节日检查、纵向检查与横向检查交替进行,不固守一种模式,增强检查的实效性。

3. 新,即人员要新

检查组成员要进行不断调整,采用各检查组之间相互交流和经常补充替换的办法,保证每一次检查都有新人出现,从而能在检查中打破常规的思维定式,体现新思想、新办法、新要求。

4. 细,即检查要细

要坚持做到不检查则已,要检查就要认认真真、仔仔细细,远与近兼顾、重点与一般兼顾、条件好的地方与条件差的地方兼顾,横向到边,纵向到底,不留死角,全面覆盖。

5. 严,即要严谨分析

对查出的问题,要进行严谨科学的分析,找出存在问题的根源,分析存在问题可能带来的后果,提出防范再次出现类似问题的办法,让大家从中掌握知识,学到经验,吸取教训。

6. 狠,即要狠抓整改

对查出的事故隐患,要落实整改措施、整改时间、整改标准和整改责任人,建立整改反馈和复查考核制度,狠抓整改不放松,不达目标不罢休,绝不让安全隐患有藏身之处,用制度和机制来提高安全检查的执行力。

7. 恒,即要持之以恒

安全工作的长期性、复杂性、艰巨性和反复性,决定了安全检查必须做到持之以恒,切不可忽冷忽热,想起来就搞一次,工作闲下来就抓一回,上级督促安排了就动一下,如果这样就难以起到警钟长鸣的目的,稳定的安全生产环境就难以形成。

某城市轨道交通运营企业安全检查表样表见表5-3。

某城市轨道交通运营企业安全检查表样表　　表5-3

序号	安全检查种类	安全检查种类定义	安全检查内容	安全检查频次	处理措施
1	岗位班组安全检查	岗位班组安全检查是每位员工对本岗位所负责的各种设备、设施所进行的基本性能测试和一般检查	①班组安全检查班前检查和运营中安全检查;②对本岗位工作进行自检,杜绝违章操作现象;③工作区域内是否整洁,地面是否有杂物、是否有散乱工具、是否有乱堆乱放现象;④各种工具是否完备,使用或操作的设施设备性能是否正常;⑤各种电气设备运转是否正常,线路开关是否有异常情况;⑥各种消防设备,如消防栓、便携式灭火器是否按原位摆放并检查安全通道是否有物品堵塞;⑦乘客指示系统是否显示正常(例如出入指标、方向指示、紧急出口指示、警告牌、不准进入牌等),各种临时性服务导向标志是否完好、使用是否正确	岗位检查必须坚持日检制度,在交接班时必须进行检查,工作过程中进行不间断巡查。运营期间车站防火巡查每2小时一次,各部门职责范围内管理设备房间必须做到日检两次,早晚交接班时各一次,各部门应确定巡查人员、内容及部位。倒班人员按实际交接班时间进行交接巡视	岗位安全检查中,对发现安全问题应及时处理并逐级上报,对不能独自解决的问题或问题重大时应及时上报上级领导;对于紧急问题可以越级上报,以求迅速解决

序号	安全检查种类	安全检查种类定义	安全检查内容	安全检查频次	处 理 措 施
2	中心站、室级安全检查	中心站、室一级安全检查是中心站长和中心站安全员对其中心站所管辖区各类安全管理工作进行检查	①对本站建筑设施隐患部位防护进行检查(出入口大门、玻璃)并监督防护措施落实情况；②对本站设备设施良好情况进行检查(安全门、消防设施、AFC设备、电扶梯、各类安全备品)；③对本站工作人员岗位安全职责、各项工作记录、操作流程进行检查；④对本站安全隐患进行定期检查,制定安全隐患防护措施；⑤对本站学习公司安全文件落实情况进行检查,并进行学习考核；⑥对本站各项操作规程及熟练使用程度进行检查(消防设备设施、行车设备设施)	中心站负责人及安全员应每月组织相关人员对本中心站进行一次检查,节假日应提前一周进行检查。各站安全负责人应对本站安全工作进行不定期安全检查	中心站应对本站各类安全隐患进行分类(隐患、部位、故障原因、防护措施)并加以控制,对发现问题及时上报相关部门解决

【研讨与质疑】

您认为城市轨道运营企业应如何开展运营安全监督检查工作?

五 安全行为学与心理学应用

(一) 安全行为学

1. 概述

安全行为学综合运用了心理学、行为学、管理学、人类工效学等学科的原理、方法及研究手段,研究有关人的心理、生理、行为与安全的问题,揭示了人在工作、生产环境中的行为规律,从安全管理的角度分析、预测和正确引导人的行为。安全行为学作为安全科学的分支,同时也是一门涉及安全学、心理学、社会学、行为学、人类工效学、组织行为学、管理学等与人的安全行为有关的学科理论的交叉边缘性学科。

广义的安全行为学应该包括有与安全有关的人的行为研究。这里重点探讨在特定的工作、生产环境中人的安全行为的内在规律。通过分析和研究人的安全行为特性,来提高分析、预测、控制和改变人们工作中安全行为的能力,从而提高安全管理效能,达到安全生产的目的。

2. 安全行为学的方法

安全行为学的众多研究方法都是在综合了其他学科研究方法的基础上发展起来的,并自成体系。安全行为学的沿用研究方法主要有测量法、观察法、实验法、询问法、因素分析法、预测法、系统分析法、案例分析法等8种。

3. 安全行为学的基本内容

行为科学理论与安全行为在安全领域中运用行为科学关于个体行为、群体行为、领导行为与组织行为的理论研究人的行为规律,对激励安全行为、控制和避免不安全行为、预防事故的发生具有极其重要的作用。

安全行为科学研究人的失误问题,主要对人的失误控制理论和控制对策进行研究。其内容有:需要、动机、激励因素、安全态度、情绪、人际关系、群体行为、个体及个人社会生活背景等对人的失误的影响;对不同年龄段员工的行为、习惯、倾向与规律分析,对人的失误进行分类,针对各种失误类型研究控制人为过失的各种行为管理理论和具体控制对策;研究增强人的可靠性问题的理论和措施,研究预测人的失误率的理论和方法等;提高安全行为管理水平,降低人为因素造成的事故。

对员工的职业适应性研究应是安全行为科学的基本内容之一。个性特征的差异及员工对所从事职业的适应性与事故发生率有极其密切的关系。如人的各种安全行为模式及行为控制模式,研究影响人的心理及安全行为的社会环境因素及环境的设计与改进等,从而提高人的行为的控制能力,减少人因事故的发生。

4. 不安全行为

(1)不安全行为定义

可能导致超出人们接受界限的后果或可能导致不良影响的行为,通俗地讲,就是指造成事故的人为错误,是人为地使系统发生故障或发生性能不良事件,是违背设计和操作规程的错误行为。

(2)不安全行为分类

①直接作业环节管理方面的不安全行为;

②安全生产管理方面的不安全行为;

③设备管理方面的不安全行为;

④关键装置(要害岗位)安全监控管理方面的不安全行为;

⑤环保管理方面的不安全行为;

⑥职业卫生管理方面的不安全行为;

⑦安全教育方面的不安全行为;

⑧综合管理方面的不安全行为;

⑨社区生活安全方面的不安全行为。

(3)组织的不安全行为

在组织的经营宗旨、政策、措施等经营战略中没有把安全放在应有的位置上,没有制订或者没有完善安全生产的规划和措施,在具体的经营过程中,忽视安全管理,给安全生产带来不良影响的现象。

(4)个体的不安全行为

个体从事的导致事故或不良影响的行为。导致不安全行为发生的十种心理因素:①骄傲自大,好大喜功;②情绪波动,心神恍惚;③技术不精,遇险惊慌;④思想麻痹,自以为是;⑤不思进取,盲目从众;⑥心存侥幸,明知故犯;⑦懒惰作怪,敷衍了事;⑧心不在焉,满不在乎;⑨好奇乱动,无意酿祸;⑩工作枯燥,厌烦心理。

(5)不安全行为致因

①忽视规章制度造成的失误;

②感知器官造成的判断失误;

③记忆受到干扰形成的失误;

④信息联络与确认的失误；

⑤临场动作错误；

⑥疲劳状态下的失误；

⑦异常状态下的失误。

5. 预防不安全行为导致事故的对策措施

(1)合理设计机器的安全防护装置

机器安全装置是确保机器本质安全,防止事故发生的重要措施。对于人机系统而言,从预防人的不安全行为角度出发,必须进行操作安全设计。对于操作安全设计,主要包括按人机工程学原理设计和配置显示及控制装置,也就是从人体角度考虑足够的进出通道的横向纵向尺寸、设备的最佳操作区域和净距,充分考虑采取站立、坐、跪、卧等姿势操作或控制时的适宜安装高度、角度等,以及使用各种工器具时的安全空间及防护措施。进而使显示、控制装置的设计满足易看、易听、易判断、易操作的要求,例如紧急停车按钮等应设置在人手易于抓到而且能快速操作的位置;为防止误判断、误操作有些机器设备还需设置报警和故障保险、内部连锁装置。合理设安全防护装置的目的是为了排除作业中客观存在的危险,避免诱发人的不安全行为因素的消极互动而导致事故的发生。

(2)创造良好的作业环境

作业环境是指在劳动生产过程中的大自然环境和因生产过程的需要而建立起来的人工环境。这里所谈的创造良好的作业环境是指为生产需要建立的人工环境。创造一种令人舒适而又有利于工作的环境条件是非常必要的。在生产实践中,由于技术、经济等条件的限制,创造舒适作业环境条件有时难以得到保证。在这种情况下,应创造一个允许的环境,首先保证在不危害人身健康和不受到伤害的范围之内,同时要有其他辅助措施(如监测手段、使用个人防护用品等)避免诱发不安全行为。如对于因噪声引起的人为差错,主要应对噪声采取控制措施,确定噪声控制措施时,主要从三个环节考虑。首先是从声源上根治噪声,如果技术上不可能或经济条件所限,则应从噪声传播途径上采取控制措施(如利用吸声、隔声、减振、隔振降噪)。若仍达不到要求时,则应在接受点采取个人佩戴耳塞、耳罩等防护措施。总之需要从作业环境的细节入手,排除产生不安全行为的不良环境因素。

(3)人为差错原因及预防措施

常见的人为差错原因主要有:操作者注意力不集中、违反安全操作规程、未按规定使用劳动防护用品、没有注意一些重要的显示、操作控制不精确、使用控制装置的错误或以不正确的顺序接通控制装置、仪表读表中的错误、仪表因故障不可靠、疲劳、振动和噪声、尘、毒、高温、采光照明等。对于上述一些人为差错原因可以根据人机工程学原因采取相应的对策措施加以克服和消除。对于操作者注意力不集中的问题,可在机器设备重要的位置上安装引起注意的装置,在各工序之间消除多余的间歇,并应提供不分散注意力的作业环境。对于违反安全操作规程的问题,应对有关人员进行全面深入的安全教育培训。培训操作者使其意识到生产过程的危险并自觉遵守避免危险的程序;应把安全技术培训纳入整个技术培训计划之中,培训操作者熟练掌握本岗位安全操作技术,并能严格遵守安全操作规程;对操作难度大而复杂的工种,应建立稳定有效的安全操作行为模式,注意操作者的操作动作,并给予及时纠正和指导。为了提醒操作者注意一些重要的显示,可采用声、光报警或鲜明对比手段吸引操作者对重要显示的注意。对于使用控制装置的错误问题,对控制装置关键的操作顺序应提供联锁装置,并将控制装置按其用途以一定的顺序配置。对于仪表读数中的错误,应注意消除视觉误差,移动读表人的身体位置,避免不合理的仪表安装位置或更换不合理的仪表,为了确保仪表的可靠准确,应使用经定期试验和调试校准过的仪表。也就是说,可通过改善作业内容,合理调节作业速度,减少过长的精力集中时间,合理安排作业与休息,改善不合理的工作位置和姿势,提供舒适的工作环境等一系列措施,来减少操作者的不安全行为。

（4）安全教育和安全管理

安全生产的实践说明提高人的素质是非常重要的,因为一切生产活动都是通过人来实现的。为了提高人的素质,就必须进行教育,包括基础文化教育、安全教育、道德教育和专业技术教育,提高人的素质可以提高人在工作中的可靠性。安全管理工作对预防不行为安全的影响很大——主要任务有宣传、执行安全生产方针、政策、法规和规章,并监督相关部门安全职责的落实情况,审查安全操作规程并对执行情况进行检查,参与干部、职工的安全教育与培训等工作。可见,管理工作同样对预防不安全行为具有重要的主导作用。

（二）安全心理学

随着中国城市规模和经济建设的飞速发展,地面交通已无法满足城市运输需求。同时,发展轨道交通已成为一个城市的现代化综合实力和人们生活水准的重要标志。同时运营高效、安全生产、成本控制等诸多方面压力凸显。

某国家级重点心理研究中心自2008年12月20日至2009年11月10日,与某地铁公司进行了为期一年的地铁从业人员心理压力数据采集与分析的研究工作,最后提供给北京地铁二分公司的报告包括（但不仅仅包括）以下几组数据:

（1）地铁员工的压力水平要远高于普通人群,"压力水平很高"的员工占所有参评人员的18.44%,这一比例远超出正常人群3倍多。

（2）员工因心理压力引起的生理、情绪、认知和行为反应呈现出高位水平的人员较多,均超过普通正常群体的比例;各年龄段中以18～25岁人群压力水平最高,在各职业人群中管理人员的压力水平显著高于其他职业人群。

1. 意外事故原因

意外事故发生的原因,可分为人的因素和物的因素两个方面。人的因素有疲劳、情绪波动、不注意、判断错误、人事关系等。物的因素如设备发生故障等。物的因素之所以导致事故,又与人的管理不善、维护不良等有关。因此,在人和物这两个因素中,人的因素是主要的、大量的。在生产越来越自动化的情况下,人的劳动由具体操作向感知判断转换,由技能向技术转换,由动向静转换,人的因素就更显得突出。

2. 事故肇事者个人因素

对事故肇事者个人因素,包括智力、年龄、性别、工作经验、情绪状态、个性、身体条件等的研究表明,智力与事故的发生率并不呈负相关关系。智力高者在从事较为一般的工作时有时也会发生事故;而智力低者在从事智力要求较低的工作时,发生事故的情况并不多。年龄与事故的发生却有明显的联系,很多工种中的事故多发生在年轻工人身上。如在交通事故中,约70%的事故发生在30岁以下的司机身上。情绪因素与工伤事故发生率的关系表明:工人愉快和满足时工伤事故发生率低;愤怒、受挫、忧虑时工伤事故发生率较高。

从人的因素出发解释事故发生的原因时,有两种理论较为流行,一种是事故倾向理论,另一种是生物节律理论。

事故倾向理论假设事故总是由少数几个人造成的,这几个容易出事故的人,不管工作情境如何,也不管干什么工作,总要出事故。研究也确实表明,50%的事故是由10%的人造成的。这些人就是所谓的易出事故者。根据这一理论,只要对易出事故的人加以分析,发现他们个性的共同特征,然后把这些共同的个性特征作为标准,就可以预测出易出事故者。这就为减少事故提供了依据。

生物节律理论认为人的体力、情绪和智力是起伏变化的,它们各有自己的高潮期和低潮期。体力23天、情绪28天、智力33天为一周期。在高潮期与低潮期相互转移的"临界期"间,由于机体内部发生剧烈变化,往往注意力不集中、心不在焉,所以容易出差错。如果在临界期内多加注意,即可避免事故的发生。节律周期的换算方法是以出生日为基点,将出生日至测定当天为止的总天数分别除以23天、28天和33天,其余数即为当天的体力基数、情绪基数和智力基数。

3. 安全心理学对安全生产的意义与作用

(1)意义

在安全生产管理活动中,通过研究分析广大生产人员的心理,了解他们在各自岗位上的需求与愿望,预测他们的工作行为及动向,有利于制订出切合实际、保护广大员工的安全管理措施和制度。

(2)作用

①可以为工程技术设计、制造部门提供设计、制造施工机械、施工器具及防护用品的依据;

②为生产环境的改善提供指导;

③能够为安全部门制订更加科学合理的法规、条例、制度、办法提供参考依据,进而提高安全管理水平;

④可为安全教育提供理论依据,用更加有效的方法、手段来进行各类教育、培训活动;

⑤可以在分析事故时提供深层次的解释,进而找到预防事故的措施和方法。

(3)影响

人的心中没有安全常识、安全意识淡薄,一旦具备事故苗头,又不采取任何措施,就很容易造成严重事故。只要是有游击队似的"三工"存在,那就是安全工作的"薄弱地带",更要进行耐心细致的思想工作。研究其心理特点,注意工作方式方法,才能起到很好的作用。

人的心理活动对其在生产工作中的影响是极大的,从心理学的范畴来说,包括:感觉、知觉、记忆、情绪、情感、意志、注意力、需要、动机、兴趣、性格、气质、能力,这些属于人的心理活动,都是心理学研究的内容。可以看出,这几乎涵盖了人的所有情绪活动及思维活动。

4. 容易发生事故的心理状态

①疲劳:体力疲劳、心理疲劳、病态疲劳。

②情绪失控:喜、怒、哀、乐。

③下意识动作：由于长期的工作行为、工作动作习惯，导致在特殊情况下发生危险动作。

④侥幸心理。

⑤自信心理。

⑥省能心理：花最少的力气、时间，做最多的事，获取最大的回报。

⑦逆反心理：由于批评、教育、处罚方式不当、粗暴，产生对抗心理，正好是一种与正常行为相反的叛逆心理。

⑧配合不好：有心理原因的，也有管理、技术方面原因的。

⑨判断失误：导致小事变大事。

⑩心理素质不适合从事某项工作。

⑪注意力问题：不集中或过分集中都不好。

5. 杜绝或减少不利于安全的心理状态产生的措施

为防止意外事故的发生，安全心理学提出一些对策，如从业人员的选拔（即职业适宜性检查），机器的设计要符合工程心理学要求，开展安全教育和安全宣传，以及培养安全观念和安全意识等。

（1）宣传、教育、基本培训

岗前培训：在上岗前针对工作实际情况再培训，并在实际生产过程中实行传、帮、带；优化工作环境；警示牌、宣传牌、危险告示牌；落实8个字：人人、事事、时时、处处，都要讲安全，处于安全状态中；强化规章制度的约束力；注意劳逸结合；管理者注意工作方式方法。

（2）压力管理服务措施

在长期为各类客户提供服务的过程中，阳光易德创建并完善出一套行之有效的构建压力管理服务体系，即从岗位特色出发、划分不同员工群体、分别提供不同服务。根据地铁行业的特点，结合过往实践经验，对地铁行业的压力管理服务可在中高层管理人员、司机、站务及其他人员这三个群体基础上展开，从而系统有效地维护地铁员工心理健康。压力管理服务措施见表5-4。

压力管理服务措施 表5-4

组 织	个 人
有效提高员工的出勤率； 降低因压力问题导致的离职率； 提升工作绩效，降低出错率； 预防压力造成的健康问题，降低医疗费用支出； 有效缓解职业倦怠； 增强员工的凝聚力与归属感； 提升员工的工作满意度； 降低企业事故率，保障安全生产； 突发事件风险预警； 改善员工与管理者之间关系	科学评估压力水平，了解各压力源影响程度，明确压力应对方式； 建立个性化压力管理方案，提高压力管理针对性； 掌握压力管理与维护心理健康的技巧和方法，自主解决工作和生活中常见的问题； 提高压力管理与心理健康维护意识； 提高抗挫折和环境适应能力； 有效预防个人心理危机事件的发生； 通过家庭成员参与压力管理，提高家庭幸福度

①对中高级领导、驾驶员及其他职工开展针对性的压力管理、评测服务，全面掌握压力水平、压力来源和心理健康状况。

②构建中高层领导、驾驶员和其他职工这三个人群的压力管理与心理健康维护体系；

提供有针对性的心理支持及帮助;及时筛查并发现在心理健康方面存在问题的人员,为他们提供便捷、私密的诊疗途径,预防重大危机事件发生。

③通过企业"压力管理服务中心"建设,为职工提供压力评估、压力调适、心理宣泄、心理放松的场所和设施。

④制订及时有效的危机事件心理干预应急预案,对突发事件提供现场专家支持。

⑤开展员工关怀,重点关注压力较高人群,通过心理学专家讲座服务或培训,全面掌握心理学知识,建立自我调适的理论基础。

⑥建立岗位能力的量化心理指标,设立相关量化评估工具。

【研讨与质疑】

举例说明城市轨道运营企业如何开展安全活动。

六 安全信息技术的应用

(一)安全管理信息系统

1. 概念

安全管理信息系统是一个以人为主,利用计算机硬件、软件、网络通信设备以及其他办公设备,对管理信息进行收集、传递、加工、存贮、维护和使用,以提高效益和效率为目的,支持企业高层决策、中层控制、基层运作的集成化的人际系统。安全管理信息系统不仅仅是一个技术系统,而是把人包括在内的人机系统,它具有开放性、人工性、社会性等特点。

2. 系统组织结构图

(1)现代安全管理信息系统结构图,如图5-4所示。

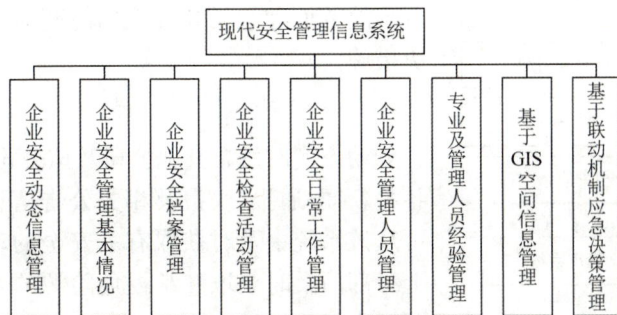

图5-4　安全管理信息系统结构图

(2)现代安全管理信息系统结构设计图,如图5-5所示。

(二)安全信息技术应用

1. 企业安全档案管理

企业安全档案管理系统如图5-6所示。该模块主要记录有关企业安全管理、安全使用及安全操作的法律法规、规章制度、安全事故以及发生过的一些重大人身伤亡事故,安全信息查询等。该模块主要针对企业事故档案、奖惩档案和设备档案等业务进行严格的流程化管理,自动生成各种相应登记表、注册表、统计表等,能生成设备参数统计表,然后进入审核流程,所有流程流转校验无误后,系统自动添加到数据库中存档。

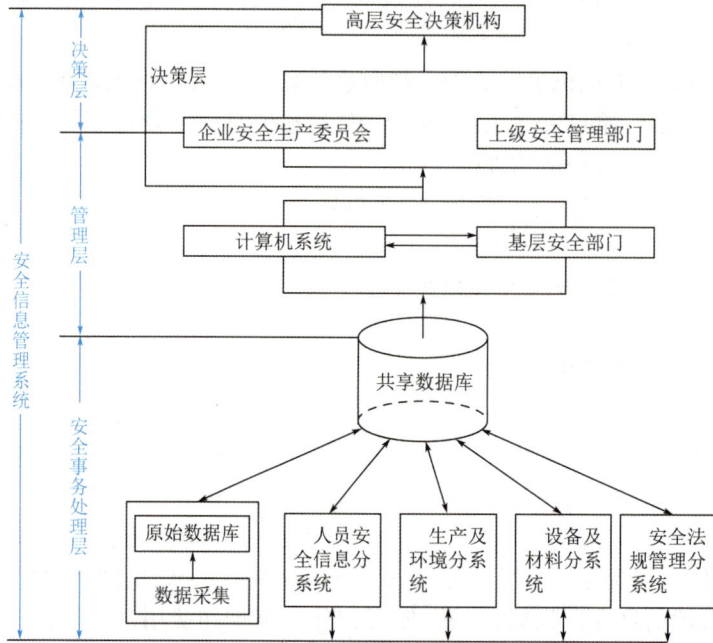

图 5-5　安全管理信息系统结构设计图

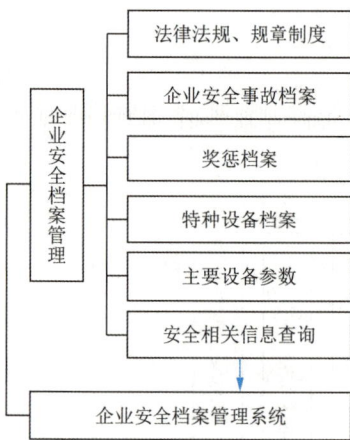

图 5-6　企业安全档案管理系统

其中,有关企业事故档案分为人为因素导致的事故、环境因素导致的事故、管理缺陷导致的事故和异常报告等各种档案的综合管理,要求评价危险或损失程度、分析事故原因、追究事故责任、研究事故预防等,整合事故的处理意见和合理的防范对策,并贯彻落实解决措施。

2. 企业安全动态信息发布

动态实时发布其他公司及该公司有关安全管理的各种新闻、通报、快报及相关公告信息,安全管理人员可从该系统中及时获取有关安全的动态信息,也方便上级部门及时获取和掌握危险源的安全管理动态,提高安全工作意识和管理水平。

3. 企业安全管理基本情况

针对不同性质的企业,应有不同的安全管理内容。通常包括:作业场所温度控制、湿度控制、供氧控制、通风控制、危险源控制、卫生区管理、作业人员环境、设备物体危害、违章性管理、该部门安全管理目标及年度全部工作计划等,这些是实施安全管理工作的关键环节。

4. 专业人士及安全管理人员的经验管理

将安全专业人士及安全管理人员的经验融入安全管理过程。安全管理本质上可视为诸多管理过程及要素的集合,不仅包括安全教育、安全培训、安全评价等多个过程,也包括管理者、一线员工、外部专家等多种要素。它们的相互融合,实践经验知识的输入、输出。

基于经验知识的安全管理概念的定义和理解(图5-7),其本质就是一种"由经验知识内容,通过经验知识活动,创造经验知识价值"的过程,而"输入""安全管理过程"以及"输出",正对应着安全学习日志意义上的"经验内容""经验活动"以及"经验价值",它们之间存在着天然的关联性。

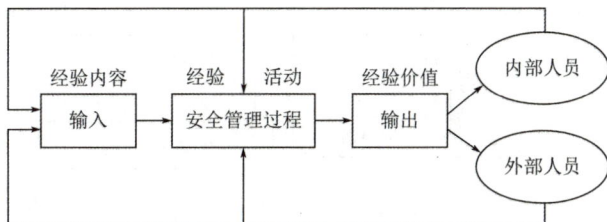

图5-7 基于经验知识的安全管理概念模型

5. 企业安全检查活动管理

企业安全检查活动管理包括:安全检查表、检查通知、工作总结、整改计划和机组检查等5项基本内容,也是实施对企业安全管理过程中的关键环节。

6. 企业安全日常工作管理

企业安全日常工作管理包括与企业安全相关的安全简报、安全通报、安监通知书、安全活动纪录、安全帽管理、试验台账、安全工作分析等。该模块主要针对日常工作中的隐患,填写数据,系统自动生成安监通知书,可及时通知责任人进行处理,有效消除隐患。

7. 企业安全管理人员管理

企业安全管理人员管理包括:安全管理人员的基本情况简介、值班情况、职责的划分、值班情况记录,以及请假、病假等管理。

通过安全管理人员的管理,一方面可以保证安全管理工作顺利进行,防止人员不足导致事故的发生;另一方面也可以有效利用人力资源,以免造成浪费,给企业增加经济上的负担

8. 基于 GIS 系统空间信息管理

传统的企业安全管理,把 GIS 系统应用到现代企业安全管理中,其主要可以实现以下功能:

(1)在功能上满足用户对基础数据录入、查询、修改及统计、报表的需要,并且为计算机成图系统提供数据接口,全部数据或查询结构数据能在电子地图上显示出来。

(2)用户可通过 GIS 系统定位要求查询位置信息,显示该区域的危险源分布、地理环境等信息。

(3)与图像监控系统结合,配合图像监控系统直观地查看监控点相关信息。

(4)在电子地图上直观了解案发地周围环境、案情、人员分布等相关信息。

(5)作为企业安全管理的一个重要的组成部分,可以用于辅助应急指挥方面,自动计算出控制案情。

(6)扩大的最佳路径,便于安全应急。

9.基于联动机制的安全应急决策管理

所谓联动就是指多个相关部门的联合行动。在整合和利用企业现有条件的基础上，采用现代信息等先进技术，建立集通信、指挥和调度于一体，高度智能化的应急决策系统，如图5-8所示。

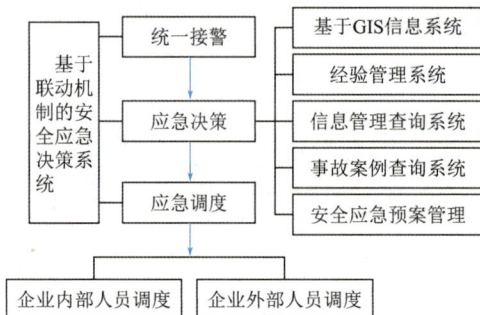

图5-8　基于联动机制的安全应急决策系统组织

应用该应急决策方式必须具备一定的基础，在企业内部需成立相应的应急决策组、通信组、救援组、消防组等，在企业外部必须与公安部门、消防部门及政府部门建立预设的联动方式。

通过该方式的应急决策，一方面避免了企业在安全管理的重复投资、重复建设，造成资源的浪费；另一方面可以使离散的数据库和信息资源得以相互联动和共享，有效地预防和控制了事故的发生。

（三）安全信息技术应用实例

1.安全心理实验计算机辅助系统

心理实验可以通过心理仪器测试人的心理和生理变化，也是安全心理学的重要研究工具。从心理学的角度来分析人的不安全行为以及导致不安全行为的心理生理因素变化，用心理实验的方法来测试人的行为的安全性。根据安全心理实验的方法和指标设定，从程序设计的角度讲述了安全心理实验计算机辅助系统的总体结构、各功能测试系统功能模块设计及开发实现过程。

2.压力管理服务中心的建立

压力危机有3~6个月的潜伏期，大企业的潜伏期会更长。这种影响有所表现时，企业员工的压力程度往往已经超出了正常承受范围，通常已经对企业造成了损失。压力的存在即有消极影响也有积极的作用，这取决于我们能否成功应对。压力无处不在，压力源无法消除，所以，压力管理的核心在于科学认知自身压力状况的前提下不断提升自身压力调节与控制能力。

根据城市轨道交通运营企业员工岗位分布及年轻一线员工的工作特点，作为压力疏导和员工关爱工程的重要组成部分，在服务单位内构建压力管理调适中心包括：压力放松室、压力宣泄室、心理咨询室，员工可随时通过多种训练，在一个轻松、舒适的环境中放松身心，使紧张心情逐渐恢复平静，掌握自我调适的方式方法，感受组织关爱。

（1）心理咨询室主要用于实施单个来访者心理辅导、咨询、心理危机干预。

（2）压力放松室集心理素质测评、能力训练、自助调适为一体，囊括想象、呼吸、肌肉、音乐等调适方法，可根据具体情况提供生理、心理多层面的智能放松与心理调适。缓解员工情绪困扰，维护心理健康。

压力宣泄室提供合理宣泄的房间场所，通过随心所欲地摔打宣泄器具尽情发泄内心的不良情绪，从而帮助其进行心理调适。传统宣泄区，包括物品（如沙袋、海绵墙、拳击手套、绒毛玩具、充气发泄棒等）与拟生（如充气人、塑胶人、充气小动物等）两大类，供来访者击打、发泄情绪。

3.心驿——压力与情绪管理系统

（1）用于个人进行压力调适训练和放松体验，并在体验过程中，便于职工掌握自主进行压力调适的技巧和方法。

（2）系统基于生物反馈和心理调适技术进行研制，是集生理指标监控、压力与情绪评估、心身状态调节、情绪稳定性训练为一体的智能系统。系统包含呼吸、想象、音乐、肌肉四大类型的调适放松方法，可用于缓解压力，改善紧张、疲劳等不良状态，提高情绪自控能力。结合从城市轨道交通运营企业的实际情况，可将本机器放置在各站休息室或值班室，用于缓解在岗人员的压力。

【研讨与质疑】
举例说明安全信息技术在城市轨道运营企业安全活动中的应用。

【学生讲坛】
1.试述城市轨道交通运营企业安全评价如何开展。
2.举例说明安全检查工作项目。

【知识测试】
重点内容：
1.安全评价和风险管控。
2.安全系统管理方法。
3.安全生产监督检查。

【技能训练】

模拟管理：制订企业安全评价工作方案

实训目标：
1.增强安全评价的理解。
2.掌握风险管控的内容。

实训内容与方法：
1.以学习小组为单位，选定城市轨道交通运营中的某项活动，正确制订安全评价工作方案。
2.所定方案必须体现风险管控的特点与要求。
3.学习小组在班级进行交流与研讨。

标准与评估：
1.标准：能正确运用安全评价要素，结合运营企业特点及要求，制订具有科学可行的方案。
2.评估：学习小组写出评价总结，根据研讨会上表现评定成绩。

任务三　城市轨道交通运营企业职业健康安全管理

明者远见于未萌，而智者避危于未形。

——汉代·司马相如《谏猎书》

【案例 5-3】　地铁员工有"职业病"吗？

事件经过：2020 年 7 月，某学校城市轨道交通运营管理专业毕业生小唐正式进入地铁工作，他听说每个行业都存在影响职业健康的"职业病"，小唐想到自己是一名站务人员，长期在地下车站上班，会不会也得"地铁职业病"，他想知道如何应对地铁中存在的职业健康危险因素？

【学生分析与决策】

1. 地铁员工职业健康安全危险有害因素有哪些，应如何有效控制？

2. 职业健康安全管理体系管理范畴是什么，如何建立并有效运行？

【知识研修】

一　职业健康安全有害因素

（一）职业健康安全有害因素概念

现代城市轨道交通建设、运营生产环境经常受到有害物质的污染，人如果长期在有污染的环境下工作，各种有害物质将对人体产生不良影响，轻的引起精神、感觉不愉快，工作效率降低，重则造成职业伤害，甚至危及生命。在劳动生产过程中、作业环境中存在的危害劳动者健康的因素，称为职业健康安全有害因素。

（二）职业健康安全有害因素来源

在生产过程中、劳动过程中、作业环境中存在的危害劳动者健康的因素，主要来源有：

1. 生产工艺过程

随着运营生产技术、机械设备、使用材料和工艺流程不同的变化，与运营生产过程有关的原材料、产生毒物、粉尘、振动、噪声、高温、辐射及传染性因素等因素有关。

2. 劳动过程

主要与运营生产工艺的劳动组织情况、行车设备布局、机械保障设备布置、运营管理规章与工作人员体位和方式以及智能化的程度有关。主要包括：

(1) 劳动组织和劳动过程不合理；

(2) 劳动强度过大和劳动时间分布不合理；

(3) 精神或心理过度紧张、劳动时个别器官或系统过度紧张；

(4) 劳动体位不良时间过长；

(5) 劳动工具布置、设备布局不合理等。

3. 作业环境

主要是工作人员所在作业场所的环境,如:

(1)工作房间室内操作空间狭小;

(2)室外气候条件不良;

(3)设备间位置设置不合理;

(4)照明不良、通风不畅;

(5)来自其他生产过程散发的有害因素造成的环境污染等因素。

(三)职业健康安全有害因素性质

1. 环境因素

(1)物理因素:是生产环境的主要构成要素。不良的物理因素,或异常的气象条件如高温、低温、噪声、振动、高低气压、非电离辐射与电离辐射等,都可以对人产生危害。

(2)化学因素:生产过程中使用和接触到的原料、中间产品、成品及这些物质在生产过程中产生的废气、废水和废渣等都会对人体产生危害,也称为工业毒物。毒物以粉尘、烟尘、雾气、蒸气或气体的形态遍布于生产作业场所的不同地点和空间,接触毒物可对人产生刺激或使人产生过敏反应,还可能引起中毒。

(3)生物因素:生产过程中使用的原料、辅料及在作业环境中都可存在某些致病微生物或寄生虫,如炭疽杆菌、霉菌、布氏杆菌、森林脑炎病毒和真菌等。

2. 与职业有关的其他因素

(1)如劳动组织和作息制度的不合理,工作的紧张程度等。

(2)个人生活习惯的不良,如过度饮酒、缺乏锻炼等。

(3)劳动负荷过重、长时间的单调作业、夜班作业,动作和体位的不合理等都会对人产生影响。

3. 其他因素

(1)社会经济因素,如国家的经济发展速度、过敏的文化教育程度、生态环境、管理水平等因素都会对企业的安全、卫生的投入和管理带来影响。

(2)职业卫生法制的健全、职业卫生服务和管理系统化,对控制职业危害的发生和减少作业人员的职业伤害都是十分重要的。

(四)城市轨道交通运营管理单位职业健康安全有害因素分析

通过对城市轨道交通运营现场做劳动职业卫生学调查,一般认为城市轨道交通客运列车、城市轨道交通车站、维护检修及控制中心工作人员在工作中接触或受到的主要职业健康安全有害因素主要为物理因素(高温、低温、噪声、振动、辐射、工频电场等)。

1. 噪声

通过对客运列车线路的调查,城市轨道交通列车在运行过程中主要存在噪声与振动的危害。列车驾驶员在驾驶室内工作时可受到较大的影响,站台工作人员在列车驶入和驶出车站时也将受到列车产生的影响。

地下铁道每个车站设有两个风机房,分别设在车站的两端,每个风机房内设一台风机。风机运行时会产生较大噪声,设备巡检人员也将受到不同程度的噪声影响。

2. 振动

城市轨道交通运营客运列车在运行过程中产生的振动,列车驾驶员在驾驶室内可受到全身振动的危害。

3. 辐射

城市轨道交通运营管理行车控制岗位、综合监控岗位在工作过程中主要负责对电视屏幕、电脑屏幕的监视、控制工作,同时通过无线电台、有线电台等通信工具进行沟通,每班工作在岗时间较长,容易形成辐射危害。

4. 紧张

安全、高效、舒适是城市轨道交通运营的优势,但同时也给客运列车驾驶员、行车监控人员、列车调度人员等岗位带来了精神高度紧张、压抑等职业危害。

5. 高、低温

城市轨道交通车站一般为地下车站,在北方的冬季里,地下车站没有空调供暖系统,加上通风换气,致使地下车站控制室较为寒冷,有的地区因过于寒冷,车站工作人员到春季还穿防寒服,同时风道巡检、环控通风制冷维检人员冬季也面临低温作业,容易形成冻伤等伤害,为职业健康安全危害。

随着轻轨、高速铁路的急速发展,高架站、地面站也成为城市轨道交通车站的一个主要部分,因为其在城市内,为了提高城市整体美观,有些城市轨道交通车站(地面站、高架站)外部装修采用强化玻璃材质,南方、北方夏天均有高温天气,容易形成温室,对车站站台工作人员身体伤害,存在高温职业健康危害。

6. 中毒、粉尘

在城市轨道交通构成网络化后,喷漆、焊接等工作量相应增加,也设有喷漆和焊接作业人员。同时在北方因为冬季比较寒冷,一些城市轨道交通运营单位在车辆段、停车场、维修基地等都设有取暖锅炉,其中一些锅炉为燃油锅炉。在喷漆作业、燃气锅炉司炉作业过程中,产生一些有害气体或残余物,对工作人员具有职业健康安全危害。

7. 工频电场

城市轨道交通运营一般都采用高压供电方式,高压输电设备运行时,特别是高压母线输电线路附近会产生工频电场,同样传输系统也会产生工频电场,因此作为设备维护检修人员来说,易接触到工频电场辐射职业健康安全危害。

8. 疲劳

城市轨道交通运营过程中,列车大多采用自动运行系统,运营组织过程主要由控制中心和车站控制室人员监控,这些岗位工作人员一般状态下比较单调,尤其是控制室人员因班制原因工作时间比较长,因此易产生疲劳现象,也会因此而引起职业健康安全危害。

【研讨与质疑】

你认为职业健康对运营安全有影响吗? 会带来哪些问题?

（一）作业环境温度对健康的影响及防范

1. 高温危害

（1）高温对人体的影响

高温作业人员的作业能力虽温度的升高而明显下降。研究资料表明，环境温度达到28℃时，人的反应速度、运算能力、感觉敏感性及动作协调功能都明显下降。普通作业人员的作业能力，35℃时仅为一般情况下的70%；重体力劳动作业人员的能力，30℃时只有一般情况下的50%～70%，35℃时则仅有30%左右。高温环境使劳动效率降低，增加操作失误率，引起中暑（热辐射、日射病、热痉挛、热衰竭）；长期高温作业（数年）可出现高血压、心肌受损和消化功能障碍等病症。

（2）高温作业的防范措施

高危作业的防护措施主要是根据各城市对限制高温作业级别的规定（例如建设项目宜消除Ⅲ、Ⅳ级高温作业，运营高架项目宜消除Ⅳ级及其以下高温作业）采取措施。

尽可能实现自动化和远距离操作等隔热操作方式，设置热源隔热屏蔽（热源隔热保温层、水幕、隔热操作室、各类隔热屏蔽装置）

通过合理组织自然通风气流，设置全面、局部送风装置或空调降低工作环境的温度。如供应清凉饮料。

依据相关规范规定，限制持续接触热时间。如设置休息室。

使用隔热服等个人防护用品。如风扇、隔热服等。

解决高温作业危害要做好防暑降温，主要措施是隔热、通风和个体防护。但解决的根本出路在于实现生产过程的自动化。

（3）城市轨道交通运营单位高温危害主要人群

玻璃亭外装修高架车站站台工作人员、变电所值班人员、地下车站控制室值班人员。

2. 低温危害

（1）低温对人体的影响

低温作业人员的作业能力随温度的下降而明显下降。如手皮肤温度降到15.5℃时，操作功能开始受影响，降到10℃时触觉明显减弱，降到8℃时，即使是粗糙作业（设计触觉敏感性的）也会感到困难，降到4～5℃时几乎完全失去触觉和知觉。即使未导致体温过低，冷暴露对脑功能也有一定影响，使注意力不集中、反应时间延长、作业失误率增多，甚至产生幻觉，对心血管系统、呼吸系统也有一定影响。长时间低温环境会引起冻伤、体温降低，甚至造成伤亡。

（2）低温作业、冷水作业的防范措施

实现自动化、机械化作业，避免或减少低温作业和冷水作业。控制低温作业、冷水作业时间。

穿戴防寒服（水套、鞋）等个人防护用品。

设置采暖操作室、休息室、待工室等。

冷库等低温封闭场所,应设置通信、报警装置,防止误将人员关锁。

(3)城市轨道交通运营管理单位低温危害主要人群

风道、风室巡检人员、冷却塔维检人员、地面站、高架站工作人员、地下站站台工作人员(尤其是北方冬天)。

(二)职业中毒及健康的影响及防范

由于接触生产性毒物引起的中毒,称为职业中毒。

(1)城市轨道交通运营单位有职业中毒危害,主要岗位有蓄电池车间作业、涂装作业、焊接作业。

(2)职业中毒危害主要人群包括蓄电池车间操作人员、涂装作业人员、焊接工。

(3)城市轨道交通运营单位职业危害防范措施有对生产过程中产生有毒有害气体、灰尘、油雾的场所或车间,设置全面通风或局部通风,配置必要的除尘、净化或回收装置;蓄电池间的充电台、化验室的化验台、油漆库等处设局部排风设施;蓄电池间设单独排风系统,并采用无泡沫净化塔设备;油漆库排风系统采用活性炭吸附洁净化;熔焊车间采用焊接烟尘净化器除尘通风。

(三)噪声与振动对健康的损害及预防

使人心理上认为是不需要的,使人厌烦的,起干扰作用的声音统称为噪声。在生产中,由于机器转动、气体排放、工件撞击与摩擦所产生的噪声,称为生产性噪声或工业噪声。

1.噪声的分类

(1)空气动力噪声。是指由于气体压力变化引起气体扰动,气体与其他物体相互作用所致的噪声。如城市轨道交通运营管理过程中的各种风机、空气压缩机等。

(2)机械性噪声。是指在机械撞击、摩擦或质量不平衡旋转等机械力作用下引起固体不见振动所产生的噪声。如城市轨道交通运营管理过程中的车轮与轨道的撞击、摩擦等发出的噪声。

(3)电磁性噪声。是指由于磁场脉冲,导致所引起电器部件振动所致的噪声。如城市轨道交通运营管理过程中发电机、变压器等产生的噪声。

城市轨道交通运营过程中的噪声源很多,即使一台设备也可能同时产生上述三种类型的噪声。大多数生产性噪声的频率多属于宽频带、中高频噪声,声压一般比较高,有的可高达120~130分贝。

2.噪声对人体的影响

噪声对人体的作用分为特异的(对听觉系统)和非特异的(其他系统)两种。暴露在噪声环境下,会造成下述听力损伤。

(1)急性反应

急性听力损伤、暂时听阈位移。

(2)长效效应

永久性听阈位移、噪声性耳聋、耳鸣。长期接触噪声,还会对心血管系统、神经系统及消化系统产生影响,如高血压、心脏疾患失眠烦躁、消化不良、胃溃疡等。

3. 噪声对健康的损害及控制

声音无处不在,当不规则的、强度大的声音干扰了人们的正常生活、工作并对健康有影响时,这种声音称为噪声。按噪声来源不同,可分为生产性噪声、环境噪声和生活性噪声。生产性噪声以频率高、强度大为特点,多数在80分贝以上,主要危害听觉系统。高强度、长时间接触生产性噪声,可引起工人的听力下降,甚至发生噪声聋。一般生活性、环境噪声则以影响人们的休息和工作为主。接触噪声后多表现为心烦意乱、情绪波动,或睡眠不佳,从而导致生活不安宁或工作能力下降。

(1)工程控制

在设备采购上,考虑设备的低噪声、低振动。对噪声问题寻找从设计上的解决方案,包括使用更为"安静"的工艺过程(例如用压力机代替气锤),设计具有弹性的减振器托架和联轴器,在管道设计中,尽量减少其方向及速度上的突然变化。在操作旋转式和往复式设备时,要尽可能地慢。例如城市轨道交通运营车辆的橡胶簧系等。

(2)方向和位置控制

把噪声源移出作业区或者转动机器的方向。

(3)封闭

将产生噪声的机器或其他噪声源用吸音材料包围起来。不过,除了在全封闭的情况下,这种做法的效果有限。

(4)使用消声器

当空气、气体或者整齐从管道中排出时或者在其中流动时,用消声器可以降低噪声。

(5)外包消声材料

外包消声材料作为替代密封的方法,用在运送蒸汽及高温液体的管子外面。

(6)减振

采用增设专门的减振垫、坚硬肋状物或者双层结构来实现。

(7)屏蔽

屏蔽在减少噪声的直接传递方面是有效的。

(8)吸声处理

吸声处理从声学上进行设计,用墙壁和天花板来吸收噪声。

(9)隔离作业人员

在高噪声作业环境下,无关人员不要进入。短时间地进入这种环境而暴露在高声压的噪声下,也会超过允许的每日剂量。

(10)个体防护

个体防护包括提供耳塞或者耳罩。这应该被看成是最后一道防线。需要佩戴个体防护用具的区域要明确标明,对用具的使用方法及使用原因都要讲清楚,要有适当的培训。

(四)辐射的危害及防护

随着科学技术的进步,在工业中越来越多地接触和应用各种电磁辐射能和原子能。城市轨道交通运营单位也是如此。由电磁波和放射性物质所产生的辐射,根据其对原子或分子是否形成电离效应而分成两大类型,即电离辐射和非电离辐射。辐射对人体的危害和防护是现代工业中的一个新课题。随着各类辐射源日益增多,危害相应增大。因此,必须正确了解各类辐射源的特性,加强防护,以免作业人员受到辐射的伤害。

1. 辐射线的种类与特性

不能引起原子或分子电离的辐射称为非电离辐射。如紫外线、红外线、射频电离波、微波等,都是非电离辐射。而电离辐射是指能引起原子或分子电离的辐射。如射频电磁波、电离辐射粒子和射线。

2. 非电离辐射的危害与防护

(1)紫外线的危害与防护

紫外线可直接造成眼睛和皮肤的伤害。

在紫外线发生装置或有强紫外线照射的场所,必须佩戴能吸收或反射紫外线的防护面罩及眼镜。在紫外线发生源附近可设立屏障,或在室内和屏障上涂上黑色,可以吸收部分紫外线,减少反射作用。

(2)射频辐射的危害与预防

在射频电磁场作用下,体温明显升高。在射频的非致热效应强度较低的情况下,接触人员也会出现神经衰弱、植物神经紊乱症状。表现为头痛、头晕、神经兴奋性增强、失眠、心悸、记忆力衰退等。

微波除有明显制热作用外,对集体还有较大的穿透性。微波引起中枢神经机能障碍的主要表现是头痛、乏力、失眠、记忆力衰退、视觉及嗅觉机能低下。长时间受到微波辐射,会造成眼睛晶体及视网膜的伤害。

防护射频辐射对人体危害的基本措施是,减少辐射源本身的直接辐射,屏蔽辐射源屏蔽工作场所,远距离操作以及采取个人防护等。

(3)电离辐射的危害及防护

电离辐射对人体的危害是由于超过剂量的放射线作用于机体的结果。放射性危害分为体外危害和体内危害。体外危害是放射线由体外穿入人体而造成的危害。体内危害是由于吞食、吸入、接触放射性物质,或通过受伤的皮肤直接侵入人体内造成的。人体长期或反复受到允许放射剂量的照射能使人体细胞改变机能,出现白细胞过多、眼球晶体混浊、皮肤干燥、毛发脱落或内分泌失调。较高剂量能造成贫血、出血、白细胞减少、胃肠道溃疡、皮肤溃疡或坏死。

电离辐射的防护通过缩短接触时间、加大操作距离或实行遥控、屏蔽防护、个人防护服和用具、操作安全事项、信号和报警设施等实现。

(五)疲劳对安全的影响及防范

疲劳是指在作业过程中连续不断消耗能量产生一系列生理和心理变化而引起作业能力下降的现象,通常划分为肌体疲劳和精神疲劳。在劳动过程中,当作业能力明显下降时,表明身体已经处于疲劳状态。

1. 引起作业疲劳的因素

(1)劳动条件导致疲劳

劳动组织和劳动制度不合理导致疲劳。机器设备、工具设计不合理,不适应人的生理和心理特点,使人操作繁杂、不准确,作业中有不安全感和不舒适感,增大人体生理消耗和心理压力,从而导致疲劳。不良的工作环境导致疲劳。

（2）操作人员的素质导致疲劳

身体素质、对操作的熟练程度、对工作的适应性。

（3）劳动动机导致疲劳

每个人的总能量是一个相对稳定的常量，每个人每天都在不自觉地根据自己能量需要的层次和动机对能量系统进行合理分配，把能量按需要的层次排列，按动机强弱的比例分别分配到工作、生活、娱乐和学习等各个不同方面。

不同的人由于认识态度、需求层次和动机等方面的差异，把能量分配给各个方面的比例和大小是不同的，同一个人在不同时间、地点和不同情境中，由于动机需要和态度等方面的变更也会对总能量做出不同分配。

一个人分配给工作任务的能量值大小，直接影响着工作效率和疲劳程度。

2. 疲劳对作业安全的影响

人在疲劳时，其身体、生理机能会发生如下变化，作业中容易发生事故。

（1）生理疲劳对作业的影响。表现为肌肉酸痛、肌肉活动失调等；对作业安全造成的影响：感觉、视觉、听觉机能降低，作业时可能发生错觉；反应迟钝，作业动作失调，无效动作增加；作业时注意力不集中，注意范围变小；思维能力降低，对故障的判断能力和应急反应能力明显下降。

（2）心理疲劳对作业的影响。心理疲劳主要表现为：无精打采、心情烦躁等。对作业安全的影响是：作业时思维迟缓、懒于思考、忽视作业中的危险因素，这往往是导致伤害事故发生的潜在因素。

从事危险性作业时，操作者要特别注意避免出现心理疲劳，一旦出现，就应该及时停止作业，适当休息，消除疲劳，恢复精力和体力。

3. 防止过度疲劳的措施

完善劳动组织和劳动制度；实行科学的轮班制度；改善作业时的姿势和体位；选择正确的休息方式；改善劳动环境。

【研讨与质疑】

你认为单一职业危害因素对运营安全有哪些影响吗？多种危害因素集合后会带来什么问题？

三 职业伤害防范

（一）职业伤害的概念及其分类

1. 职业伤害的概念和分类

（1）职业伤害概念

是指劳动者在职业活动中，接触粉尘、放射性物质和其他有毒有害物质等因素而引起的疾病，一般称为职业病。

由国家主管部门公布的职业伤害目录所列的职业病称为法定职业病。

界定法定职业病的 4 个基本条件是：①在职业活动中产生；②接触职业危害因素；③列入国家职业病范围；④与劳动用工行为相联系。

由于预防工作的疏忽及技术局限性,使健康受到损害的,称为职业性病损,包括工伤、职业病(包括职业中毒)及和工作有关的疾病。也可以说,职业病是职业病损的一种形式。

（2）职业病的分类

我国原卫生部、原劳动和社会保障部于2002年4月18日颁布《职业病目录》(卫法〔2002〕108号),将10类115种职业病列入法定职业病:尘肺13种;职业性放射性疾病11种;化学因素所致职业中毒56种;物理因素所致职业病5种;生物因素所致职业病3种;职业性皮肤病8种;职业性眼病3种;职业性耳鼻喉口腔疾病3种;职业性肿瘤8种;其他职业病5种。

为了保证遵循科学、公正、公开、公平、及时、便民的职业病诊断与鉴定的原则,原卫生部发布了《职业病诊断与鉴定管理办法》及一系列《职业病诊断标准》,要求职业病诊断、鉴定工作依据法定的标准与程序进行。

（3）其他列入职业病目录的职业性疾病

我国将炭疽、森林脑炎、布氏杆菌病列为法定职业病。职业性皮肤病、化学性眼部灼伤、牙酸蚀症、金属烟尘热、职业性哮喘、职业性变态反应性肺泡炎等均列为职业病目录。

（4）与职业有关的疾病

与职业有关的疾病主要是指在职业人群中,由多种因素引起的疾病,它的发生与职业因素有关,但又不是唯一的发病因素。非职业因素也可以引起发病,是未列入职业病目录的一些与职业因素有关的疾病,如搬运工、司机、电焊工等因不良工作姿势所致的腰背痛;长期固定姿势、长期低头、长期伏案工作所指的颈肩病;长期吸入刺激性气体、粉尘而引起的慢性支气管炎;长期听音频设备而引起的听力损伤等。

视屏显示终端(VDT)的职业伤害问题:由于微机的大量使用,视屏显示终端操作人员的职业危害问题是关注的焦点。长时间操作VDT,可出现"VDT综合征",主要表现为神经衰弱综合征、肩颈腕综合征和眼睛视力方面的改变等。

其他如一些单调作业引起的疾劳、精神抑制、缺勤增加等;夜班作业导致的失眠、消化不良,又称为"轮班劳动不适应综合征";还有些脑力劳动,精神压力大、紧张可引起心血管系统的改变等。某些工作的压力大或责任重大引起的心理压力增加等也会对人体带来影响变化。

2.女工的职业卫生问题

妇女由于生理特点,在职业性危害因素的影响下,生殖器官和生殖功能易受影响,且可以通过妊娠、哺乳而影响胎儿、婴儿的健康和发育成长,关系到未来的人口素质。

在一般体力劳动过程中,突出的有强制体位(长立、长坐)和重体力劳动的负重作业两方面问题。

我国目前规定,成年妇女禁忌参加连续负重,禁忌每次负重质量超过20kg,间歇负重每次质量超过25kg的作业。

（二）导致职业病发生的因素

职业病的发生常与生产过程和作业环境有关,但环境危害因素对人的危害程度,还受个体的特性差异的影响。在同一职业危害的作业环境中,由于个体特征的差异,各人所受的影响可能有所不同。这些个体特征包括性别、年龄、健康状态和营养状况等。职业病是影响工作者健康、威胁员工生命的主要危害。人体受到环境中直接或间接有害因素危害

时,不一定都发生职业病。职业病的发病过程,还取决于下列三个主要条件:

1. 有害因素的本身的性质

有害因素的理化性质和作用部位与发生职业病密切相关。电磁辐射透入组织的深度和危害性,主要决定于其波长。

2. 有害因素作用于人体的量

物理和化学因素对人的危害都与量有关(生物因素进入人体的量目前还无法准确估计),多大的量和浓度才能导致职业病的发生,是确诊的重要参考。

应该意识到,有些有害物质在体内蓄积,少量和长期接触也可能引起职业性损害以致职业病发生。认真查询与某种因素的接触时间及接触方式,对职业病诊断具有重要价值。

3. 劳动者个体易感性

健康的人体对有害因素的防御能力是多方面的。某些物理因素停止接触后,被扰乱的生理功能可以逐步恢复。但是抵抗力和身体条件较差的人员对于进入体内的毒物,解毒和排毒功能下降,更易受损害。经常患有某些疾病的工人,接触有毒物质后,可使原有疾病加剧,进而发生职业病。

【研讨与质疑】
你认为单一职业伤害有哪些? 在城市轨道交通运营企业可能存在哪些职业伤害?

【学生讲坛】
1. 试述职业健康安全的重要性。
2. 举例说明城市轨道运营企业职业危害的因素与预防。

【知识测试】
重点内容:
1. 职业健康安全有害因素。
2. 职业健康安全管理体系基本要素。

【技能训练】

模拟管理:确定现有或计划措施能否控制风险

实训目标:
1. 增强职业健康重要性的理解。
2. 掌握职业健康安全管理体系的基本要素。
3. 准确辨识现有的或计划的作业活动的危害、风险。

实训内容与方法:
1. 以学习小组为单位,选定城市轨道交通企业的某项作业计划,分析职业活动存在的危害、风险,确定现有或计划控制风险的措施。
2. 所定方案必须体现风险控制的特点与要求。
3. 学习小组在班级进行交流与研讨。

标准与评估:
1. 标准:能正确运用职业健康安全管理体系基本要素,结合运营企业特点及要求,制订具有科学可行的方案。
2. 评估:学习小组写出评价总结,根据研讨会上表现评定成绩。

参 考 文 献

[1] 于福权.城市轨道交通运营安全与应急管理[M].北京:北京理工大学出版社,2015.

[2] 史富强.城市轨道交通运营安全[M].北京:中国石油大学出版社,2017.

[3] 马成正,张明春.城市轨道交通运营安全管理[M].2版.北京:中国电力出版社,2019.

[4] 任萍.城市轨道交通运营安全管理[M].2版.北京:机械工业出版社,2020.

[5] 王艳辉,祝凌曦.城市轨道交通运营安全管理方法与技术[M].北京:北京交通大学出版社,2019.

[6] 招晓菊.城市轨道交通运营安全管理[M].北京:机械工业出版社,2020.

[7] 刘光武,王富章.城市轨道交通运营安全应急管理及信息化[M].北京:中国铁道出版社,2015.

[8] 杨力,赵德钦.城市轨道交通安全管理[M].成都:西南交通大学出版社,2016.

[9] 尹小梅.城市轨道交通法规[M].北京:化学工业出版社,2019.

[10] 李宇辉.城市轨道交通应急处理[M].2版.北京:人民交通出版社股份有限公司,2021.